心理学基础与应用

主 编 张海燕
副主编 李 芳 马 琳 郑宗军

清华大学出版社
北 京

内 容 简 介

"心理学基础与应用"是高等院校师范类、教师教育类专业的必修基础课程，承担着培养未来教师的教育教学技能和职业素养的使命。本书主要介绍人的心理现象的基本规律，包括认知发展、情绪情感发展、注意规律、需要动机、人格发展等的基本特征，并提出了将理论用于教师的教育教学实践之中的具体策略。学习本书可以为将来的教育教学工作提供理论指导，也可以为进一步学习发展心理学、教育心理学等课程奠定基础。

本书可作为高等院校师范类、教师教育类、学前教育、小学教育等专业的心理学教材，也可作为中小学教师资格考试、幼儿教师资格考试的参考教材，还可作为对心理学感兴趣的读者学习心理学的入门书籍。

本书封面贴有清华大学出版社防伪标签，无标签者不得销售。
版权所有，侵权必究。举报：010-62782989，beiqinquan@tup.tsinghua.edu.cn。

图书在版编目(CIP)数据

心理学基础与应用/张海燕主编. —北京：清华大学出版社，2021.4
ISBN 978-7-302-57561-0

Ⅰ. ①心… Ⅱ. ①张… Ⅲ. ①心理学－高等学校－教材 Ⅳ. ①B84

中国版本图书馆 CIP 数据核字(2021)第 028957 号

责任编辑：王　定
封面设计：周晓亮
版式设计：思创景点
责任校对：马遥遥
责任印制：丛怀宇

出版发行：清华大学出版社
网　　址：http://www.tup.com.cn，http://www.wqbook.com
地　　址：北京清华大学学研大厦 A 座
邮　编：100084
社 总 机：010-62770175
邮　购：010-62786544
投稿与读者服务：010-62776969，c-service@tup.tsinghua.edu.cn
质 量 反 馈：010-62772015，zhiliang@tup.tsinghua.edu.cn

印 装 者：小森印刷霸州有限公司
经　　销：全国新华书店
开　　本：185mm×260mm　　印　张：14.75　　字　数：378 千字
版　　次：2021 年 4 月第 1 版　　印　次：2021 年 4 月第 1 次印刷
定　　价：49.80 元

产品编号：091391-01

本书编委会

主　编　张海燕

副主编　李　芳　马　琳　郑宗军

编　委 (排名不分先后)

　　　　　张　雷　田　锐　刘　琳

　　　　　刘彦楼　吴　睿　曹　美

　　　　　寻凤娇　孙海潮

前 言

教材是教学的基本依据。好教师，好教材，然后有好学生。编写本书的初衷就是给老师提供一本好教材。心理学的理论发展很快，心理学的应用发展也很快，心理学的新发展如果能够尽快应用到教育教学之中，那么对于提高教育教学的效率无疑具有很大的促进作用。与以往的心理学类教材不同，本书侧重于理论联系实际，增加了心理测试、案例分析、前沿知识介绍等内容，更具可读性、实用性和操作性。所以，尽管目前国内存在大量心理学教材，我们仍然不揣冒昧，积极编写，就是为了及时把心理学的新发展提供给未来的教师。

本书主要有两个特点：一是基础性与前沿性相结合，既重视基础知识和基础理论，也重视将近年来心理学研究的新成果有选择地纳入教材之中；二是理论性和实践性相结合，既深入浅出地阐述理论，也灵活地探讨将理论用于教师的教育教学实践之中的具体策略。

在结构上，本书的主体架构是普通心理学体系，考虑到教育教学实际，一方面，在阐述普通心理学理论时，也对相应理论在教育教学中的应用进行了探讨；另一方面，增加了个性倾向性、个性心理特征、青少年心理发展等章节。

在内容上，本书各章除正文外，还设计了案例导入、本章提示、知识链接、心理测试、复习思考题等内容，力求学生在学习时有系统、有重点、能巩固、能引起思考。

本书由张海燕任主编，全书各章执笔人分别为：郑宗军、曹美(第一章、第二章)，田锐、孙海潮(第三章)，刘彦楼、寻凤娇(第四章)，李芳、寻凤娇(第五章)，田锐、孙海潮(第六章)，张海燕(第七章)，李芳、孙海潮(第八章)，张海燕(第九章)，李芳、吴睿(第十章)，郑宗军、吴睿(第十一章)。全书由张海燕修改、定稿。

本书的出版得到了清华大学出版社王定老师的大力支持。感谢滕州市教师进修学校的马琳老师。在编写过程中，我们参阅了多种同类心理学教材和其他资料，引用了许多国内外研究成果，在此，一并表示衷心感谢！

编者在编写本书的过程中虽然努力贯彻科学性、应用性、前沿性、可读性等原则，但由于水平有限，书中难免有各种缺点和错误，竭诚欢迎同行、专家与广大师生批评指正。

本书免费提供配套的教学资源，读者可扫描二维码获取。

电子教案

教学大纲

教学课件

编 者
2021 年 2 月

目 录

第一章　绪论……………………………1
　第一节　心理学是研究心理现象的
　　　　　科学…………………………2
　　　一、心理学的研究对象……………2
　　　二、研究心理学的目的……………5
　　　三、心理学的主要研究领域………6
　　　四、学习心理学的意义……………7
　第二节　心理学的过去、现在和未来…8
　　　一、科学心理学的诞生……………8
　　　二、近代西方心理学的主要流派…9
　　　三、当代心理学研究的主要取向…10
　　　四、心理学的中国化问题…………12
　　　五、心理学的未来展望……………13
　第三节　心理学的研究原则……………13
　　　一、客观性…………………………14
　　　二、发展性…………………………14
　　　三、系统性…………………………14
　　　四、教育性…………………………15
　第三节　心理学的研究方法……………15
　　　一、搜集资料………………………15
　　　二、分析资料………………………16
　知识链接……………………………………17
　心理测试……………………………………18
　复习思考题…………………………………19

第二章　心理的实质……………………20
　第一节　心理是脑的机能………………21
　　　一、神经系统的结构和功能………21
　　　二、心理的神经机制………………27
　　　三、高级神经活动的基本过程和规律…30
　第二节　心理是客观现实的反映………31
　　　一、心理是高级反映形式…………31
　　　二、客观现实是心理的源泉和内容…32
　　　三、心理在社会实践中发生和发展…33
　第三节　人类心理的基本特征…………34
　　　一、意识和无意识…………………34
　　　二、人类意识的特点………………35
　　　三、语言和意识不可分……………37
　知识链接……………………………………37
　心理测试……………………………………38
　复习思考题…………………………………39

第三章　注意……………………………40
　第一节　注意概述………………………41
　　　一、注意的定义与特点……………41
　　　二、注意的功能……………………42
　　　三、注意的生理机制………………42
　　　四、注意的外部表现………………43
　第二节　注意的分类……………………44
　　　一、无意注意………………………44
　　　二、有意注意………………………45
　　　三、有意后注意……………………46
　　　四、无意注意、有意注意、有意后
　　　　　注意的关系……………………47
　第三节　注意的品质……………………47
　　　一、注意的范围……………………47
　　　二、注意的稳定性…………………48
　　　三、注意分配………………………49
　　　四、注意转移………………………50
　第四节　注意规律在教学中的应用……51
　　　一、运用无意注意的规律组织教学…51
　　　二、运用有意注意的规律组织教学…52
　　　三、运用注意转换的规律组织教学…52
　知识链接……………………………………53

心理测试…………………………53
　　复习思考题………………………54
第四章　感知觉………………………**55**
　第一节　感觉……………………………55
　　一、感觉概述………………………56
　　二、感觉的编码……………………56
　　三、感受性和感觉阈限……………57
　　四、感觉的分类……………………59
　　五、感觉的基本规律………………65
　第二节　知觉……………………………67
　　一、知觉概述………………………67
　　二、知觉的分类……………………68
　　三、知觉的特征……………………76
　第三节　观察……………………………79
　　一、观察概述………………………79
　　二、观察的品质……………………80
　　三、观察力的培养…………………80
　第四节　感知规律及其应用……………81
　　一、感知规律………………………81
　　二、感知规律在教学中的应用……82
　知识链接…………………………………82
　心理测试…………………………………83
　复习思考题………………………………84

第五章　记忆…………………………**85**
　第一节　记忆概述………………………86
　　一、记忆的概念……………………86
　　二、记忆的生理基础………………86
　　三、记忆表象………………………87
　　四、记忆的种类……………………88
　第二节　记忆的过程……………………91
　　一、识记……………………………91
　　二、保持和遗忘……………………95
　　三、再认和回忆……………………97
　　四、记忆规律在教学中的运用……98
　第三节　记忆品质和记忆力的培养……100
　　一、记忆品质………………………100
　　二、记忆力的培养…………………101
　知识链接…………………………………104
　心理测试…………………………………105

　复习思考题………………………………106
第六章　思维与想象…………………**107**
　第一节　思维概述………………………108
　　一、思维的概念及特征……………108
　　二、思维与感知觉的关系…………109
　　三、思维与语言的关系……………109
　　四、思维的神经生理机制…………109
　　五、思维的种类……………………110
　第二节　思维的基本形式与过程………112
　　一、思维的基本形式………………112
　　二、思维的过程……………………114
　第三节　问题解决………………………116
　　一、问题解决概述…………………116
　　二、问题解决的思维过程…………117
　　三、问题解决的一般策略…………118
　　四、影响问题解决的心理因素……119
　第四节　思维品质和创造思维…………121
　　一、思维的品质……………………121
　　二、创造思维的概念和特点………122
　　三、创造思维的过程………………123
　　四、影响创造思维的因素…………124
　　五、创造思维的培养………………125
　第五节　想象……………………………126
　　一、想象概述………………………126
　　二、想象的功能……………………126
　　三、想象的综合过程………………127
　　四、想象的种类……………………127
　知识链接…………………………………129
　心理测试…………………………………131
　复习思考题………………………………132

第七章　情绪和情感…………………**133**
　第一节　情绪和情感概述………………134
　　一、情绪和情感的概念……………134
　　二、情绪和情感的组成……………134
　　三、情绪、情感、需要三者的关系…135
　　四、情绪和情感的外部表现………136
　　五、情绪和情感的功能……………136
　第二节　情绪和情感的种类、培养及
　　　　　调控…………………………137

一、情绪和情感的种类……………137
　　二、情绪和情感的培养……………140
　　三、情绪和情感的调控……………141
　第三节　挫折理论及应用……………141
　　一、挫折概述………………………142
　　二、挫折的心理防御………………142
　　三、挫折的积极应对策略…………144
　知识链接………………………………146
　心理测试………………………………147
　复习思考题……………………………148

第八章　意志…………………………149
　第一节　意志概述……………………150
　　一、意志的实质……………………150
　　二、意志行动的特征………………151
　　三、意志与认知、情感、个性……152
　　四、意志对个人发展的影响………153
　第二节　意志行动过程………………154
　　一、采取决定阶段…………………154
　　二、执行决定阶段…………………156
　第三节　青少年的意志品质及其
　　　　　 培养…………………………157
　　一、意志品质………………………157
　　二、青少年意志品质的特点………158
　　三、青少年良好意志品质的培养…159
　知识链接………………………………161
　心理测试………………………………161
　复习思考题……………………………163

第九章　个性倾向性…………………164
　第一节　需要理论及应用……………165
　　一、需要的含义……………………165
　　二、需要的特点……………………165
　　三、需要的种类……………………166
　　四、马斯洛的需要层次理论及应用…167
　第二节　动机理论及应用……………168
　　一、动机的含义及功能……………168
　　二、动机的种类……………………170
　　三、动机理论………………………171
　　四、学生学习动机的结构…………172
　第三节　兴趣理论及应用……………172

　　一、兴趣概述………………………173
　　二、兴趣的品质……………………173
　　三、兴趣的功能……………………174
　　四、学生学习兴趣的培养…………176
　知识链接………………………………177
　心理测试………………………………177
　复习思考题……………………………179

第十章　个性心理特征………………180
　第一节　能力…………………………181
　　一、能力概述………………………181
　　二、能力的种类……………………182
　　三、能力的形成与发展……………183
　　四、能力的测量……………………184
　　五、能力结构理论…………………187
　第二节　气质…………………………188
　　一、气质概述………………………189
　　二、气质理论………………………189
　　三、气质的类型……………………192
　　四、气质的意义……………………192
　第三节　性格…………………………194
　　一、性格概述………………………194
　　二、性格特征………………………195
　　三、性格理论………………………196
　　四、性格的测量……………………198
　　五、良好性格的培养………………201
　知识链接………………………………202
　心理测试………………………………203
　复习思考题……………………………205

第十一章　青少年的心理发展………207
　第一节　心理发展概述………………208
　　一、心理发展的动力………………208
　　二、心理发展的阶段………………209
　　三、心理发展的一般特点…………210
　　四、国外关于心理发展的部分理论…211
　第二节　青春期的身心发展…………215
　　一、生理特征………………………215
　　二、认知发展………………………216
　　三、情感……………………………218
　　四、自我意识………………………219

五、性意识…………………………220
第三节　青少年的心理矛盾与
　　　　教育………………………220
　　一、独立性与依赖性………………221
　　二、自觉性与幼稚性………………221
　　三、活动需要与能力水平…………221
　　四、旺盛的求知欲与较低的识别
　　　　能力………………………222

　　五、性机能的接近成熟和性意识的初步
　　　　觉醒………………………222
知识链接………………………………222
心理测试………………………………224
复习思考题……………………………224

参考文献……………………………**225**

第一章

绪 论

📖 案例导入

精神分析之父——弗洛伊德

西格蒙德·弗洛伊德(Sigmund Freud，1856—1939)，著名精神分析学家，精神分析学的创始人，创立了维也纳第一精神分析学派。他提出了无意识、自我、本我、超我、俄狄浦斯情结、利比多、心理防卫机制等概念。虽然他提出的精神分析学后来被认为并非有效的临床治疗方法，但激发了后人提出各式各样的精神病理学理论，在临床心理学的发展史上具有重要意义。弗洛伊德著有《梦的解析》《精神分析引论》《图腾与禁忌》等，被世人誉为"精神分析之父"、20世纪最伟大的心理学家之一。弗洛伊德作为心理学的鼻祖，为促进心理学的发展奠定了坚实的基础。

📖 本章提示

自古以来，人们就对心理现象充满好奇，进行过各种设想与探索，例如，人为什么会有记忆？人的梦境是怎么来的？人为什么会产生喜、怒、哀、乐、爱、欲、恨的体验？为什么有人脾气暴躁而有人性情温和？随着科技的发展，专门研究心理现象的心理学作为一门科学逐渐发展起来，现在我们对于心理学耳熟能详，那么究竟什么是心理学？心理学的研究对象是什么？心理学的过去和未来发展又是怎样的呢？本章主要对心理学的基本概况进行一般介绍，阐明心理学的研究对象，说明心理学的任务，介绍心理学的历史并对其未来发展进行预测，说明心理学的研究原则和方法。

心理现象奥妙无穷，心理学作为一门科学，其价值就在于合理地描述与解释心理现象的奥妙之处，有效地预测和控制人的心理活动与行为表现。在理论上，100多年前，德国生理学家雷蒙(Emil Heinrich du Bois-Reymond，1818—1896)提出了7个宇宙之谜，分别是物质和力的本质、运动的来源、生命的起源、自然界的合目的安排、意识的起源、理性思维与语言的起源、意志自由的问题，可以看出，后3个宇宙之谜都与心理学的研究密切相关。

在实践中，随着社会的发展，心理学在人们的生活、学习和工作中的重要意义逐渐凸显。例如，为了提高生活质量，除了要具备必要的物质条件之外，人们还应该拥有愉悦的心情，这种心情应该如何促成并保持下去呢？心理学能给出一些可行的建议；在学习中，人人都知道"书山有路勤为径，学海无涯苦作舟"的说法，运用心理学规律，人们就能够在保持"勤"的前提下，提高学习效率，并且能够在一定程度上变"苦学"为"乐学"；在工作中，如果能够主动运用心理学规律，也可以有效地提高工作效率，做到事半功倍。

第一节 心理学是研究心理现象的科学

人们对山川河流、飞禽走兽等自然现象，以及风土人情、社会准则等社会人文现象的研究逐渐形成了地理学、生物学等自然科学，以及民俗学、法学等社会人文科学。心理现象是自然界和人类社会中最复杂、最奇妙的现象之一，恩格斯称之为"地球上最美丽的花朵"。心理学既研究动物的心理，也研究人类的心理，以人类的心理现象作为主要的研究对象，揭示心理现象的本质及发生、发展的规律。由于心理现象既是自然现象，也是社会人文现象，所以心理学既是自然科学，也是社会人文科学，属于边缘科学或交叉科学。

一、心理学的研究对象

心理现象纷繁复杂，多种多样，为了研究的方便，人们把心理现象区分为两个主要类别，即心理过程和个性心理。

(一) 心理过程

心理过程即心理活动过程，包括认知过程、情感过程和意志过程。

1. 认知过程

认知过程是人最基本的心理过程，通过这一过程，人们获得知识，可以说所有的科学发现都是人类认知活动的结晶。人在认知过程中表现出来的心理活动包括感觉、知觉、记忆、思维和想象等，都是个体获得知识的形式或途径。

人对世界的认知开始于感觉和知觉。感觉反映事物的个别属性和特征，如颜色、气味、声音等。知觉反映事物的整体属性，如红旗、香水、旋律等。

人们通过感觉和知觉获得的知识经验，在外界刺激停止作用后，不会马上消失，而是保留在人的头脑里，在需要时能够提取出来，这种积累、保存和提取个体经验的认知过程就是记忆。例如，考试时，一些试题的答案会在头脑中出现。

人不仅能直接感知个别的、具体的事物，认识事物的表面属性，还能运用头脑中已有的知识经验去间接地、概括地认识事物的本质属性，这就是思维过程。例如，考古学家通过对古代化石的研究，进而推知远古时代动物和人类生活的情景，就是凭借思维来实现的。

人们还能够凭借头脑中保存的具体形象在头脑中塑造新的形象，这就是想象。例如，鲁迅塑造出阿Q的形象；读者在读《红楼梦》时，能够依据文字描述而想象出贾宝玉、林黛玉等人的模样，虽然这两种过程的机制不同，但都属于想象。

在各种认知过程中，还经常伴随着一种心理状态，即注意。注意不是一个独立的心理过程，它的作用在于为认知活动选择对象，并且保证认知活动能够高效率地运行，直到当前的认知活动得到一定的结果为止。

2. 情感过程

人非草木，孰能无情？人们在通过认知活动反映当前事物内外属性的同时，还会了解当前事物与自己需要的关系，或者可以满足自己的需要，或者可能妨碍自己需要的满足，于是个体就会对当前事物产生喜欢或者厌恶的态度，在头脑中形成喜、怒、哀、乐、爱、欲、恨等主观体验，这些态度和体验就构成了人的情感过程。

人既有自然属性，也有社会属性。相应的，人的需要也区分为饥、渴、性等自然需要和劳动、交往、自尊等社会需要。与自然需要相联系的态度和体验被称为情绪，与社会需要相联系的态度和体验被称为情感。所以，情感过程也称为情绪情感。

认知是情绪情感的基础。没有无缘无故的爱，也没有无缘无故的恨，对某事物的爱或恨都源于对该事物的认识。只有认知才能了解客观事物有什么特点，也只有认知才能知晓自己有什么需要，个体在把握了客观事物的特点和自己的需要之后，也必须经由认知才能判断当前事物能否满足自己的需要，最终产生对当前事物特定的态度和体验。

情绪情感反作用于认知。对某一客观事物的积极情感会使个体容易发现该事物的优点，对其缺点却视而不见、听而不闻，例如，追星族对明星的崇拜；相反，对某一客观事物的消极情感往往会使个体夸大该事物的缺点，而难以发现它的优点，例如，小孩子因为害怕某种小动物而不敢靠近它，只知道它的可怕而不知道它的可爱。

3. 意志过程

人们通过认知过程了解了客观事物的属性，通过情感过程产生了对特定事物的态度和体验，当个体发现当前事物能够满足自己的需要，继而产生积极情感之后，就会想方设法拥有这一事物，使之切实满足自己的需要；当个体发现当前事物会妨碍自己需要的满足，从而产生了消极情感，就会极力拒绝这一事物，使之不至于妨碍自己需要的满足。不论是想拥有它，还是要拒绝它，都需要个体调节自己的心理和行为，付出一定的努力，甚至要克服巨大的困难才能最终实现这一目的。这种确定目的、调节行为、克服困难、达到目的的心理过程称为意志过程。

认知是意志的基础。因为意志只是表现在有目的的行动中，而个人的行动目的只有通过认知活动才能确定下来，而且确定目的之后，个体为了实现这个目的也必须通过认知活动制订可行的行动计划。

意志反作用于认知。认知的目的在于揭示事物的内外属性，有时事物的本质属性可能隐藏极深，需要成千上万次的实验以及殚精竭虑的逻辑思维才能揭示出来。这时，如果研究者意志坚强，那么他就会克服重重困难，发现客观事物内部所隐含的客观规律；如果研究者意志薄弱，就会半途而废了。对于一个智力正常的人来说，他所取得的成就往往取决于他的意志坚强程度。

意志和情绪情感相互影响。"化悲痛为力量"是坚强的意志对情感的调节；民族英雄面对外国侵略者的威逼利诱和严刑拷打，内心丝毫不为所动，这是他们深厚的爱国情感对意志的影响。

总之，认知是情感和意志的基础，情感和意志反作用于认知，情感和意志之间相互影响，三者相互联系，共同构成了个体统一的心理过程。

(二) 个性心理

个性心理也称人格，是一个人的整体精神面貌，即具有一定倾向性的心理特征的总和。个性是一个人区别于其他人的心理差异，每个人都具有的个性构成了整个人类的共性，一部分人具有的个性构成了一个群体的共性，一个人所独有的个性显现了这一个人的独特性，所以说，个性是共同性和独特性的统一。从结构上看，个性心理由个性倾向性和个性心理特征两个部分组成。

1. 个性倾向性

个性倾向性是决定个体的态度和行为的动力系统，包括需要、动机、兴趣、理想、信念、世界观、人生观、价值观等。

需要是个体心理和行为的动力源，一个人不管想什么或者做什么，都是为了满足自己某种特定的需要。例如，学生学习是为了满足求知的需要，工人做工、农民种地是为了满足生存和成就的需要等。

在个性倾向性中，需要是核心，而动机、兴趣、理想、信念、世界观、价值观等都是需要的表现形式。当一个人产生了某种需要，外界环境中又恰好存在能够满足这种需要的事物时，需要就转化为动机，成为推动个体从事某种活动从而获取这种事物的内部动力。有的需要可以在活动的结果中获得满足，例如对食物的需要，进食后就可满足；有的需要必须在活动过程中获得满足，例如踢足球、打篮球、听音乐等，由于这类需要经常产生，个体就会经常从事相关活动，并且总是能够在这些活动中得到快乐的体验，久而久之，这种需要就转化为兴趣。至于理想、信念、世界观、价值观等，也都可以追溯到个体的需要满足。

2. 个性心理特征

个性心理特征是在个体的心理和行为中经常表现出来的稳定的心理特性，包括能力、气质和性格。

能力是直接影响活动效率，保证活动任务顺利完成的个性心理特征。能力具有水平差异，有的人数学计算又快又准，有的人则快而不准或准而不快，还有的人速度慢且错误多。能力也存在类型差异，例如有的人擅长跳舞，有的人擅长唱歌。

气质是不以活动内容和目的为转移的心理活动的典型的、稳定的动力特征，主要表现在心理活动的速度、强度和灵活性上。有的人遇事急躁，有的人做事缓慢；有的人总是情绪高昂，有的人经常温和平静；有的人能够快速适应不同的环境，有的人在适应环境时缓慢迟钝，这些都属于气质差异。

性格是一个人的心理面貌本质属性的表现，是显露在人对现实的态度和行为方式中比较稳定且具有核心意义的个性心理特征。有的人待人诚恳，有的人对人虚伪；有的人勤劳，有的人懒惰；有的人自信，有的人自卑，这些都属于性格的差异。

总而言之，心理学的研究对象是心理现象，如图 1-1 所示。

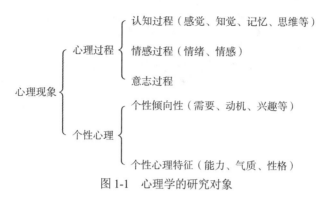

图 1-1 心理学的研究对象

心理过程和个性心理组成了一个人的整体心理面貌,个性心理在心理活动过程中形成和发展,而个体业已形成的个性心理也会反过来影响其心理活动过程。

二、研究心理学的目的

心理学是研究心理现象的科学,研究心理学的目的是探索心理规律并运用这些规律为人类的实践服务。

(一) 探索心理规律

唯物辩证法认为,规律是事物发展本身所固有的、本质的、必然的联系。因此,科学研究要探索的规律主要包括某种具体事物与哪些事物存在联系,以及存在什么样的联系。具体到心理学来说,所谓探索心理规律就是寻找某种心理现象受哪些因素影响以及如何受影响,这种心理现象又影响哪些其他因素以及如何影响。

影响心理现象的因素有很多,概括起来可以分为三类。

(1) 环境因素。自然环境和人文环境对人的心理都有影响,自然环境会影响人的生活方式,进而影响人的心理活动,人文环境会影响人的思想倾向。思想倾向的差异在很大程度上是由社会文化的不同而导致的。

(2) 机体因素。身体的生理状态会对人的心理产生影响,例如在疲劳状态下,人们的记忆、思维的效率会下降;患病时的心态与康复后的心态也存在差异。

(3) 心理因素,即一种心理现象会影响另一种心理现象。例如,知之深则爱之切,这是认知对情感的影响;勤能补拙,这是性格对能力的影响。

心理学不仅要研究心理现象受哪些因素的影响,还要把心理作为影响因素来考察心理对其他因素的影响,例如注意对学生学习成绩的影响,情绪对身体疾病的影响等。

(二) 应用心理规律

科学理论的价值在于对人类实践的指导,心理学不仅是理论科学,而且是一门实践性很强的应用科学。目前,心理学已经广泛应用于人类实践的各行各业,例如从业人员的选择与培训、职工工作积极性的激励、学生学习动机的培养等。

在教育上,为了使学生能够快速、有效地获得知识发展能力,需要心理学探明人类个体获得知识和发展能力的基本规律,继而将这些规律应用于教学,从而提高教学效率。例如,程序教学、支架式教学等都是心理学家根据研究所提出的不同的教学模式,适用于不同的学生学习不同的内容。同时，不同的学生具有不同的特点，需要教师利用心理学探明每一个学生的心理特点，从而保证因材施教，使每一个学生都能获得应有的发展。

在经济建设领域，各种产品的设计、生产和销售都需要心理学的支持。如何培养设计人员的创新思维能力，如何提升新产品对人们的吸引力，离不开心理学的研究；如何激发车间工人的工作积极性，如何培养他们的敬业精神，也离不开心理学的研究；产品生产出来后，为了打开市场赢得客户而做的广告创意，更是必须针对人们的心理，才能做到有的放矢。

在医疗卫生领域，心理疾病的治疗当然要依赖心理学的研究，即使是生理疾病，增强病人抵抗病魔的信心，使病人放松心情，也是快速治愈的重要因素。

在军事领域，对于如何提高己方士气、瓦解敌方的军心，心理学也有不俗的表现。早在1950年，美国就正式组建了心理战部队，后来更是明确地将心理战列为区别于陆战、海战和空战的第四种作战形式。

总之，只要是人从事的工作，就不能不考虑人的心理的重要价值。

三、心理学的主要研究领域

心理学诞生以来，已经形成了众多的分支学科，并且新的分支学科仍然在不断地产生，这些学科有着不同的研究领域。

(一) 普通心理学

在心理学领域，普通心理学处于基础学科的地位，它研究心理现象的最一般规律，其内容概括了各分支学科的研究成果，同时又为各分支学科提供理论基础。

所以，学习心理学首先应该从普通心理学入手。从这个意义上来说，普通心理学是学习心理学的入门学科。

(二) 发展心理学

广义的发展心理学既研究心理的种系发展，也研究心理的个体发展。研究心理的种系发展的心理学又称比较心理学，是指把动物的心理和人的心理进行比较，从比较中确定动物心理向人类心理的演化过程。比较心理学也研究动物心理和行为的各种具体形式，例如蚂蚁的嗅觉、蝙蝠的听觉、蜜蜂的视觉等，这些研究促成了仿生学的发展。

狭义的发展心理学只研究心理的个体发展，又称年龄心理学，研究人类个体从受精卵开始到出生、衰老、死亡的心理发展。按照人生的年龄阶段，发展心理学还可以区分为儿童心理学、少年心理学、青年心理学、老年心理学等，这些研究对于不同阶段人类个体的成长和适应具有重要意义。

(三) 认知心理学

认知心理学研究人类个体获得知识和运用知识的过程。广义的认知心理学泛指对人类个体认知过程的研究。狭义的认知心理学将人脑视为信息处理器，研究信息的输入、加工和输出。

目前，认知心理学对记忆、思维、语言、问题解决等的研究已经取得了大量而重要的成果。

(四) 社会心理学

社会心理学研究社会心理和社会行为，着重探讨个体社会化、个体受群体影响，以及群体中的个体相互作用的规律。

社会心理学的应用范围很广泛，研究成果有助于解决生产管理、新职员的适应、预防违法犯罪，以及婚姻、恋爱等方面的问题。

(五) 教育心理学

教育心理学的主要研究对象是师生之间的相互作用，涉及教师的成长、学生的学习心理、影响教与学的因素等，目的在于揭示教育教学与心理发展的关系，并解决教学中的实际问题。

教育心理学的研究直接关系到人才的培养与选拔，所以在国家经济建设中具有重要意义，并在一定程度上影响一个国家和民族的未来。

(六) 工程心理学

工程心理学是心理学和现代科技相结合的产物，是研究人机关系的科学，也涉及工作环境和职工工作效率之间关系的研究。例如，机器外观设计成何种形状和颜色，不容易引起人的疲劳；机器的各种操作按钮分别设计在什么位置，以何种方式排列，能够最大限度地避免操作失误；如何布置操作车间的环境，才能既保证生产流程的顺畅，又便于及时发现并调整不规范的操作行为。这些都是工程心理学所要研究的。

目前，心理学的分支越来越细，其研究内容已经深入到人类实践的各个领域。心理学的分支学科除了包括以上所列学科，还有生理心理学、变态心理学、实验心理学、消费心理学、咨询心理学、军事心理学、司法心理学等，众多心理学分支既自成体系，又相互影响，共同促进心理学的不断发展。

四、学习心理学的意义

个体通过学习心理学，可以掌握一些心理规律，并且在自己的生活、学习、工作中主动应用这些规律以提高效率。对于立志成为教育工作者的学生来说，心理学更有其特殊的重要性。

(一) 树立辩证唯物主义世界观，与唯心主义作斗争

人的心理是非常敏感的，会受到诸多因素的影响，有些因素在影响人的心理时还很隐蔽，难以查明，这样，心理变化就容易被视为绝对自由或受到某种神秘力量的支配，这就给唯心主义提供了机会。

通过学习心理学，掌握了心理规律，了解了心理现象之间的因果关系，就能帮助我们树立辩证唯物主义世界观。

(二) 为将来的教育教学工作奠定基础

对于将来要从事教育教学工作的学生来说，学习了心理学，就可以在未来的实际教学中，有意识地利用心理规律对学生进行教育。

例如，一节课45分钟，学生不可能从头至尾始终聚精会神听讲，因为心理学发现，人

的有意注意最多只能维持20分钟，20分钟后必然走神，走神几分钟后，学生才能重新集中精力听讲。教师掌握了这一规律，在上课时就可以主动给学生留出放松的时间，也会有意识地重复那些重要的内容。如果教师没有掌握这一规律，上课时，师生都会疲惫不堪且效果不佳。

(三) 完善知识结构

现代社会需要专业人才，因此高校教育根据专业的不同开设不同内容的专业课教学，以便培养不同专业的人才。但是，任何一个专业人才，从知识结构上来看，都是以某种专业知识为主，辅以相关专业知识和其他知识，才能保证他的工作可以顺利展开。也就是说，现代社会需要的是在拥有完善知识结构的基础上，精通某种专业知识的专业人才。例如，一个部门经理既需要精通本部门的业务流程，也需要掌握管理学知识，还要能够和本部门职员融洽相处，维护他们的心理健康，才能高效地完成本职工作。

作为在校学生，不仅要学好专业课，还要学好包括心理学在内的所有公共基础课，才能够在一定程度上完善自己的知识结构。而且，心理学的学习还可以帮助学生掌握学习的规律，在学习中主动运用这些规律，也会促进自己的专业课和其他公共课的学习。

(四) 维护心理健康

现代社会中，很多人的心理处于亚健康状态，不利于个体对社会的有效适应。学好心理学，掌握一些心理调适方法，就可以在需要的时候对自己或者对他人的心理进行调节，从而维护自己或他人的心理健康。

例如，新教师第一次登上讲台，面对几十个学生的眼睛，不免会产生紧张情绪，这时如果能够利用心理学所传授的放松技术进行调节，就可以使自己快速进入角色，开始授课。在与好友发生争执后，内心不免烦躁不安，如果能够利用心理学所传授的心理训练技术进行调节，就可以尽快消除自己的不良体验，并积极寻找消除隔阂、重建友谊的具体策略。

第二节 心理学的过去、现在和未来

德国心理学家艾宾浩斯(Hermann Ebbinghaus, 1850—1909)说过，心理学有一个悠久的过去，却只有一个短暂的历史。在心理学独立成为科学以前，有关心灵、人性等心理学问题，一直是古代哲学家、文学家、艺术家和医生共同关心的。无论是在东方，还是在西方，心理学思想都有着源远流长的历史。在东方，我国的孔子、孟子、荀况等人都探讨过人性的本质，例如，人之初，性本善还是性本恶的问题；孟母三迁所说明的环境对心理的影响问题等。在西方，公元前4世纪古希腊的哲学家亚里士多德(Aristotle, 公元前384—前322)曾经对灵魂的本质进行了探究，他的《论灵魂》一书是世界文明史上第一部阐述心理现象的专著。不过，这些探讨都局限在哲学的框架之内，且带有浓厚的主观色彩，虽然包含心理学思想，但是这些思想还没有达到成为一门科学的程度。

一、科学心理学的诞生

心理学作为一门科学，出现于19世纪。

1860年，德国物理学家费希纳(Gustav Theodor Fechner，1801—1887)出版了《心理物理学纲要》一书，在书中，费希纳总结了心理量和物理量的关系，设计了心理学的诸多研究方法，为心理学成为科学提供了坚实的方法基础。所以，后人认为，在心理学史上，费希纳是第一个心理学家，在他之前，有心理学但无心理学家。

1874年，德国物理学家、心理学家、哲学家冯特(Wilhelm Wundt，1832—1920)出版了《生理心理学原理》一书。该书建立了科学心理学的体系，被誉为"心理学独立的宣言书"，也是冯特由物理学家转变为心理学家的标志。1879年，冯特在莱比锡大学创立了世界上第一所心理学实验室，这所实验室不仅是做心理学实验的场所，而且是学校公认的一个行政单位，这所实验室的创立使心理学拥有了独立存在的合法地位，并且培养了一大批心理学家，所以心理学史上以这所实验室的创立作为科学心理学诞生的标志。因为冯特最终促成了心理学成为独立的学科，并且进行了诸多研究，获得了大量的研究成果，所以他也被称为科学心理学的建立者。

哲学是科学的母体，随着社会发展，各种学科逐渐发展壮大，最终以一个个完整的体系从哲学中脱离出来，成为一门门独立的科学，并且反哺于哲学，使哲学也得到发展。心理学也是如此，最初心理学蕴含于哲学之内，是哲学家探讨的内容，后来借助物理学、生物学等学科的发展，脱离了哲学母体，成为独立的科学心理学，反过来，科学心理学的发展又促进了哲学的发展，特别是认识论的发展。

二、近代西方心理学的主要流派

19—20世纪，心理学取得了长足的进步，出现了众多的理论流派，构成了近代心理学的发展脉络。

(一) 构造主义

构造主义是科学心理学史中的第一个流派，产生于德国，20世纪后逐渐衰弱，代表人物是德国心理学家冯特和他的学生铁钦纳(Edward Bradford Titchener，1867—1927)。

构造主义认为，心理学的研究对象是意识，而意识由感觉、意象、激情三种基本元素构成，其中，感觉是知觉的元素，意象是观念的元素，激情是情绪的元素。心理学的任务就是把意识经验分解成若干基本元素，然后研究整合了的要素。构造主义使用的研究方法被称为内省法，即研究者通过观察和分析人的内在经验感受来发掘心理规律。

构造主义的研究成果已经成为现代心理学的组成部分，但是，它不重视实际应用，研究对象过于狭窄，研究方法主观性过于浓厚，也受到了众多心理学家的批评。

(二) 机能主义

机能主义的主要代表人物是美国心理学家詹姆斯(William James，1842—1910)和杜威(John Dewey，1859—1952)等，机能主义在时间上几乎与构造主义并存。

与构造主义相同，机能主义也认为心理学的研究对象是意识，但是它认为意识并不是几个元素的简单集合，而是一种持续不断的过程。所以，机能主义不强调意识的结构，而致力于描述意识的进程与状况，揭示意识的作用和功能。例如对思维的研究，构造主义关心思维的结构，而机能主义关心思维的作用。

机能主义对意识机能的重视推动了心理学研究向实用主义方向的发展。

(三) 行为主义

美国心理学家华生(John Broadus Watson，1878—1958)于1913年发表了《一个行为主义者眼中所看到的心理学》一文，宣告了行为主义心理学的诞生。

华生认为，心理学是科学，只能用客观的方法研究客观的资料。所以，他反对研究意识，反对内省法，主张用客观的、经验的方法研究外显的行为，使心理学成为像物理学那样严谨的科学。

行为主义推动了心理学研究的客观性，但是它抛弃人的意识，只研究外部行为，不研究内部心理，所以有些人将行为主义视为"无脑的心理学"。20世纪30年代以后，斯金纳(Burrhus Frederic Skinner，1904—1990)、班杜拉(Albert Bandura，1925—)等人对早期行为主义的基本理念进行了改造和发展，提出了"新行为主义"。

(四) 格式塔学派

格式塔学派由德国心理学家韦特海默(Max Wertheimer，1880—1943)于1912年首创，主要代表人物是韦特海默、柯勒(Wolfgang Kohler，1887—1967)、考夫卡(Kurt Koffka，1886—1941)。

格式塔是德语Gestalt的音译，意思是完形、整体。格式塔学派反对将意识分解为元素，强调心理是一个整体，整体由部分组成，但是整体大于部分之和，而且整体先于部分存在并且制约着整体内各个部分的性质。

格式塔学派对知觉、学习、思维等进行了大量的研究，取得了丰硕的成果，充实了心理学的内容，并且推动了当代认知心理学的出现。

(五) 精神分析学派

精神分析学派由奥地利心理学家弗洛伊德于19世纪末创立，对20世纪的人类文化产生了重要影响。

精神分析学派的理论基础来源于精神疾病的临床经验，内容极为复杂。弗洛伊德将人的心理区分为意识和无意识两个部分，无意识是个体未曾觉察的心理部分，但是人类个体的一切行为均根源于无意识中的欲望和动机，其中，性本能是人心理和行为的基本动力。弗洛伊德认为人格由本我、自我、超我构成，分别依照快乐原则、现实原则、道德原则来调节个体的行为，三者平衡则人格健康，三者失调则导致神经症。

弗洛伊德开创了无意识的研究，对人格动力学、变态心理学、心理卫生都做出了重大贡献，但是这一理论流派又具有明显的非理性主义、主观主义的倾向，特别是持"一切行为均取决于性本能"的泛性论观点，也受到了广泛的批评和反对。后来，荣格(Carl Gustav Jung，1875—1961)、阿德勒(Alfred Adler，1870—1937)等人对其进行了改造和发展，提出了"新精神分析理论"，阿德勒还是个体心理学的创始人，是人本主义心理学的先驱和现代自我心理学之父。

三、当代心理学研究的主要取向

第二次世界大战以后，心理学的发展表现为两个基本特征：一是各流派由对立趋向于协调互补；二是放弃对普遍理论的追求，开始注重小型理论并试图由小型理论扩大到普遍理论。

因此，当代心理学的研究不是以学派的形式出现，而是作为一种范式、思潮、发展方向去影响心理学的各个领域。

（一）生理心理学

生理心理学取向关注心理的生物学基础，认为人类个体所有的心理功能都建立在人的特定生理结构，特别是脑的活动的基础上。持这一取向的心理学家研究的问题主要包括：不同的心理功能由哪些脑区来完成？遗传在心理和行为中有什么作用？等等。

生理心理学的研究方法主要有局部切除法、电刺激法等。近年来，随着神经生理学、影像学及计算机技术的发展，神经成像技术也广泛应用于研究之中，并且已经积累了大量的研究资料。

（二）新行为主义

20 世纪 50 年代以后，行为主义作为一个学派已经接近消失了。但是，作为一种研究取向，仍然活跃在心理学的某些应用领域中。

斯金纳发展了行为主义的学习理论，提出了程序学习，建议将学生的学习分解为循序渐进的几个步骤来进行。目前，程序学习的思想与计算机技术相结合，开发了大量的计算机辅助教学或计算机辅助学习系统。

将行为主义的学习理论应用于心理卫生，人们提出了一系列行为治疗技术，著名的系统脱敏法已经得到了广泛的应用，并且取得了较好的效果。

人们还在行为主义理论的基础上提出了生物反馈技术，可以训练个体学会控制自己的心率、血压、体温等，这种技术已经应用于高血压等病症的治疗中。

（三）新精神分析

早期的精神分析理论遭到了来自各方的批评，但是，作为一种研究取向，精神分析仍然保持着旺盛的活力。

20 世纪 30 年代以后，一批新精神分析主义者将精神分析理论运用于动机和人格的研究，他们不像弗洛伊德那样只重视无意识，而开始强调意识和自我的重要性；他们也不像弗洛伊德那样主要研究精神异常的成年人，而开始关心儿童和青少年人格的正常发展。

（四）认知心理学

早期的认知心理学出现于 20 世纪初，代表人物是瑞士心理学家皮亚杰(Piaget，1896—1980)。皮亚杰通过一系列的实验揭示了儿童思维发展的规律，分析了智力发展的结构。20 世纪 40 年代末，信息论、系统论、控制论的出现对认知心理学产生了深远的影响，1967 年，美国心理学家奈塞尔(Neisser，1928—)出版了《认知心理学》一书，标志着现代认知心理学的诞生。

认知心理学有广义和狭义之分。广义的认知心理学包括对人的感觉、知觉、记忆、思维等所有认知过程的研究；狭义的认知心理学又称为信息加工心理学，认为认知活动就是信息加工过程，包括信息的接收、储存、提取和运用的过程。

认知心理学批判地继承了行为主义、精神分析及格式塔学派的成果，开拓了心理学研究的新途径和新方法，它的影响遍布心理学研究的各个领域，并促进了认知科学和人工智能的研究。

(五) 人本主义心理学

人本主义心理学主要是由美国心理学家马斯洛(Abraham Harold Maslow, 1908—1970)和罗杰斯(Carl Ranson Rogers, 1902—1987)在20世纪50年代创立的。

人本主义认为,人是单独存在的,人的本性是善良的,只要有适当的环境,个体就会力争达到某种积极的社会目标。人本主义强调人的尊严和价值,主张研究对个人和社会的进步富有意义的问题,促进人格的发展。

在研究方法上,人本主义心理学重视开放研究、整体分析的重要意义,倡导将实验范式和经验范式统合起来,把人视为理智和情感的整体来进行研究。

人本主义心理学提出的需要层次理论、来访者中心疗法等对管理、教育、心理治疗等均具有重要的实践价值。

四、心理学的中国化问题

中国古代具有丰富的心理学思想,但是没有独立的心理学科学。心理学作为一门独立的科学产生于德国。1917年,北京大学建立了心理学实验室,标志着中国现代心理学的起步,随后,现代心理学的许多理论流派逐渐通过归国的中国学者传播到中国来。同时,一些学者也开始进行本土的心理学研究。时至今日,我国的心理学已经形成了一边吸收国外成果,一边进行自主研究的格局,在强调与国际接轨的同时,更加注重自主创新。

心理现象具有浓厚的社会人文色彩,所以在不同的文化圈里,人们的心理往往具有一定的差异,这就要求我们在学习西方心理学理论的时候,需结合我国实际对心理学理论进行恰如其分的改造,以适应中国人的特点。我国台湾学者杨国枢讨论了心理学研究中国化的层次与方向,这对于心理学的研究者和学习者都具有重要的启发意义。杨国枢认为,心理学的中国化应该实现以下四个层次上的突破。

(一) 重新验证国外的研究发现

西方的研究限定在西方的文化圈里,他们所提出的理论是否也同样适用于东方的文化圈,这需要东方的验证。一般来说,西方的心理学理论概括的是西方人的心理特点与规律,总是会与东方人存在或大或小的差异。

(二) 研究国人的重要与特有现象

理论要为实践服务。西方人的研究要为西方国家服务,中国的研究当然要为中国服务。不同的国家,迫切需要解决的问题是不一样的,因此,西方有西方的研究重点,中国有中国的研究重点。有时,西方的研究热点对于中国来说并不重要,而对于中国来说重要的问题,西方未必进行研究,这样就需要中国人研究中国人自己的问题。同时,不同的文化圈往往具有自己特有的现象,这就只能依靠本文化圈内的学者进行研究了。

(三) 修改或创立概念与理论

研究中发现,选择中国的被试对国外的研究结论进行重新验证,总会发现差异,这时就要对国外的相应概念与理论进行修改;中国人研究中国的重要与特有现象,没有国外的相应概念与理论作为参考,那么,通过自己的研究,就应该创立自己的概念与理论。

(四) 改变旧方法与设计新方法

所谓科学研究，就是用实证的或逻辑的方法对某一或某些现象进行深入探索，以便寻求一个合适的理论模型来描述、解释现象，最终借助这一模型对现象进行预测或控制。工欲善其事，必先利其器，科学研究必须采取合适的研究方法。国外的研究者针对特定的研究对象，提出了许多好的研究方法。他山之石可以攻玉，中国研究者在研究过程中首先应借用国外的方法，但是这些方法未必全然符合中国人的特点，所以，中国研究者应该致力于改变那些国外的旧方法，同时，设计出最适合中国人特点的新方法。

五、心理学的未来展望

我国生物学家谈家桢认为："如果说20世纪头50年中物理学和化学的发展飞黄腾达，那么以后50年……就是生物学的鼎盛时期，到了21世纪初……心理学的研究，恐怕将成为一个重点，人为什么会思维、能记忆，能把那么多知识存在脑子里？人们在物理、化学高度发展的基础上探索各方面的规律，这是科学发展的必然趋势。"可以说，心理学获得迅猛发展的时代即将到来，现在已经初现端倪，这是科学发展的必然，也是社会发展的必然。

(1) 物质运动包括物理的、化学的、生物的、社会的运动形式，其中，人的心理是生命运动和社会运动相互渗透、相互转化的运动形式，人类对物理的、化学的、生物的、社会的运动形式有了一定程度的认识之后，势必开始探索人类心理的奥秘。

(2) 人类已经进入一个信息、知识、智力的社会时代，社会对人的心理素质提出了更高的要求，迫切需要研究人的心理现象，发现并运用心理规律以训练和提高每一个人的心理素质，这就决定了以心理学为中心的一些科学即将进入一个大发展时期。

(3) 目前脑科学、人工智能、电子计算机等学科的发展为心理学的研究奠定了坚实的基础，提供了必备的物质条件。

从心理学本身的历史来看，科学心理学的发展始终徘徊于自然科学和人文科学之间，从而形成了倾向自然科学的心理学和倾向人文科学的心理学两大阵营。冯特在创立科学心理学之初，就为心理学的发展设计了两条路线，一方面，他从自然科学中移植了科学主义，建立了实验心理学；另一方面，他关注心理与文化的关系，建立了民族心理学。

科学心理学诞生100余年来，实验心理学积累了丰富的资料，建立了大量的理论，但是，由于它侧重自然科学，又有"方法中心主义"即试图使心理现象适应方法而不是使方法适应心理现象的倾向，所以导致目前的研究遭遇了瓶颈。这时，一些心理学家开始重视冯特开创的另一条路线，从而出现了文化心理学这一新的研究范式，可以预见，文化心理学在不久的将来会为心理学的发展立下汗马功劳。文化心理学的基本观点是心理现象本身具有文化性，不能脱离具体的文化背景来研究心理现象，因此，文化心理学的研究视角是文化，研究内容是心理与文化的关系。

第三节　心理学的研究原则

巴甫洛夫曾说："科学随着方法论上所获得的成就而不断地跃进着。方法论每前进一步，我们便仿佛上升了一级阶梯。"可以说，科学是随着方法的进步而进步的，心理学也不例外。

心理现象既是自然现象，也是社会人文现象，因此，心理学的研究既可以借鉴自然科学的方法，也可以借鉴人文科学的方法，但是，又不可以完全照搬自然科学和人文科学的方法。

心理现象是复杂的，这是因为影响心理的因素太多，而且心理的表现有时也很微妙，难以做出合理的解释。例如很多人会有"月是故乡明"的感受，但是，为什么人会认为故乡的月亮比其他地方的月亮更亮呢？恐怕难以得出一致的结论。同时，心理现象又具有普遍性，"爱美之心，人皆有之"说的就是这个道理。

心理是内隐的，"知人知面不知心"，人的心理很难从外表上直接看出来。但是，内部心理活动也会通过言行表现出来，这说明人的心理又是外显的。

心理现象的普遍性和外显性，使得心理学研究具有了可能性，但是，它的复杂性与内隐性又给心理学研究带来了一定的困难。所以，研究心理现象就需要遵循特定的原则，采取特定的方法。

一、客观性

客观性原则是指必须根据实物的本来面貌来揭示事物，并且要进行实际的检验，不能主观臆测或加以歪曲，应遵照实事求是的精神，对人的心理进行真实的表述和探讨。

客观性原则是所有科学研究都必须遵循的，而心理学研究尤其重要。因为心理活动既有主观性又有内隐性，研究者难以做出直接的判断，往往需要借助被试的口头报告和研究者的主观经验进行分析。这样，被试的口头报告会有主观成分，而研究者有时也会以自己的心理活动类比甚至替换被试的心理活动，从而导致研究结果失真。因此，在心理学研究中，往往需要大量的被试，多次的重复，才能保证研究结果的真实、有效。

二、发展性

发展性原则是指在研究中，必须坚持发展的观点，不能用孤立的、静止的观点对待心理现象。

一生中，人的心理在不断地发展、变化着，因此，在研究时，需要判断研究对象的年龄阶段，采取适合这一年龄阶段特点的方法进行。例如，对幼儿的研究，观察他们在游戏中的表现比较有效；对于中小学生，使用实验的方法更容易得出结论；对于老年人，使用访谈法比较容易令人接受。同时，在研究某种心理现象时，还需要将其置于发展过程中进行了解，不仅要描述这种心理现象的现状，还要考察这种心理现象的过去形态和未来发展，以便把握该心理现象的发展路线。

三、系统性

人的心理是由许许多多子系统构成的一个开放的、动态的系统，因此心理学研究必须在全面、整体的观点指导下进行。

就个体而言，各种心理现象相互联系构成了一个统一的整体。在研究某种特定的心理现象时，不可能将该心理现象单独挑选出来，只能在相互联系的整体中重点考察这种心理现象。例如研究情绪，不可能脱离认知。同时，人总是处在一定的环境之中，人的心理既受自身机体状态的影响，又受外界环境的影响，研究时就要既考虑机体的生理状态，也要考虑环境的作用。

四、教育性

教育性原则是指在心理学研究中，研究过程和研究结果要有利于被试，不能损害被试的身心健康。

心理学的研究对象是人，研究设计的缺陷和操作处理的失误，都有可能导致对被试的身心伤害。所以，心理学研究必须慎之又慎，在课题选择、方案设计、计划实施、结果解释、资料保存等方面，都要保证被试的身心发展和个人生活在研究进行中与研究结束后都不会因为研究而受到伤害。

第三节 心理学的研究方法

确立了研究课题之后，科学研究主要包括搜集资料和分析资料两个方面的内容，最后，研究者通过分析资料得出结论。

一、搜集资料

(一) 观察法

观察法又称自然观察法，是指在自然条件下，有目的、有计划地通过被试的外部表现来了解心理现象和心理规律。

根据观察者和被观察者的关系，观察法可以分为参与观察和非参与观察两种形式。参与观察是指观察者参与到被观察者的活动中，从活动内部进行观察；非参与观察则是观察者游离于被观察者的活动之外，从外部进行观察，使用这种方法切忌观察者在场对被观察者的活动产生影响，所以，严格的非参与观察往往采用摄像或观察室的形式，使被试不知道自己处在他人的观察之下，从而保证他们的行为自然流露。

为了保证观察的有效性，观察时应该做到目的明确，全方位观察，及时记录。

观察法操作简便，所获资料真实、自然，但是难以发现定因定果。因为观察法对研究情境没有任何控制，被试之所以有这种表现，原因可能是多方面的，研究者难以发现具有决定作用的原因。

(二) 实验法

实验法是指在控制条件下，对某种心理现象进行观察，从而探索相应心理现象的本质和规律。

心理实验的典型形式是操纵某种或某些变量，使之发生变化，研究者观察在该变量的不同变化水平之下，被试的某种心理现象有无变化以及有什么变化，从而确定该变量与特定心理现象之间的关系。在心理实验中，被操纵变化的变量称为自变量，所观察的心理现象称为因变量。因为人的心理是敏感的，除了研究者所选择的自变量之外，还有其他因素影响因变量，所以为了保证实验效果，需要将有可能影响因变量的其他因素予以消除或使之保持不变，这些需要消除或恒定的因素被称为无关变量、参变量或控制变量。

根据实验控制的严谨程度，心理实验可以分为自然实验和实验室实验两种形式。自然实验是在自然情景中,对某些条件加以适当控制所进行的实验,它的优点是实验情境和自然情境比较接近,实验结论易于推广,缺点是实验结论有可能受到无关因素影响而导致失真;实验室实验是在严格控制的实验室条件下,使用专门的仪器、设备进行实验,它的优点是能够对自变量和因变量的关系做出精确测定,缺点是实验情境与自然情境相差较大,实验结论难以推广。

(三) 调查法

调查法是研究者通过被试的陈述或被试提交的相关材料,来对心理现象的本质或规律进行间接的研究。

调查法主要包括访谈法、问卷法和作品分析法三种形式。

访谈法是研究者与被试面对面地进行言语交流以搜集资料。它的优点是灵活性大、控制性强,缺点是被试可能会出于顾虑而不做真实回答。

问卷法是由被试填写研究者设计好的问卷以搜集资料。它的优点是应用范围广、效率高,缺点是难以保证问卷的回收率。

作品分析法是搜集被试的日记、绘画作品、手工作品等材料,并对搜集到的材料进行系统分析,从而了解相应的心理现象和心理规律。它的优点是快捷,缺点是被试提供的材料可能只是代表了被试的最高成就,而不是典型成就。

(四) 测验法

测验法是研究者运用标准化的心理量表来测定被试的某种心理品质,进而了解心理规律与个体间的心理差异。

测验法所依据的工具是标准化的心理量表。标准化量表是由权威机构或学科专家负责编制的,采取客观而规范的标准,从命题、施测到评分各个环节都有严谨的规定和要求,测量结果具有一定的可靠性与有效性。

根据测验的目的,心理测验可以分为智力测验、人格测验等;根据测验材料的性质,心理测验可以分为文字测验和非文字测验;根据施测对象的数量,心理测验可以分为个别测验和团体测验。

二、分析资料

研究者通过观察、实验、调查或测验得到了大量的资料,这些资料往往有真有假且又杂乱无章地堆砌在一起,需要研究者进行整理、分析,将其逐步简约化、系统化,才能最终得出一个科学的结论。

(一) 核校

核校就是对搜集到的资料进行检查核对,剔除那些无关的、明显有误的以及虚假的材料,遴选出符合研究目的、有代表性的材料,保证材料的真实性与完整性。

(二) 定性分析

研究者借助逻辑思维对整理好的资料进行认真、深入地思考,努力发现资料背后所隐含的心理规律。

例如，有人发现在拔河比赛时，如果是一对一的比赛，那么每一个人都会用尽全力；而在一个团体对另一个团体的比赛中，团体内部每一个成员都不会用尽全力，而是有所保留。这是一种现象，可以称为社会浪费现象。那么，研究者就要深入思考，什么样的心理活动导致了这种社会浪费现象呢？研究者通过分析，提出了社会浪费现象背后隐含着的是一种责任扩散心态。所谓责任扩散，是指独立工作的人通常认为自己要对工作负全责，所以会全身心地投入工作中，而在集体工作中，这种责任感就会分散到集体内部所有成员身上，因此每一个人都不会竭尽全力。这种透过现象发现本质的过程就是定性分析的过程。

(三) 定量分析

研究者借助数学(主要是统计)方法，对研究对象的"量"的关系进行揭示。

仍以上述责任扩散为例。研究者将拔河比赛分为一人组、两人组、三人组和八人组四种情况，要求他们用尽全力进行比赛，在比赛过程中，研究者用灵敏的测力器来测量被试拉绳的力量。如果被试一起拉绳的时候与单独拉绳的时候所发出的力量相同，那么，一起拉绳的合力应该是各人单独拉绳的力量之和。结果，通过定量分析发现，两人组的总拉力是每个人单独拉力之和的95%，三人组的总拉力是每个人单独拉力之和的85%，八人组的总拉力是每个人单独拉力之和的49%，由此，研究者就可以发现量的关系，即参与工作的人员越多，则每一个成员付出的努力就越少。

一般而言，在心理学研究中，对资料的分析既需要借助于理论思维，也需要借助于统计方法，最好能将定性分析与定量分析结合起来。

知识链接

费希纳和冯特

费希纳，德国物理学家、哲学家、心理学家、美学家，原学习生物学，后转向研究数学和物理学；1844年任莱比锡大学物理学教授；1834年起深入钻研哲学，使哲学建立在科学的基础上。1860年，费希纳出版《心理物理学原理》(2卷)，首创科学的实验方法，奠定实验心理学的基础，同时确立了他在心理学界的重要地位。1865年，费希纳发表了他的第一篇美学论文，开始钻研美学，1866—1872年又发表12篇论文，基本上都是讨论霍尔拜因的两幅圣母玛利亚画像。费希纳以实验的方法解决诸如这两幅画像哪一幅更美的问题，确立了实验美学的方法。他还著有《实验美学论》(1871)和《美学导论》(1876)，对于各种美学问题、原则和方法进行了讨论，奠定了实验美学的基础。他提出，美分为广义的美与狭义的美两种，广义的美指能唤起愉悦性的一切东西，狭义的美指在审美和艺术中能使人感受到高尚、快感的东西。这两种美都受制于审美心理学原则，他称为审美阈、审美加强、审美联想、审美对比、审美顺序、审美调和、刺激的持久性及用力最小的原则，强调美的形成是以人的心理条件、心理活动为基础的。费希纳倡导美学研究的实验方法，具体为选择、制作、统计三种，强调美学研究应以经验事实为基础。费希纳的美学思想，对19世纪末20世纪初美学研究从"自上而下"的传统哲学思辨方式转变为"自下而上"的经验方式起着关键性作用。可以说，他是近现代美学研究中的经验主义潮流的领潮人，因而也被称为"近代美学之父"。

冯特，德国心理学家、哲学家，现代实验心理学的著名创始人之一。冯特出生在德国巴登的一位牧师家庭里，早年习医，1856年在海德堡大学获得博士学位，1857—1874年在该校任教，曾开设生理心理学课程，并出版《生理学原理》；1875年改任莱比锡大学哲学教授；1879年创立了世界上第一个心理学实验室。冯特是构造主义心理学的奠基人，他主张心理学研究直接经验，心理学的研究方法只能是实验性的自我观察或内省。冯特用这种方法研究了感觉、知觉、注意、联想等过程，提出了统觉学说，还根据内省观察提出了情感三维说。他还主张用民族心理学的方法研究高级心理现象，这对社会心理学的产生和发展具有重要影响。冯特的哲学思想是混乱的，在身心关系的问题上，他主张精神和肉体是彼此独立的序列和过程，因而陷入了二元论。他一生的著作很多，代表作有《生理心理学原理》《民族心理学》《对感官知觉学说的贡献》《心理学大纲》等。

心理测试

仔细阅读表1-1中的内容，请根据自己的真实想法对每一个题目做出选择，并在相应选项上打"√"。不必联系上下文，不用顾虑对不同题目的回答是否重复或矛盾，只需要对每一条描述进行单独判断。

表1-1 BAS/BIS量表

序号	题目	很不符合	不太符合	比较符合	非常符合
1	我认为人的一生中，家庭最重要	1	2	3	4
2	即使祸事临头，我也很少感到害怕或紧张	1	2	3	4
3	我会想尽办法得到我想要的东西	1	2	3	4
4	如果某件事我做得很好，我就会坚持下去	1	2	3	4
5	我总是喜欢尝试自认为有趣的新鲜事物	1	2	3	4
6	我很注重穿着	1	2	3	4
7	当得到了自己想要的东西时，我会感到兴奋、充满力量	1	2	3	4
8	批评或者训斥会让我受不了	1	2	3	4
9	当我想得到什么东西的时候，我会全力以赴去得到它	1	2	3	4
10	我做事情通常是因为它们很有趣	1	2	3	4
11	我很忙，甚至没有时间理发	1	2	3	4
12	如果有机会得到我想要的东西，我会立刻行动	1	2	3	4
13	如果知道有人会生我的气，我会非常担心或者沮丧	1	2	3	4
14	如果有能够得到我想要的东西的机会，我会马上兴奋起来	1	2	3	4
15	我经常想知道人为什么要那么做	1	2	3	4
16	当好事儿发生时，它会对我产生很大影响	1	2	3	4
17	如果我把重要的事情办砸了，我会很担心	1	2	3	4
18	我渴望刺激和新鲜感	1	2	3	4
19	我会不遗余力地去追求我想要的东西	1	2	3	4
20	赢得一场比赛会使我兴奋	1	2	3	4
21	我总是害怕自己犯错误	1	2	3	4

解析：BAS/BIS 量表即行为激活/行为抑制系统问卷，是由 Carver 和 White 于 1994 年编制的。该量表采用 4 点计分，"很不符合"计 1 分，"不太符合"计 2 分，"比较符合"计 3 分，"非常符合"计 4 分。其中，BAS 量表包括 2、8、11、13、16、17、21 题，BIS 量表包括 1、3、4、5、6、7、9、10、12、14、15、18、19、20 题，计分方式为各题目分数相加，分数越高，代表 BAS 或者 BIS 的水平越高，BAS 量表和 BIS 量表的内部一致性系数分别为 0.78 和 0.72。

复习思考题

1. 心理学的研究对象是什么？
2. 学习心理学有什么意义？
3. 科学心理学是如何诞生的？
4. 近代西方心理学有哪些主要流派？
5. 当代心理学的主要研究取向有哪些？
6. 说明心理学中国化的意义及层次。
7. 举例说明心理学的研究原则。
8. 心理学研究中，搜集资料和分析资料的方法有哪些？

第二章

心理的实质

案例导入

无脑儿

有一个新生儿出生不久,没有任何心理活动,对外界的光线、声音等各种刺激都没有任何反应。医生对该新生儿做了全身的检查,其他器官没有任何问题,唯独缺少了脑这个器官。通过这个案例,我们认识到了脑的重要性。没有脑,人不可能对外界的信号做出反应,也没有相应的心理活动。脑是心理活动的基础,而人作为高级动物,与其他动物相比,只有人才有心理的高级机能即自我意识。那么,心理的实质是什么?心理的神经机制又是什么?明白了心理的实质,我们才能更好地认识自己、了解自己。

本章提示

心理现象纷繁复杂,多种多样,各种心理现象共同的本质是什么?这个问题就是心理的实质问题。科学心理学发展到现在,对于这个问题已经有了初步的回答。本章从三个方面来描述心理的实质问题:第一,心理是脑的机能,说明脑为什么能产生心理以及如何产生心理;第二,心理是客观现实的反映,论证心理内容的物质性;第三,阐述人类心理的基本特征,对人类心理和动物心理进行比较。

什么是心理?心理是如何产生的?心理和客观事物有什么关系?这些涉及心理的实质的问题是心理学的根本问题。关于这类问题的答案,自古以来就存在各种不同的认识,学者们也对此进行过激烈的争论。归结起来,有唯心主义和唯物主义两种根本对立的观点。

唯心主义认为,心理是脱离物质的独立的世界本源,是绝对自由的。这种观点显然是错误的,因为一个人的心理活动必然受到他的知识经验以及他所处的文化圈的影响,是不可能绝对自由的。

旧唯物主义由于受到历史条件的局限,也没有能够完全正确地解决这个问题。朴素唯物主义虽然认识到心理是物质派生的,但是在科技不够发达的时代,根本无力解释物质如何产生心理的问题。机械唯物主义将人的心理视为对现实的机械反映，甚至认为脑分泌思想就如同肝脏分泌胆汁，从而忽略了人的主观能动性，给出了错误的回答。只有在马克思主义诞生之后，辩证唯物主义对心理的实质问题做出了科学的解释。辩证唯物主义认为，人的心理是客观现实在人脑中的主观映像。

第一节　心理是脑的机能

从历史上看，在古代相当长的时期内，曾有许多人将心脏视为心理的器官，孟子曾经说过"心之官则思"。汉字里有关表示心理现象的字，大多带有心字底或竖心旁，也说明了古人的观点。以后虽然有人提出过不同的见解，即心理是脑的机能，不是心脏的机能，但是限于当时的科技水平，这种见解并没有太大的说服力。到了近代，随着人体解剖学、临床医学和神经科学的发展，人们才逐渐明确了心理是脑的机能，脑是心理的器官。

脑为什么能够产生心理？脑如何产生心理？为了说明这个问题，需从神经系统谈起。

一、神经系统的结构和功能

心理现象发生于已经有神经系统至少有神经细胞的生物体，神经系统的进化水平决定着心理水平。人的神经系统是高度发展的，所以，与其他动物相比，人的心理水平最高。

（一）神经元

神经元即神经细胞，是构成神经系统的基本单位。

神经元由细胞体和细胞突两部分组成。不同的神经元，细胞体的形状和大小具有很大区别，细胞体的最外边是细胞膜，里面包着细胞质和细胞核。细胞突是神经元向外突出的部分，短而细的突起称为树突，长而粗的突起称为轴突，如图2-1所示。

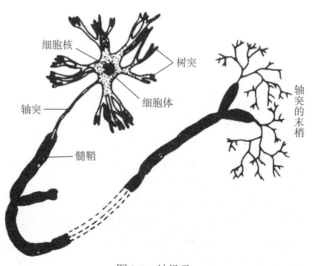

图2-1　神经元

神经元具有接受刺激、整合信息、传递信息的功能。在神经元内部，信息的传递是单向的，一般来说，树突和细胞体接受刺激，细胞体对信息进行整合，轴突将信息传递给效应器或另一个神经元。

神经元按照功能的不同，可以分为感觉神经元、运动神经元和中间神经元。感觉神经元收集和传导身体内外的刺激，到达脊髓和大脑；运动神经元将脊髓和大脑发出的命令传导给肌肉或内分泌腺，支配效应器的活动；中间神经元介于感觉神经元和运动神经元之间，起着联络作用，所以也称为联络神经元。

不同神经元之间没有原生质的连接，它们之间的联系借助突触而实现。突触(见图 2-2)是一个神经元的轴突末梢和另一个神经元之间相互接触的部位，包括突触前膜、突触间隙和突触后膜三个结构成分。这样，一个神经元所接收的信息跨过突触，就传到了另一个神经元。根据信息的传导方式，突触可以分为电突触和化学突触两种。

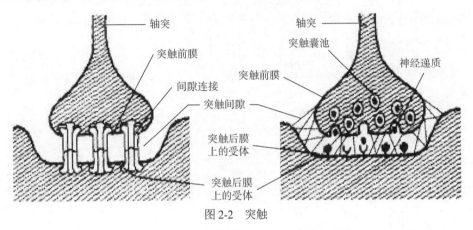

图 2-2 突触

电突触结构简单，突触前膜和后膜之间通过由多肽组成的低电阻通道相连接，信息的传递速度极快，几乎没有突触延搁。化学突触结构较复杂，突触前膜具有大量的突触小泡，小泡内含有神经递质或神经肽，这些递质和神经肽是传递信息的"信使"，突触后膜具有多种特殊的蛋白质分子，其中有专门接受信息的受体，突触前膜的小泡释放信使到突触后膜，信使与后膜相应的受体结合，从而实现信息的传递，这个过程一般要产生 0.3~0.5 毫秒的突触延搁。由于突触的存在，人体内部各神经元之间就构成了密如蛛网的联系，形成了一个庞大而又密集的网络系统，即神经系统。可见，突触是神经元之间相互联系、传导信息的解剖学基础。

(二) 周围神经系统

神经元之间借助突触构成神经系统，人的神经系统包括周围神经系统和中枢神经系统。周围神经系统由脊神经、脑神经和植物性神经组成。

脊神经(见图 2-3)从脊髓的两侧发出，分布在躯干和四肢，共31对。脊神经是混合神经，每一对脊神经的前根都是运动性的，而后根是感觉性的，分别负责身体相应部位的感觉和运动。

脑神经(见图 2-4)从脑部发出，主要分布在头和面部，负责头和面部的感觉与运动。脑神经共12对，其中，嗅、视和听神经属于感觉神经，动眼、滑车、外展、副交感、舌下神经属于运动神经，三叉、颜面、舌咽、迷走神经属于混合神经。

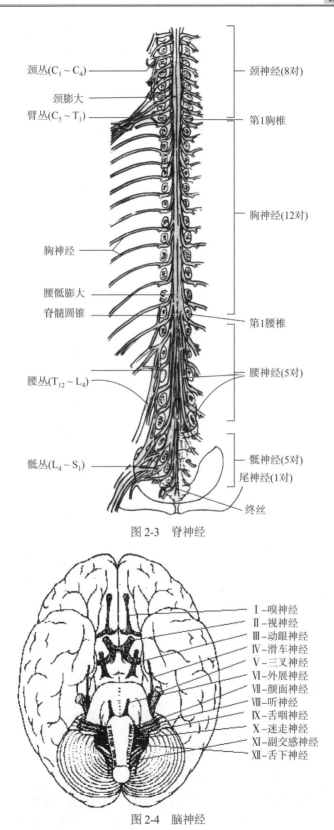

图 2-3 脊神经

图 2-4 脑神经

植物性神经(见图2-5)也称内脏神经,是从脊髓和脑发出的,广泛地分布于血管、腺体以及各内脏器官。植物性神经由交感神经和副交感神经组成,两者在功能上是拮抗的。一般来说,交感神经是机体应付紧急情况的机构,可以加速心脏的跳动,减缓或者停止消化器官的活动,从而动员全身力量来处理当前情况。而副交感神经的作用恰好相反,可以抑制机体内各器官的过度兴奋,使它们获得必要的休息。

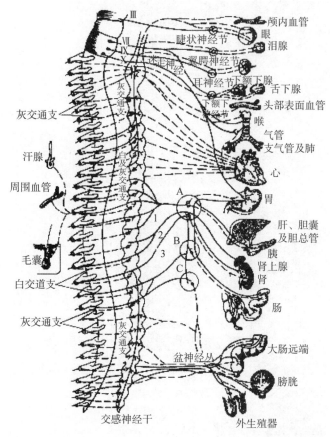

图 2-5　植物性神经(虚线表示交感神经,实线表示副交感神经)

(三) 中枢神经系统

人的中枢神经系统包括脊髓和脑,其中,脊髓是低级中枢,脑是高级中枢。

1. 脊髓

脊髓(见图2-6)是中枢神经系统的低级部位,位于脊椎管内,略呈圆柱形,前后稍扁。脊髓的作用主要体现在两个方面:一是传导冲动,来自周围神经系统的各种信息须通过脊髓才能上传到脑,由脑发出的命令也须通过脊髓才能下传到周围神经系统,最终支配各效应器的活动;二是进行一些简单的反射活动,如膝跳反射、排泄反射等。

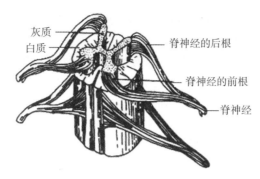

图 2-6 脊髓(部分)

2. 脑

脑(见图 2-7)是人的高级中枢,包括脑干、间脑、小脑和大脑。

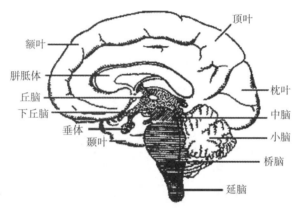

图 2-7 人脑剖面图

脑干包括延脑、桥脑、中脑以及脑干网状结构。延脑是人的"生命中枢",与基本的生命活动密切相关,可以支配呼吸、排泄、血液循环等活动。桥脑联系着中枢神经系统和周围神经系统,参与调节面部肌肉的活动,也可以调控人的睡眠。中脑对于视觉和听觉进行初步的加工,也参与调节头部的一些反射活动,如瞳孔反射、眼跳活动等。脑干网状结构位于脑干的中央部位,是一些神经核团与神经纤维交织而成的网络,网状结构内有激活系统和抑制系统两个对立的调节系统,激活系统向大脑皮层发射兴奋,使大脑皮层处于觉醒状态;抑制系统则在某种情况下降低大脑皮层的活动水平。两种调节系统的协调,维持了大脑功能的正常进行。

间脑包括丘脑和下丘脑。丘脑是感觉的"中继站",除嗅觉以外,来自人体所有外界感官的信息都须通过丘脑再传入大脑,最后产生感觉。此外,丘脑对于控制睡眠和觉醒也有一定的作用。下丘脑是调节植物性神经的主要皮层下中枢,对于内脏和内分泌腺的活动具有重要作用,也与动物的一些本能行为有关,例如摄食行为、饮水行为、性行为、攻击行为等,破坏下丘脑中特殊的神经核团,会导致相关行为反常。

小脑的作用主要是协助大脑维持身体平衡和协调动作。有一些复杂的运动如签名、走路、跳舞等,一旦学会,也要存入小脑,需要时就会自动进行。如果小脑受到损伤,个体就会运动失调,甚至丧失简单的运动能力。

大脑是中枢神经系统的最高级部位,是人体的"最高司令部",是心理活动的主要器官。

大脑在结构上由左右两个半球组成，中间由胼胝体联系起来，低级的脊椎动物没有胼胝体。胼胝体的主要功能是实现两半球之间的通信，它可以将一个半球的活动发送到另一个半球，例如，右手学会的一种技巧，尽管左手并没有经过训练，但在一定程度上也会完成这种技巧，这种两半球之间的"共享"就是通过胼胝体实现的。

宏观上看，大脑包括大脑皮层、边缘系统和基底神经节三个部分，与人的心理活动密切相关。人的大脑皮层约有140亿个神经细胞，是心理活动的主要场所。边缘系统由大脑半球内侧与间脑相接的边缘叶及其附近的有关结构构成，主要功能是对内脏活动、寻食行为、防御行为、生殖行为和情绪等进行调节，也参与脑的记忆活动。基底神经节是位于大脑底部的一些神经核团，属于皮层下运动中枢，主要机能是协调肌肉运动。

大脑半球表面具有隆起的回和下陷的沟、裂，这些沟、裂把大脑半球区分为枕叶、颞叶、顶叶和额叶四个脑叶(见图2-7)，其中，额叶的功能复杂而广泛，几乎涉及所有的心理功能。每一个脑叶内，又有一些较小的沟、裂把大脑皮层分成许多回。

19世纪以来，人们就开始根据功能对大脑进行分区(见图2-8)，目前，一般认为，大脑皮层上具有感觉区、运动区、言语区等。

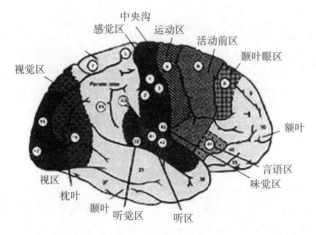

图2-8 大脑功能分区

感觉区包括视觉区、听觉区和机体感觉区，分别接受来自眼睛的光刺激，来自耳朵的声刺激和来自皮肤及内脏的各种刺激，产生相应的感觉。视觉区位于枕叶，听觉区位于颞叶，机体感觉区位于中央沟后面的一条狭长区域内。

运动区位于中央前回和紧靠中央沟的狭长区域，功能是支配和调节身体的空间位置以及身体各部分的运动。大脑左右两半球的运动区分别负责对侧肢体的运动。

右利手的人，其言语区定位在左半球。额下回是运动性言语中枢，受损后会导致运动性失语症，使人丧失说话能力；颞上回后方是听觉性言语中枢，受损后会引起听觉性失语症，使人听不懂语言。

联合区是大脑皮层上具有联合功能的广大区域，它不直接接收来自感觉道的信息，也不直接支配躯体的运动，而是在各功能区之间起着联络、整合的作用。联合区可以区分为感觉联合区、运动联合区和前额叶联合区，其中，前额叶联合区与多种高级心理机能有关。

大脑两个半球之间虽然具有机能上的分工，但同时又是相互协作的(见图2-9)。

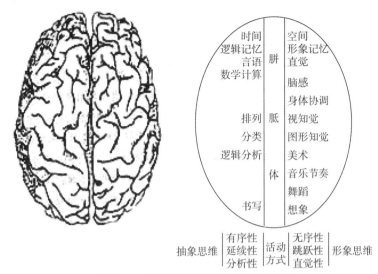

图 2-9 大脑左右两个半球分工示意图

对于右利手的人来说，大脑左半球是言语活动占优势，能进行抽象逻辑思维和复杂的数学运算等；右半球是非言语活动占优势，具有较强的空间知觉能力，能感知各种形象并进行形象思维等。胼胝体连着大脑左右两个半球，对于两个半球的协同活动具有重要作用。

二、心理的神经机制

心理活动主要通过反射来实现。

(一) 反射与反射弧

反射是有机体借助神经系统对内外刺激所做的有规律的应答，包括三个相互联系的环节：开始环节，接受刺激，传入信息；中间环节，接受信息，对信息进行加工处理；终末环节，中枢神经发出命令，经传出神经到效应器，支配效应器的活动。心理活动发生在反射的中间环节。

反射弧(见图 2-10)是实现反射活动的神经结构，由感受器、传入神经、中枢神经、传出神经和效应器组成，心理活动是在反射弧的中枢神经中实现的。

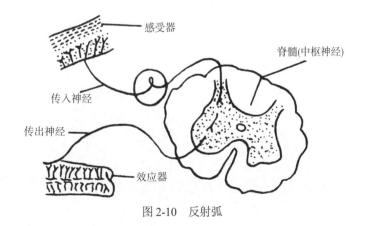

图 2-10 反射弧

由于反馈的存在，人的反射活动构成了一个环形的回路(见图 2-11)，所以，也有人将反射弧称作反射环。

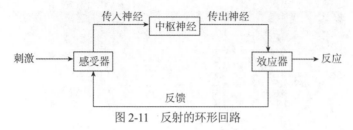

图 2-11　反射的环形回路

很多情况下，人的反射并不是一次性的单向传导过程，而是在传入与传出之间存在多次来回往返的信息传递。效应器接收到中枢神经的指令并做出相应的反应之后，效应器本身的活动也会通过传入神经传给神经中枢，中枢神经得到这一新的信息后，又会对效应器的活动进行调整，发出加强、减弱或改变方式的指令，从而保证效应器的活动精确、有效，这一过程就称作反馈。

反馈存在不同的类型。根据反馈对效应器反应的影响效果，可以将反馈分为正反馈和负反馈，正反馈加强效应器的反应，负反馈减弱效应器的反应；根据反馈信息的传导途径，可以将反馈分为内反馈和外反馈，内反馈即反馈信息通过内部感受器(如动觉)传到神经中枢，外反馈即反馈信息经外部感受器(如视觉、听觉)传到神经中枢。

(二) 无条件反射与条件反射

无条件反射是有机体生而有之的反射，例如新生儿一出生就会啼哭，乳头放进嘴里就会吮吸等，都属于无条件反射。引起无条件反射的刺激物叫作无条件刺激物。无条件反射以及由几个无条件反射构成的有固定顺序的行为序列也叫作本能行为。在某种刺激物的作用下，本能行为能够自动地、刻板地发生。

条件反射是人和动物后天形成的反射，例如望梅止渴、谈梅生津等。引起条件反射的刺激物叫作条件刺激物或信号刺激物。

条件反射最早是由苏联生理学家、心理学家巴甫洛夫(Ivan Petrovich Pavlov，1849—1936)发现的，他提出的条件反射又称作经典性条件反射，它的形成模式如图 2-12 所示。

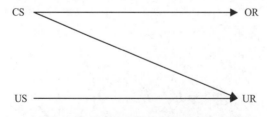

图 2-12　经典性条件反射的形成模式

图 2-12 中，US 是无条件刺激物，能够引起无条件反射 UR。CS 是条件刺激物，原来只能引起定向反射 OR，由于 CS 和 US 多次联合作用于有机体，以后，CS 就成为 US 的信号，在 US 不存在时，仅由 CS 就可以引起无条件反射 UR，称作条件反射。由此可见，条件反射形成的条件包括三个方面：一是 CS 与 US 相结合，二是多次结合(即强化)，三是有机体健康且清醒。

除了经典性条件反射之外，美国心理学家斯金纳还发现了操作性条件反射。

斯金纳设计了一种专用的箱子,称为斯金纳箱(见图2-13), 箱内有一套杠杆装置，饥饿的实验动物(如白鼠)进入箱子后，在里面乱跑、乱跳、乱抓、乱咬，偶尔用爪子把杠杆压下来。这时，杠杆就会带动一个阀门，使一个食物小球滚进箱内的木槽，动物就得到了食物。以后动物再次进入箱内，又按压杠杆取得食物。这样反复进行，最终，饥饿的动物一进箱子就主动按压杠杆取得食物。这样，动物在按压杠杆和取得食物之间就形成了条件反射，斯金纳把这种由动物本身操作行为动作，根据动作效果而形成的条件反射称作操作性条件反射。

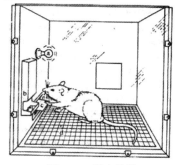

图2-13 斯金纳箱

操作性条件反射没有明显的可以观察到的外部刺激，它是动物为了获得某种刺激而产生的，具有"工具"的性质，是动物在探究环境的过程中主动进行的。斯金纳认为，人和动物的大多数行为属于操作行为。

(三) 信号系统

条件反射是一种信号活动，由条件反射组成的暂时神经联系系统又叫信号系统。巴甫洛夫认为，客观世界存在两种性质不同的信号刺激物，相应地，人就获得了两种不同的信号系统，即第一信号系统和第二信号系统。

第一信号系统是以具体事物作为条件刺激物而建立起来的条件反射系统，如望梅止渴，唾液的分泌是由"梅子"这一具体事物引起的，所以属于第一信号系统。

第二信号系统是以语言文字作为条件刺激物而建立起来的条件反射系统，如谈梅生津，唾液分泌是由"梅子"这一具体事物的符号引起的，所以属于第二信号系统。第二信号系统是人的各种复杂心理活动的基础。

在人身上，两种信号系统是密切联系的。第二信号系统以第一信号系统为基础，如果词汇脱离了具体事物的支持，不代表任何具体事物，词汇也就失去了信号的意义；第一信号系统的活动又受第二信号系统的调节，人在反映具体事物时，总是给事物命名，借助词汇对事物进行分类。

(四) 动力定型

大脑皮层具有系统性功能，能够将多个条件反射整合成一个条件反射系统，即动力定型。所谓动力定型，就是指由某种刺激系列所形成的反应系统，是定型化、概括化和自动化的条件反射系统。通俗地说，本来由一连串刺激形成了有机体的一连串反应，经训练巩固后，只要呈现开头刺激，有机体就会把后面一连串的反应依次做出，巴甫洛夫将这种现象称为动力定型。

巴甫洛夫在进行实验研究时，用强弱不同的四种光组成一个刺激系列，使狗形成条件反射。根据强度规律，强刺激引起强反应，弱刺激引起弱反应。瞳孔的大小用来控制进入眼睛的光量，强光时瞳孔会小一些，弱光时瞳孔则相对大一些。巴甫洛夫把四种光按照从弱到强的固定顺序和固定的时间间距，依次作用于狗的眼睛，狗的瞳孔就会依次从大变小，经过一段时间的训练后，当弱光单独呈现时，狗的瞳孔也能自动地从大变小，这时，研究者就认为狗形成了动力定型。

动力定型对于机体具有重要意义，可以提高反应的效率，并节省活动所消耗的神经能量。

三、高级神经活动的基本过程和规律

个体为了实现对环境的良好适应，需要借助感受器接收内外刺激，并且将这些刺激转化为神经信息，通过传入神经传递到中枢神经，中枢神经对这些信息进行加工处理，做出决策，并且通过传出神经将这些决策传递到效应器，效应器根据来自中枢神经的指令做出特定的反应，以达到趋利避害、适应环境的目的。在这个过程中，心理学关注的重点不是获得什么信息，也不是做出什么反应，而是如何获得信息，以及如何对所获得的信息进行加工处理，从而做出合适的决策。对信息进行加工处理，是中枢神经系统特别是大脑皮层的活动，所以，心理学关注的是大脑皮层的活动，大脑皮层的活动就是高级的神经活动。

(一) 高级神经活动的基本过程

高级神经活动包括兴奋和抑制两个基本过程，有机体的一切反射活动都是由这两种神经过程的协同活动决定的。

1. 兴奋

兴奋是激发或者加强有机体某些活动的神经过程。

例如，巴甫洛夫用狗做条件反射实验时，起初灯光并不能引起唾液分泌，但是由于灯光和食物多次结合，对于狗来说，灯光就变成了食物的信号，以后，灯光就可以单独引起唾液分泌了。这种由条件刺激物引起有机体兴奋性反应的条件反射，称为阳性条件反射，而阳性条件反射的形成就是高级神经活动兴奋过程的结果。

2. 抑制

抑制是停止或者减弱有机体某些活动的神经过程。

狗形成了灯光和唾液分泌的条件反射之后，研究者将实验条件略加改动，增加一个铃声信号。也就是说，呈现灯光，狗随即分泌唾液，间隔一段时间后，或者呈现铃声，或者呈现食物，由于铃声的出现意味着食物不会出现，这样，久而久之，狗就会看见灯光开始分泌唾液，而听见铃声则停止分泌唾液。可以说，铃声引起了狗的抑制性反应，巴甫洛夫将这种由条件刺激物引起有机体抑制性反应的条件反射称作阴性条件反射，显然，阴性条件反射的形成是高级神经活动抑制过程的结果。

可见，抑制并不是神经活动的停止，它和兴奋一样，也是一种积极的神经活动过程，只不过两者传递给效应器的指令恰好相反。

根据性质的不同，抑制可以分为外抑制、超限抑制、消退抑制和分化抑制四类，其中，外抑制和超限抑制是有机体生而有之的抑制，而消退抑制和分化抑制是个体在后天形成的。

外抑制是由于额外刺激物的出现，抑制了当前正在进行的条件反射。例如，正在读书时，听见雷声，个体就会停止读书。超限抑制又称保护性抑制，是由于刺激过强或者作用时间过长而导致的抑制。例如，陡然听见巨响，个体就会变得呆若木鸡；长时间处在噪音环境下，个体的听力就会受损。

消退抑制是指已经形成的条件反射由于不再受到强化而逐渐停止或消失。例如，巴甫洛夫的狗形成了灯光和唾液分泌的条件反射后，如果长时间只呈现灯光而不呈现食物，以后狗就不会再分泌唾液了。分化抑制是指已经形成的条件反射只能由条件刺激物引起，不能由类似刺激物引起。在条件反射形成的初期，条件刺激物和类似于条件刺激物的其他刺激物都可

以引起动物的同样反应，例如，深黄色灯光可以引起唾液分泌，浅黄色灯光也可以引起唾液分泌，如果实验中有时呈现深黄色灯光，有时呈现浅黄色灯光，但是只让深黄色灯光与食物结合，经多次训练后，狗就会看见深黄色灯光分泌唾液，而看见浅黄色灯光就不分泌唾液了，这就是分化抑制。

(二) 高级神经活动的基本规律

有机体接受适宜刺激以后，相应的大脑皮层部位就会产生兴奋或抑制，兴奋或抑制总是处在不停的运动中，其运动具有以下两个规律。

1. 扩散与集中

大脑皮层某部位的神经细胞产生兴奋或抑制后，会向邻近部位的神经细胞传播，这就是扩散；当兴奋或者抑制扩散到一定程度(或一定区域)之后，又会向原发起部位聚集，这就是集中。

例如，儿童刚开始学习阿拉伯数字 6 和 9 时，往往容易混淆，原因就在于扩散。由数字"6"引起的兴奋和"9"引起的兴奋，都会向邻近部位传播，于是，两者引起的兴奋区域就会出现重合，儿童也就分不清这个兴奋到底是"6"引起的，还是由"9"引起的了。以后，由于兴奋的集中，儿童就能逐渐分清这两个数字了。

研究表明，兴奋或抑制的强度较弱时易于扩散，中等强度时易于集中，过强时又倾向于扩散。

2. 相互诱导

诱导即一种神经过程引起或者加强与之相反的另一种神经过程。

抑制引起或者加强兴奋，称为正诱导。例如，早晨起床以后，感到头脑清醒，就是大脑处于一晚上的抑制状态以后，诱导出了兴奋。兴奋引起或者加强抑制，称为负诱导。例如，聚精会神地读一本书时，大脑皮层的相应部位就会产生兴奋，这时对周围的一切就会视而不见，听而不闻，这是因为高度兴奋的脑细胞诱导出了邻近细胞的抑制。

如果诱导过程同时发生在不同部位，称作同时诱导；如果诱导过程相继发生在同一部位，称作继时诱导。

第二节 心理是客观现实的反映

心理是脑的机能，但是脑以及神经系统本身并不能单独产生心理。客观现实作用于感受器，经传入神经以神经冲动的形式传到大脑，大脑对这些冲动进行加工处理，处理的过程和结果就是心理。所以说，心理是对客观现实的反映。

一、心理是高级反映形式

反映是物质之间相互作用，留下痕迹的过程。一种物质受到其他物质的影响，就会产生一定的变化，留下特定的痕迹，例如，岩石受到风吹日晒，就会逐渐变得疏松甚至破碎，铁受潮就会生锈，物质的这种物理或化学的变化，就是它对外界刺激的反映，但是这种反映形式是低级的。从无机物到有机物，从无生命到生命，反映形式在不断地由低级向高级演变着，无机物只能以物理的或化学的方式进行反映，而生命体则具有了刺激感应性。随着生物进化水平的提高，动物逐渐产生了心理这种高级的反映形式，而人的心理是最高级的反映形式。从动物的心理进化到人的心理，依次历经四个阶段，出现了以下四种不同的反映形式。

(一) 刺激感应性

原生动物如草履虫、变形虫等具有刺激感应性，这是最简单、最低级的心理。所谓刺激感应性，是指生命体针对特定刺激，在一定范围内调整自身的动作从而做出趋利避害的反应。除了低级动物，植物也具有刺激感应性，如葵花向阳、含羞草的叶子受触后合拢等现象就是刺激感应性的表现。

(二) 感觉

环节动物能够产生感觉，根据事物的个别属性来调整自己的动作。节肢动物的感觉非常发达，例如蜜蜂的头部具备神经节，可以对外界的花朵进行反映，并调节自己的动作反应以觅食和交流信息。

(三) 知觉

低等脊椎动物产生了知觉，能够反映事物的整体。例如，鸟、鱼的中枢神经已经发展成脑，有了一定的知觉能力，鸽子有了大脑半球，具备了较强的空间知觉能力和运动知觉能力，能够利用知觉来调节运动方向，控制复杂多变的飞行行为。

(四) 思维萌芽

哺乳类动物的心理发展水平有很大差距，其中猿猴、海豚已经有了发达的大脑皮层，能够进行较高级的分析综合活动，反映事物之间的因果关系，进行动作思维。例如，黑猩猩能用嚼碎的树叶去吸取小洞里的积水来解渴，能用"手"去掉树枝的枝杈和叶子，制成木棍插入白蚁洞中粘出白蚁吃，这样的行为都是基于对事物之间因果关系的把握，也就是说是建立在思维萌芽的基础之上的。

类人猿的心理进化到思维萌芽水平之后，借助劳动，就逐渐演变为人的心理。

二、客观现实是心理的源泉和内容

人的各种心理活动，就其内容来说，都是来源于客观现实。人的客观现实包括自然环境和社会环境。

自然环境即自然界，如天地日月、山川河流、飞禽走兽、花草树木等。人类的生存和发展都需要自然界提供资源，而人类要获取这些资源，就必须认识自然和改造自然，正是在认识自然和改造自然的过程中，人类的心理得以发生发展，所以说，自然界是人类心理不可缺少的源泉。

社会环境即人类社会，如生产劳动、人际交往、人类劳动产品等。人类社会是决定人的心理的源泉，脱离了人类社会，就不可能形成人的心理。例如，1920年，在印度卡萨尔山的一个村子里，有一个两岁男孩被一只雌豹叼走。3年后，那只雌豹被打死，人们在豹穴中发现了这个小男孩。当时，小男孩已经5岁，但是不会说话，用四肢爬行，爱捕捉小鸡并像野兽一样把小鸡撕碎吃光。他没有5岁儿童应有的人的心理，只具有动物的习性，经过几年的教育之后才逐渐恢复人性。但是，由于早年失去了人类生活的条件，他的心理水平一直很低。这个事例说明，如果儿童从小离开人类社会，就不可能形成人的正常心理。

总之，心理来源于客观现实，反映着客观现实，客观现实是心理的源泉和内容。但是，心理对客观现实的反映也不是机械的、简单的复制。人对客观现实的反映，不仅反映现在的事物，而且反映过去的事物，同时，过去的知识经验又要影响现在的心理。而且，人在反映当前和过去的事物的时候，还能够想象出他以前从来没有见过的东西，如各种幻想和发明创造，这就使得心理变得特别复杂。

但是，即使是各种创造性的想象，也是对客观现实的反映。尽管想象的内容不是过去或现在接触过的东西，但一定是过去接触过的东西所留痕迹的重新组织。《西游记》的作者可以想象出各种妖魔鬼怪的形象，但是牛魔王不过是牛头人身的组合，蜘蛛精也要从肚脐眼里吐出蛛丝，孙悟空使用的武器再先进也不过是一根棍子，并没有使用激光炮。这是时代使然，当时的科学没有现在这么发达，客观现实局限了作者的想象范围。

所以，心理是客观现实的反映，虽然有时它看起来超越了客观现实，但是，经过仔细分析，仍然能够发现客观现实的影子。

三、心理在社会实践中发生和发展

实践的过程是主体和客体相互作用的过程，心理就是人脑和客观现实相互作用的产物。只有在人脑和客观现实相互作用的过程之中，客观事物的一些外部特征和内部特征才能被人脑发现，从而成为心理的内容。

(一) 劳动是产生人的心理的客观基础

在人类的社会实践中，劳动对人的心理是最重要的。劳动使类人猿进化成人，使猿脑发展成人脑，使动物的心理变成人的心理。劳动的重要性源自劳动的两个基本特点。

1. 使用和制造工具

在南方古猿向人类过渡的时期，他们已经能够使用树枝、石块这些天然工具来猎取野兽和防御危险了。在反复使用工具的过程中，他们逐渐了解了不同的工具各自有着不同的性质，例如，石块比土块坚硬，木棒比树枝结实，这样，他们在猎取野兽时就经常使用石块而不使用土块，使用木棒而不使用树枝。正是因为他们认识到了各种天然工具的不同属性，在使用工具时，他们就知道选择特定的工具进行特定的劳动，而这也就导致了人类认知的出现。

后来，随着生存环境的恶化和劳动领域的拓宽，他们对工具的需要越来越多，对工具的要求越来越高，自然界中合适的工具不足以满足他们的劳动需要，这样就导致他们产生了制造工具的想法。制造工具之前，工具的样式就已经出现在脑海里，这就促使了人类想象的出现。同样，工具制造出来之前，制造工具的目的也存在于脑海里，这就促使了人类意志的出现。适用的工具被制造出来之后，以及使用这个工具取得了预计的效果之后，他们的兴奋之情也是可以设想的，这也就促进了他们情感的发生和发展。

2. 社会集体性

为了有效地获取食物和防御危险，人们在劳动中必然既有分工又有协作，这就决定了劳动的社会集体性。在集体劳动中，人们借助各种形式进行信息交流、思想沟通，不仅使人们的心理互相影响,而且形成和发展了复杂的社会关系。因此,在劳动过程中,每一个人的心理都会受到其他人心理的影响,从而导致个体心理与群体心理的发生和发展。

(二) 社会实践的发展促进人的心理的发展

随着人类对客观现实的认识不断深入,人类的社会实践活动也逐渐变得丰富多彩。参与不同的社会实践活动,使人们的心理在性质上有了差异;参与同一实践活动的深度不同,使人们的心理在水平上也产生了差异。从事种植活动的人,心思细腻踏实;从事渔猎活动的人,内心勇敢进取。科研人员充满好奇心,带着怀疑精神去探索人类的未知领域;科普人员带着对科学的信仰,努力提高人们的科学素养。

从人类个体的成长来看,婴儿的主要实践活动是借助动作来了解周围环境,所以发展了直观动作思维;幼儿的主要实践活动是借助想象进行游戏,所以发展了具体形象思维;中小学生的主要实践活动是学习科学知识,所以发展了抽象逻辑思维;成人的主要实践活动是劳动,从事不同劳动的人也就逐渐拥有了自己不同于他人的优势能力,如熟练的磨床工人能够看见0.0005毫米的间隙,而一般人只能看见0.1毫米的间隙。

整个人类的心理也是随着社会实践的发展而发展的。对于人类的起源,人们先后提出了神创论和进化论;关于宇宙的认识,由最初的神造天地或盘古开天地发展到宇宙大爆炸学说、黑洞理论等。这些观点都是和当时的社会实践水平特别是科技水平相一致的。可以说,在未来,随着社会实践的继续发展,人们的心理还将发生相应的变化。

第三节 人类心理的基本特征

历史唯物主义认为,人的心理与动物的心理具有本质的区别,这种区别就在于人类心理中出现了动物心理所没有的意识。

一、意识和无意识

哲学上,意识是与物质相对应的概念,物质是客观存在,而意识是对客观存在的反映,是一种主观存在。所以,哲学上所说的意识就是心理学中所说的心理。

心理学中所说的意识与哲学术语不同。心理学家根据自觉程度的不同,将人的心理分为意识和无意识两个方面。

(一) 意识

意识是人所特有的人脑反映客观现实的高级形式,主要表现为用词的形式巩固在头脑中的知识体系。

意识是人的心理的高级层次,是主体能够觉察到的心理活动,能够对人的各种心理和行为主动地进行调控。借助意识,人们不仅能够了解现在,而且能够通晓过去和预见未来。只有在意识的层次上,人们才可以了解自我,认识自己的优点和缺点,进行自我评价,谋求自我完善,维持个性中各种要素的统一,提高个体的心理健康水平。

意识主要通过三种方式来调控心理和行为,以帮助主体对环境的良好适应。

(1) 意识可以限制信息输入的数量。环境中存在大量的刺激,这些刺激作用于人的感受器，如果这些信息都被传入大脑，大脑将无法承受繁重的工作，意识的功能之一就是将多余的信息过滤掉，或者将某些信息转化为背景，从而保证主体去关注和处理重要的信息。意识的这一功能主要是通过注意实现的。

(2) 意识具有储存功能。大脑对信息进行处理之后，可以将处理过程和处理结果保存下来，以备将来使用。意识的这一功能主要是通过记忆完成的。

(3) 意识可以发动或停止人的行为。主体借助自己的知识经验，对自己的某种行为的过程和结果进行设计与预测，从而做出执行或者停止执行的决策。意识的这一功能主要是通过意志过程来实现的。

(二) 无意识

人的心理除有意识之外，还有无意识现象，这是人们在正常情况下觉察不到，也不能自觉调控的心理成分。例如，梦境就是在无意识的情况下产生的，人不能预先计划梦境的内容，也无法支配梦的进程。人在清醒的时候，有些心理现象也是无意识的。例如，人可以意识到自己看见了什么或听见了什么，但是对于视觉过程和听觉过程却意识不到。外界的一些刺激，例如低于16赫兹的电磁波，虽然能够影响人的心理和机体状态，但是，人们也不能意识到它的存在。

最早对无意识进行系统研究的是奥地利心理学家弗洛伊德。弗洛伊德认为，无意识是人和动物共同具有的心理成分，人的心理主要由意识和无意识两个独立的成分组成，在意识和无意识之间夹着很小的一部分心理，称作前意识。

无意识又叫潜意识，有两个含义：一是主体未意识到的行为的真正原因和动机，二是清醒的意识下面潜在的心理活动。个体的一些本能欲望和冲动，由于与伦理道德规范相冲突，不能实现，而且个体一旦意识到自己的这类本能欲望和冲动，就会产生羞耻感或罪恶感，所以，它们就受到了意识的压抑，使主体意识不到自己的这些欲望，这些被压抑的欲望和冲动就构成了人的无意识的内容。

无意识的内容虽然被压抑着，但是它们并不会消失，而且一直保持着旺盛的活力，有时会在梦中以奇特的方式表现出来，有时会通过人的口误或行为失误展现出来，所以，弗洛伊德发展了释梦以及自由联想等方式来挖掘人的无意识。

总而言之，意识是人的心理活动的重要特征，人的正常生活、学习和工作，都是在意识的支配下进行的，但是，无意识对人们的行为也有一定的作用。

二、人类意识的特点

意识是人类特有的，无意识是人和动物共同具有的，所以，人类意识的特点就代表了人类心理不同于动物心理的特点。

(一) 概括性

人类的意识可以将多个事物共同具有的属性抽取出来，然后将这种属性推广到其他事物上去，从而形成关于一类事物的普遍概念，这就是意识的概括性。例如，在现实生活中，人们发现井水、河水、江水、湖水、海水等各种水都可以灭火，于是，就得出了一种概括性的认识：凡是水就可以灭火。

概括性是意识的特点，动物没有意识，所以动物的心理没有概括性。有人通过实验研究猩猩的行为，研究者设计了一种用铁丝编成的炉子，中间用铁丝网隔开，上部有火，下部放着香蕉。由于有火，猩猩能够看见香蕉，但是不能取出来。在炉子旁边有水罐和杯子，可以使猩猩学会用杯子取水灭火。等猩猩学会灭火后，将炉子、杯子、猩猩置于池塘中的一个木筏上，将水罐置于另一个木筏上，两个木筏用一块木板连起来。研究者要观察的就是，在这种情况下，猩猩如何灭火，如果猩猩用池塘里的水灭火，就认为猩猩有"凡是水就可以灭火"的概括性认识。结果发现，猩猩仍然使用水罐里的水灭火，这就说明猩猩认为只有那个水罐里的水才可以灭火，没有概括性，因此，概括性是人类意识的特点。

（二）目的性

目的性又称预见性，是指当事物未出现时，就有所预见，个体根据自己的预见实施某种行为，以便达到自己的目的。人的意识是有目的性的，例如，春天播种是为了秋天的收获。

概括性是目的性的必然前提，目的性是概括性的必然结果。凡是水就可以灭火，这是概括性；反过来，要灭火就得用水，这是目的性。动物的心理缺乏概括性，也就必然缺乏目的性。

恩格斯曾经以希腊的一种野山羊为例来说明这个问题。这种野山羊专吃树的幼芽，它们会啃死一个区域内所有的树木，然后迁徙到别的区域，再把这个区域的树木全部啃死。这种野山羊终年奔波寻食，从未因预见到啃死树木后自身的生存威胁而嘴下留情。这种只顾眼前不顾将来的行为，自然是缺乏预见性的。

有时，有些动物也会表现出目的性行为，例如老鼠会在洞穴中储藏粮食，松鼠会储藏松子等，但是这也不能说明他们的行为具有目的性，只能认为他们具有合目的性的行为。合目的性行为是自然选择的结果，是因为不储藏粮食的老鼠和松鼠等都被自然界淘汰了。合目的性行为不是按照预见而发生的，而是先由别的原因发生，在发生之后，由于适合有机体的生存需要而得到了保留。简单地说，目的性行为是目的在先，行为在后；而合目的性行为是行为在先，合目的性在后，两者在时间顺序上正好相反。

总而言之，目的性是人类意识的特点，动物的心理没有目的性。

（三）主观能动性

主观能动性是指人能够根据对客观事物规律的认识，采用一定的手段，使客观事物发生某种变化，以便达到自己的某种目的。例如，人们发现了"水往低处流"的现象，通过探究，逐渐发现了导致这种现象的原因在于重力，因此，就有了这样的预见：如果给水提供一个向上的力，用来抵抗重力的影响，那么，水就可以向上流了。于是，人们创造了引水上山工程来为自己服务。

主观性源于概括性，能动性源于目的性，动物的心理既没有概括性，也没有目的性，所以它们也就没有主观能动性。也正因为此，动物只能被动地适应环境，不能像人类一样主动地改造环境。

主观能动性不仅使人能够认识和改造客观世界，而且使人能够认识和改造自己的主观世界。首先，通过主观能动性，人能够区分自己和客观环境，将自我从环境中分离出来，以便更好地分析自我和环境的关系；其次，通过主观能动性，人能够认识自己的心理活动，了解自己的优点和缺点，谋求自我完善；最后，通过主观能动性，人不仅能够自己去发现规律，而且能够借用前人或他人的发现，将人类所有的发现都整合到自己身上，从而最大限度地提升自己的能力，最终实现人类社会的不断进步。

(四) 社会制约性

马克思和恩格斯指出："意识一开始就是社会的产物，而且只要人类还存在着，它就仍然是这种产物。"这句话就说明了意识的社会制约性。动物心理是自然历史发展的产物，主要受生物学规律所制约；动物的心理进化到人的心理以后，人的心理特别是人的意识就主要受社会规律所制约了。

不同的时代、不同的民族、不同的国家和地区，人的意识往往存在差别。古人认为，梦境是睡眠后灵魂离体的经历；现代人认为，梦境是睡眠后处在兴奋状态的脑细胞奇特联合的结果。西方人重视自我奋斗；东方人强调集体的力量。这都是由科技水平以及社会文化的差异而导致的。

同一时代、同一民族、同一国家或地区，不同的人也会有不同的意识，这是因为各人所扮演的社会角色不同。医生关注救死扶伤，教师考虑教书育人，这是职业差异所导致的意识差异。

动物不生活在人类社会，社会文化自然对它们的心理没有直接影响，因此说，社会制约性是人类意识的特点，动物心理不具有这个特点。

三、语言和意识不可分

意识主要表现为保存在头脑中的知识体系，其储存形式是语言中的词，所以，没有语言就没有意识，没有意识就没有语言，语言和意识不可分。

意识的明确程度决定了语言表达的明确程度。有时，个体明明知道自己内心有一种想法，但就是说不出来，是因为这种想法还不够清晰。只有意识明确到一定程度，个体才能组织合适的语言表达出来，意识越明确，表达就越清晰。同样，语言的准确程度也标志着意识的明确程度。

从本质上看，语言是一种符号系列，由概括性的信号组成，所以，聋哑人也是有语言的，只不过他们的语言是手势，因此，聋哑人同样具有意识。

有人认为，动物的叫声也是语言，但实际上不是。一般认为，动物的发音是它整个活动的组成成分，正如动物在进食时，一边吃一边叫，这种声音仅仅是它进食活动的一个成分，不是语言，虽然这个成分通过条件反射的建立，能够成为其他动物进食的信号，但不具备语言符号的指代功能和概括功能，所以动物没有语言。相应的，动物也就没有意识，最多只能认为动物具有语言的萌芽，那么，它也就仅仅具有意识的萌芽。

知识链接

心理过程实质是电磁现象

心理现象与我们每个人都息息相关，探究心理活动的实质，使之为人的实践活动服务。事物具有的变化反映特征，便是信息产生的最主要的物质基础。传递物体的信息的基本媒介是电磁辐射，物与物之间的电磁辐射传播依赖物质间的相互作用。我们把事物看作物质与物质的电磁辐射交换过程。心理活动反应过程包括感觉器官接受外部信息，肌肉和腺体做出应答反应，以及介于两者之间的信息传导和整合活动，实质上就是机体内外进行辐射能交换并达到相对平衡的过程。人类认识世界和改造世界的心理过程不断优化与完善，促进人类社会不断进步。

(资料来源：全国第十六届红外加热暨红外医学发展研讨会会议资料)

心理测试

仔细阅读表 2-1 中的内容，根据自己在生活中的行为表现，选择合适的选项，请在符合的选项上打"√"。

表2-1　大学生自我控制量表

序号	题目	完全不符合	基本不符合	说不清楚	基本符合	完全符合
1	我能很好地抵制诱惑	1	2	3	4	5
2	对我来说，改掉坏习惯是困难的	5	4	3	2	1
3	我是懒惰的	5	4	3	2	1
4	我会做一些能给自己带来快乐但对自己有害的事情	5	4	3	2	1
5	人们相信我能坚持行动计划	1	2	3	4	5
6	对我来说，早上起床是件困难的事	5	4	3	2	1
7	大家说我是冲动的	5	4	3	2	1
8	我太能花钱了	5	4	3	2	1
9	我会因情感而激动得不能自持	5	4	3	2	1
10	我做的很多事情都是因为一时冲动	5	4	3	2	1
11	大家说我有钢铁般的自制力	5	4	3	2	1
12	有时我会被有乐趣的事情干扰而不能按时完成任务	5	4	3	2	1
13	我难以集中注意力	5	4	3	2	1
14	我能为了一个长远目标高效地工作	1	2	3	4	5
15	有时我会忍不住去做一些事情，即使我知道那样做是错误的	5	4	3	2	1
16	我常常考虑不周就付诸行动	5	4	3	2	1
17	我特别容易发脾气	5	4	3	2	1
18	我经常打扰别人	5	4	3	2	1
19	我有时会饮酒(或上网)过度	5	4	3	2	1

解析："完全不符合"计 1 分，"基本不符合"计 2 分，"说不清楚"计 3 分，"基本

符合"计4分,"完全符合"计5分。分值范围为19～95分,分值越高代表自我控制力越高,自我控制包括五个维度:冲动控制、健康习惯、抵御诱惑、专注工作、节制娱乐。

复习思考题

1. 分析心理的实质。
2. 说明神经元的结构和功能。
3. 简述脊髓的功能。
4. 大脑左右两半球在机能上是如何分工和相互协作的?
5. 什么是反射?举例说明经典性条件反射和操作性条件反射。
6. 举例说明两种信号系统。
7. 什么是动力定型?
8. 简述高级神经活动的基本过程和规律。
9. 说明动物心理的进化过程。
10. 为什么说劳动是产生人类心理的客观基础?
11. 什么是意识和无意识?
12. 举例说明人类心理的特点。

第三章

注　意

案例导入

毛主席的注意力

毛主席给我们留下了诸多精神遗产。在毛泽东一生中，无论戎马倥偬、转战大江南北，还是日理万机、处理内政外务，一有空闲，他基本都把时间用来读书。青年时期，他曾在繁华的马路旁、昏暗的路灯下看书，甚至躲在厕所里看书。新中国成立后，他总是挤出时间来读书，他的床上、办公桌上、休息室里，甚至卫生间里都放着书，一有空闲就看书。在湖南一师求学期间，毛泽东仍以自修为主，"从早至晚，读书不休"。晚上学校规定的自习时间不够用，他回到宿舍继续攻读。宿舍吹号要熄灯了，他就自备一盏灯，坐在床上看书，有时通宵达旦。为了培养随时随地都能专心读书的能力，毛泽东特意到学校的后山妙高峰上"静中求学"，或者到车水马龙、人来人往的城门口"闹市读书"：时而朗读，时而默念，旁若无人。毛泽东之所以能随时随地不受外界干扰，是因为他在读书时总是可以保持注意力的高度集中。

本章提示

在日常工作与学习中，注意力是影响工作效率的一个重要原因。为什么有些事物可以引起人们长时间的稳定注意，而有些事物却往往让人心不在焉？人们的注意是如何发生的？有哪些特点？能不能采取一些措施来提高注意力呢？在心理学中，专门对注意这一心理状态做了研究。本章主要介绍注意的定义、特点、功能、生理机制、外部表现、分类、品质，以及注意规律在教学中的应用。

注意是人们日常生活中较熟悉、较常见的一种心理现象，是一种紧张、积极的心理状态，也是一切认识过程的开端。人的一切自觉的心理活动都是以注意为基础的，学生学习和科学工作者搞科研都必须有注意的参与。美国心理学家詹姆斯指出："注意是心理以清晰而又生动的形式对若干种似乎同时可能的对象或连续不断的思维中的一种占有。它的本质是意识的聚焦、集中。它意指离开某种事物，以便有效地处理其他事物。"研究表明，当个体的智力水平正常，仅仅由于注意分散、难以集中注意力等困扰，也会严重影响个体的学习成绩及以后的发展。

第一节 注意概述

注意是人们熟悉的一种心理现象，平时人们常说的聚精会神、精力集中、专心致志等就是指"注意"的意思。注意伴随心理过程而存在，是保证心理过程顺利进行的必要条件。

一、注意的定义与特点

(一) 注意的定义

注意是人的心理活动对一定事物的指向和集中。

注意是一种心理状态，它伴随感觉、知觉、记忆、思维、想象等认知过程而进行，并贯穿始终。它不是一个独立的心理过程，只是作为心理过程的一种组织特性而存在于心理过程之中。注意本身并没有自己特殊的内容，各种具体的心理过程才是注意的内容依托，人们平时所说的"注意看""注意听""注意记""注意想"这些词语中，"注意"是为了更好地"看""听""记""想"，这也说明注意伴随着看、听、记、想等认知过程。在"注意灯光""注意铃声"等词语中，"注意"本身不是反映灯光、铃声，而是把"看""听"省略了。所以，当一个人在注意什么的时候，总是同时在感知着什么，回忆着什么，思考着什么，想象着什么。脱离认知的注意是不能独立存在的，而脱离注意的认知也将是低效的。

(二) 注意的特点

(1) 指向性。注意的指向性是指人总以一定的客观事物作为心理活动的对象，即注意总是指向一定的客观事物。人的心理活动不是同时指向一切事物，而是有选择地指向特定的对象，以保证认知的精确性和完整性。注意的指向性所表明的是人的心理活动所反映的对象和范围。

(2) 集中性。注意的集中性是指人的心理活动保持在特定的对象上的强度或紧张性。人的心理活动不仅有选择地指向特定对象，而且还可以使注意在这个对象上保持相当长的时间。一个人的认知舍弃其他对象，使注意集中于某一特定对象时，这个对象就成为注意的中心，从而得以鲜明、清晰地反映出来，而其他事物处于注意的边缘或注意的范围之外，反映就比较模糊，或者根本得不到反映，产生视而不见、听而不闻的现象。注意的集中性所表明的是人的心理活动的强度。

注意的指向性和集中性紧密联系，密不可分。当人的心理活动指向某一对象时，也集中于这个对象，没有指向性就没有集中性，而指向性又是通过集中性表现出来的。可见，指向性是集中性的前提和基础，集中性是指向性的体现和发展。

二、注意的功能

注意在人的心理活动和行为中占据很重要的位置，它是人的心理活动的组织者和引导者。心理活动效率的提高总是在注意参与的情况下实现的，注意力的高度集中是成功的关键。

(一) 选择功能

选择是注意最基本的功能。客观世界给人们提供了大量的刺激，包括需要的和不需要的、重要的和不重要的，注意为人的心理活动设置了一道防护网，它帮助心理活动选择了那些有意义的、符合需要的和与当前活动相一致的刺激，排除、抑制、避开那些无意义的、不需要的和干扰当前活动的刺激，只有这样，人们才能更好地学习、工作，人脑的这种选择功能是通过注意来实现的。

许多心理学家都强调注意的这一基本功能。认知心理学家卡奈曼认为，注意是一种内在机制，用以控制选择刺激并调节行为。博林等人也认为，注意的作用是舍弃一部分无关信息，以便更有效地加工重要信息。

(二) 维持功能

人脑为了对被选择的信息进行加工处理，需要把注意对象的映象或内容维持在意识之中，这种维持表现为注意在时间上的延续和方向上的稳定，从而使心理活动保持在选择的对象上，直到活动结束。例如，外科大夫为了抢救病人，可连续几个小时站在手术台前，集中精力做手术，一般感觉不到疲劳，但手术完成后，大夫会非常疲劳，甚至不能再支撑自己的身体。

(三) 监督和调节功能

注意能使人即时觉察事物的变化，继而调节自己的心理和行动以准确地适应这种变化；注意也能使人随时发现自己的错误，以及时调整、纠正错误。当人从一种活动转向另一种活动，或者由一种活动方式转向另一种活动方式时，注意起了重要的调节作用。只有在注意状态下，人才能顺利完成这些转变。例如，汽车司机随时注意交通情况，根据实际情况的变化，随时改变行车速度和方向，以保证行车安全。

三、注意的生理机制

注意的生理机制很复杂，它是中枢神经系统不同层次的活动。

(一) 定向反射是唤起和产生注意的最初的生理机制

定向反射是由新刺激引起的一种应答性反应，按照巴甫洛夫的解释，其特点是感受器在刺激物作用方向上的相应运动——眼睛和头部转向刺激物，以更好地感知这一刺激。定向反射具有三个不同的发展时期：第一，指向反射，指感官朝向新刺激物；第二，探究反射，即主体接近刺激物并试图解释其意义；第三，"是什么"反射，对刺激物进行初步的认识或理解。

注意以条件反射为基础，这种反射既有第一信号系统的，也有第二信号系统的，而第二信号系统的活动是人的有意注意的重要基础。

(二) 相互诱导和优势兴奋中心说

人的大脑中有一个占优势的"兴奋灶",它能把周围其他兴奋都吸引过来,因而投射到该部位的刺激信息以及与该部位有关联的事物很容易引起人的注意。另外,人的神经过程又是相互诱导的,一个部位的兴奋能导致其他邻近部位的抑制,于是落在邻近部位的刺激就不易引起人的注意,因而容易产生视而不见、听而不闻、食而不知其味的现象。

优势兴奋中心是动态的,它可以从这个部位转移到另一个部位,这是注意转移的生理机制。

(三) 大脑额叶、脑干网状结构、丘脑、海马等部位与注意密切关联

大脑额叶及脑的边缘部位有注意神经元(新异物探测器)和定势细胞(期待细胞),专门对新异性刺激发生反应。切除了额叶的动物,其定向反应便失去选择性。额叶损伤的患者,其注意表现为不稳定,不能专注,不能借助言语指令引起稳固的、紧张的有意注意。

脑干网状结构向大脑皮层提供刺激,激活大脑活动,从而保证由睡眠过渡到觉醒,这是形成优势兴奋中心及注意的指向和集中所不可缺少的。觉醒状态影响人对信息的接收性能,没有觉醒就不会有意识,没有意识就不会有注意。切除脑干或破坏网状结构,动物会昏睡,不易被唤醒,脑干受损患者容易出现睡眠或梦样状态,选择性注意会发生严重障碍。因此,脑干网状结构的激活系统是保证觉醒和注意的脑机构。

丘脑是传递外界刺激引起的神经冲动的中间站,是产生注意不可缺少的环节。

海马也是有机体有可能实现选择性注意的重要器官。

四、注意的外部表现

注意尽管是一种内在心理状态,但可以通过人的外部行为表现出来。人在注意的时候,常常伴随着一些有机体的生理变化和表情动作,特别是眼部动作,这种外部表现在不同的心理活动中有不同的表现形式,这些都可以作为研究注意的客观指标。

(一) 感官做朝向运动

感官做朝向运动是注意最显著的外部表现,当注意某一事物时,人们首先调整感官,使其朝向注意对象,以便得到最清晰的印象。例如注意地看某一物体时,把视线集中在该物体上,即举目凝视;注意地听一种声音的时候,把耳朵转向声音的方向,即侧耳倾听;注意思考某一问题时,常常眼睛呆视,紧皱双眉,凝神沉思。这里的举目凝视、侧耳倾听、凝神沉思等都是注意的适应性表现。

(二) 无关动作停止

注意高度紧张时,除了感官朝向刺激物外,身体肌肉也处于紧张状态,这时多数无关动作就会停滞。比如学生听课入神的时候,会昂起头一动不动地看着老师。百米赛跑运动员在等待起跑信号时,双手扶地,两腿前后分开,凝神倾听发令枪声,没有任何多余的话语和动作。

(三) 呼吸、血液循环系统的变化

人在集中注意时,呼吸会变得格外轻微和缓慢,并且呼与吸的时间比例也会发生显著的

变化，吸短而呼长。当注意高度集中时，甚至会出现呼吸暂时停止，即所谓屏息现象。

在紧张注意时，血液循环也会发生变化，比如，肢体血管收缩，头部血管扩张。另外，内分泌腺、皮肤电反应、脑电等也可以作为注意的生理指标。

(四) 面部表情发生变化

人在注意时，面部表情特别是口型、眼睛的形态和瞳孔大小会随着注意对象与心理过程的变化而变化，当人在紧张注意时还会出现牙关紧闭、紧握拳头等现象。例如一个爱财如命的人突然发现一大堆金子，瞳孔会放大好多倍。

一般来说，注意的外部表情与内心状态相一致，但也有不相符的时候，可能会出现貌似注意而实际上没有注意或貌似不注意而实际上注意的现象，即外部表现和内心不一致。比如一个学生的眼睛可以一眨也不眨地盯着讲课老师，但他可能并没有听课，而是分心想别的事情。分心和专心可以通过观察眼神是否专注来区分。一般来说，姿态端正、面部表情严肃、目光注视老师是集中注意的表现，而懒洋洋的状态、东张西望的眼神、表情呆滞常常是注意力不集中的表现。因此，在判断一个人的注意状况时，必须进行多方面的观察和了解。

第二节 注意的分类

根据注意有无目的性和意志努力程度的不同，可把注意分为无意注意、有意注意和有意后注意。

一、无意注意

(一) 无意注意的定义

没有预定目的、不需要任何意志努力、自然发生的注意就是无意注意，也叫不随意注意。它是一种初级的、被动的注意，是所有动物共同具有的。

无意注意是一种定向反射，即在一定影响下，个体不由自主地把感官朝向刺激物。例如，正在上课时，突然有人走进教室，学生会不由自主地看过去。

无意注意导致探索行为的出现或分心。

(二) 引起无意注意的客观因素

(1) 刺激物的强度。一般来说，刺激物的强度越大，越容易引起无意注意，刺激物的强度越小，越不容易引起注意。刺激物的强度分为绝对强度和相对强度，与绝对强度相比，相对强度引起无意注意的意义更大。例如，在喧闹的场合喊一个人不容易引起注意，但在安静的教室里，老师点名提问的声音再小也会立即引起无意注意，特别是在大家都不愿意回答问题的时候。

(2) 刺激物的新异性。新颖的、异乎寻常的刺激物容易成为无意注意的对象，而千篇一律的、刻板的、多次重复的事物就很难引起无意注意。新异性可以分为绝对新异性和相对新异性，绝对新异性是指人们从未经历过的事物，相对新异性指各种熟知事物的奇特结合，绝对新异性和相对新异性都容易引起人们的无意注意。

(3) 刺激物的对比。某一种刺激物在强度、距离、大小、形状、颜色、声音等方面与周围其他事物具有显著差异，形成强烈对比，就容易引起无意注意。人们通常所说的"鹤立鸡群""万绿丛中一点红"等就是因为对比关系明显而引起了人们的无意注意。

(4) 刺激物的运动变化。在相对静止的背景上，变化的、活动的刺激物容易引起人们的无意注意，例如儿童都喜欢能动的玩具。这里所说的刺激物的运动不仅指连续的运动，也指断续的运动，夜空中一闪一闪的星星，夜景中一明一暗的霓虹灯，都容易引起无意注意。刺激物突然开始运动和突然停止运动更容易引起无意注意，课堂秩序混乱，老师突然停止讲课，这种刺激会使说话的学生产生无意注意。

(三) 引起无意注意的主观因素

人的主观状态也是引起无意注意的重要原因，人的个性倾向性决定其无意注意的方向。

(1) 需要和兴趣。人们具有不同的需要和兴趣，凡是能够满足人的需要和符合人的兴趣的事物都会使人产生期待的心情和积极的心态，从而产生无意注意。引起无意注意的兴趣往往是直接兴趣，直接兴趣是对事物本身产生的兴趣。比如建筑师出于职业需要，外出旅行时，会自然而然地对各式各样的建筑产生无意注意，喜欢篮球的人则往往会先注意到报纸上或电视里有关篮球的赛事消息。

(2) 情绪。无意注意在很大程度上受人的情绪的影响。"人逢喜事精神爽"，精神好了，平时不在意的东西也会引起注意。心情愉快的时候，看见池塘里的鱼也能满怀兴致地欣赏很久。心情烦闷的时候，注意力就不容易集中和持久，注意的范围就会狭窄，平时感兴趣的事物也引不起注意。

人的特殊情感更容易引起无意注意。一个热爱孩子的母亲会注意到孩子的细微的成长变化。人的精神状态也对无意注意有很大影响，精神饱满时，容易对新鲜事物产生无意注意，而且也能长久保持，但极度疲劳时，平时予以注意的，这时也不易觉察。

(3) 知识经验。如果个体对某事物的知识非常丰富，该事物违反常规时就容易引起无意注意。球迷容易发现球员的犯规动作而忽视正常动作，象棋爱好者容易发现巧妙的招式而忽视普通招式，专家在阅读本专业论文时容易发现论文的错误论述而忽视一般见解，这些虽然和兴趣有关，但更重要的是受知识经验的影响。

(4) 期待。期待也是引起无意注意的条件之一，当人们期待某一事物的出现时，这一事物一出现就会引起注意。章回小说常用"欲知后事如何，且听下回分解"做每一回的结束语，目的就是引起读者注意的期待，吸引他们一回一回地看下去。

二、有意注意

(一) 有意注意的定义

有意注意是自觉的、有目的的、需要做出一定意志努力的注意，又叫随意注意，比如学生上课时努力把自己的心理活动集中到课堂内容上。

有意注意是一种主动服从于一定的活动目的的注意，它受人的意识的支配、调节、控制，是注意的高级发展形式，是人的实践活动不可或缺的心理因素。有意注意的对象往往是人们必须去注意的事物，因此要使注意集中和保持在这个事物上就必须付出一定的意志努力。

有意注意是人类特有的心理现象，人可以通过语词，根据一定的任务和目的来确定自己的活动，并用语词来调节和控制心理活动的指向，即使具体刺激当时并不存在，人们也可以用语词唤醒来实现特定的目的。

(二) 影响有意注意的因素

(1) 对活动目的的理解程度。有意注意是一种有预定目的的注意，活动目的和任务越明确、越具体，对活动意义的理解越清晰、越深刻、越完整，有意注意也就越容易引起和保持。如果学生对学习某门课的意义理解得足够深刻的话，那么，学习该门课的自觉性和责任感就会提高，从而能更好地保持有意注意。

(2) 对活动的合理组织。形式单一的活动容易使人产生厌倦和疲劳感，从而导致注意分散；反之，多样化的活动则有利于提高大脑的兴奋性，比如把看、听、读、写结合起来，交替进行，就会有助于有意注意的维持。在活动中，提出"必须注意"之类的自我要求，时刻提醒自己，有助于集中注意力。

(3) 对活动的间接兴趣。人们在学习和工作等实践活动中经常碰到这样的情况，对事物或活动本身没有兴趣，但对活动的结果有兴趣，这类兴趣便是间接兴趣。比如，学生可能对英文单词和语法没有兴趣，认为它们枯燥乏味，但对于学好英语有助于考研或者阅读更多的英文资料有兴趣，这种间接兴趣会引起和维持学生对英语的高度有意注意。无意注意依赖于人的直接兴趣，有意注意依赖于人的间接兴趣，间接兴趣越浓厚，有意注意越稳定。

(4) 主体的意志努力。良好的意志品质是维持有意注意的保证，尤其是当个体对注意对象缺乏兴趣，又有种种干扰的情况下，意志力的作用尤为重要。干扰因素可能是外界的刺激物，也可能是机体内的某些状态(如饥饿、疲劳、疾病等)，还可能是一些无关的思想和情绪等，面对这些，只有靠坚强的意志才能稳定注意力。

三、有意后注意

苏联心理学家多布雷宁等认为，除了无意注意和有意注意这两种基本的注意形态外，还应该分出极其重要的第三种注意——有意后注意，这是事先有预定的目的，但不需要付出意志努力的注意。

有意后注意尽管是由预定的目的和意图引发出来的，但它不是有意注意，因为它不需要付出意志努力，然而它也不是无意注意，因为它本身有目的性。有意后注意是一种集中了无意注意和有意注意的优点的特殊的注意。

有意后注意是在一定条件下，由有意注意发展而成的更高级的注意。在有意注意的条件下，人的心理活动对一定客体的指向和集中是服从于主体自觉确定的目的的，主体要维持这种注意，必须做出一定的意志努力，因为这种注意是受间接兴趣制约的。但是随着活动的变化，人们不仅对活动结果感兴趣，而且也对活动本身产生了兴趣，即产生了直接兴趣。主体对困难的承受程度会随之提高，因而就不再感到困难，维持这种注意也就不再需要特别的意志努力，有意注意就转化成了有意后注意。

从发生上看，有意后注意来源于有意注意；从性质上看，有意后注意高于有意注意。有意后注意也是人所独有的，它是人们从事创造活动的必要条件。

有意后注意使认知活动自动化进行，于是学习者长久地加工信息而不觉疲劳，可以高效率地掌握材料。所以处于有意后注意时期的认知效果是最佳的。

四、无意注意、有意注意、有意后注意的关系

无意注意、有意注意、有意后注意三种注意形式性质不同，但在实际工作和学习中，三者都需要。如果只有有意注意，长时间工作会使人疲劳，注意就容易分散，使工作进行不下去；如果只有无意注意，那么，稍遇困难或干扰，注意就容易分散，同样也不能做好工作；如果只有有意后注意，当然工作能够顺利进行，但是没有有意注意，有意后注意不可能自动出现。

三种注意形式紧密相关，既可相互协同，又可相互转化，无意注意转化为有意注意，有意注意也可转化为有意后注意，一些简单的、不重要的活动只需要无意注意即可，而复杂的、重要的活动则必须有有意注意。

第三节 注意的品质

有些学生在看电视或玩游戏时全神贯注，而参加老师组织的一些学习活动时却心不在焉，究竟是什么吸引了他们的注意？其注意的发展又有什么规律呢？心理学研究指出，在教育的影响下，学生注意品质的发展也是随着年龄的增长而不断发展变化的，主要表现为注意稳定性的增长、注意范围的扩大，以及注意的分配和注意的转移等品质也有所提高。

一、注意的范围

(一) 注意的范围的含义

注意的范围又称注意的广度，是指在同一时间内，人所能清晰把握注意对象的数量。知觉的对象越多，注意的范围越广；知觉的对象越少，注意的范围越小。

研究注意范围时，一般会用到速示器。在实验中，以 0.1 秒的时间向被试呈现刺激，眼睛只能注视一次，在这段极短的时间内，意识所能把握对象的数量就是注意的范围。根据实验，成人对黑色圆点的注意广度平均是 8 个，对于不相关字母的注意广度为 4~5 个。

(二) 影响注意的范围的因素

(1) 知觉对象的规律性。实验中用速示器呈现外文字母，颜色相同时注意范围大，颜色不同时注意范围小；排列成一行的字母注意范围大，杂乱无章且分散的字母注意范围小；一样大小的字母注意范围大，大小不同的字母注意范围小；组成有意义的词的字母比孤立的字母注意范围大。总之，注意对象越相似，分布越集中，排列越有规律，越能构成相互联系的整体，注意范围就越大；反之，注意范围就越小。

(2) 活动任务的复杂性。活动任务越简单，则注意范围就越大；活动任务越复杂，则注意范围就越小。例如，一个人在感知外文字母的时候，要求他尽可能多地说出字母，或者要求他说出字母的颜色，或者要求他辨别字母的对错，或者以上三种任务同时提出来，每种情

况下他所能注意到的字母数量是不相同的。

(3) 个人的知识经验。一个人在某一方面的知识经验越丰富,就越善于把所感知的对象组成一个整体来认识,因而他在这一方面的注意范围也就越广阔;反之,则越狭窄。精通外文的人读外文书,注意范围就大;外文水平差的人读外文书,注意范围就小。

注意范围的扩大可提高学习和工作效率。在学习中,注意范围大,阅读速度就快。所谓一目十行,就是指在同样的时间内输入大脑的信息较多。因而,训练扩大学生的注意范围,是使他们较多、较快地获得知识的必要条件。

教学工作要求教师有比较大的注意范围,以便及时地、尽可能多地获得学生的反馈信息。因此,教师应当有意识地设法扩大自己对更多学生的注意。

二、注意的稳定性

(一) 注意的稳定性的含义

注意的稳定性又叫注意的持久性,是指心理活动在一定事物或活动上保持时间的长短。这是注意在时间上的特征,持续时间越长,注意的稳定性越高。

注意的稳定性并不意味着注意总是指向同一个对象,而是指活动的总方向保持不变,其心理活动可以有选择性地集中于相关事物的几个方面。例如,学生做作业时,看参考书、写字、演算等,这些活动都服从于完成作业这一总任务,仍表现为注意的稳定性。

感知某一事物时,注意的强度很难长时间保持不变。例如把一只手表放在离被试一定距离,使其刚刚能够听到滴答声。这时,即使被试十分专心,也会时而听到时而听不到,或者听到表的声音时强时弱。注意强度的这种周期性变化现象称为注意起伏现象,当要求被试全神贯注地持续观看图 3-1 中的小方块时,它时而向前凸出,时而又向内凹进。

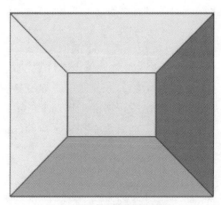

图 3-1 注意起伏实验

一般来说,1~5 秒的注意起伏不影响完成复杂而有趣的活动。研究证明,经过 15~20 分钟的注意起伏,将导致注意不由自主地离开客体。根据这一特点,要保持学生稳定的注意,教师上课时,每隔 10~15 分钟应使学生转换活动方式,以维持学生的注意力。

与注意的稳定性相反的品质是注意的分散,即分心,是指心理活动没有完全保持在当时所应该指向和集中的对象上。注意的分散是由无关刺激物的干扰或由单调刺激物所引起,是与注意稳定性相反的一种注意状态,对完成当前的活动任务具有消极影响。

(二) 影响注意的稳定性的因素

(1)注意对象的特点。一般来说，注意对象的内容丰富、复杂多变，注意就较稳定和持久；而注意对象的内容贫乏、单调而静止，就不易保持注意的稳定性。例如，只看一个静止的字，难以维持注意；看内容丰富多彩的小说，注意就能长时间保持。

(2)活动的组织安排。活动多样化，并且不同的活动交替进行，以及不断出现新内容，提出新问题，可较长时间地保持注意的稳定。例如看地图，如果只看一个点则注意不能持久，如果沿河流或铁路线所经城市不断前进，就能较持久地稳定注意。要使注意持久，就不能只是单纯地看或听，要动手操作一番，即把注意和外部的实际活动结合起来。

(3)人自身的特点。一个意志坚强、善于控制自己的人，就能与干扰作斗争，保持稳定的注意。一个人处于头痛、失眠或过度疲劳状态时，就不易保持长久而稳定的注意。另外，人对事物的积极态度，对目的和任务的明确认识，对活动意义的深刻理解，是否有浓厚的兴趣和高度的责任心，也是影响注意稳定性的条件。

保持稳定的注意在实践中具有重要意义，许多工作都需要有高度稳定的注意，即使短时间的注意分散，也会严重影响工作质量。养成稳定注意的习惯对学生学习有重要意义，可以保障学生为达到一定的目标而持之以恒地努力。

三、注意分配

(一) 注意分配的含义

注意分配是指人在同时进行两种或多种活动时，能够把注意指向不同的对象。

在日常生活和活动中，经常要求人同时注意更多的事物，把注意分配到不同的对象上，所谓"眼观六路""耳听八方"就是形容这种状况的。谁能够把注意同时分配到较多方面，谁就能同时把握更多的事物，顺利地完成复杂的工作。例如，教师上课时边讲课、边板书、边观察学生的反应；学生听课时边听、边记、边思考、边注视教师和黑板，这都需要很好地分配注意。

(二) 实现注意分配的条件

(1) 个体对活动的熟练程度。在同时进行的多种活动中，如果只有一种是不熟悉的，需要集中注意观察它或思考它，而其余动作已成为熟练的动作，达到了自动化或半自动化的程度，不需要更多的注意参与也能完成时，这时就可以实现注意的分配。如果工作的各方面都是生疏的，那么注意的分配就比较困难。例如，初登讲台的教师往往由于怕讲不好而情绪紧张，只注意自己的讲述，虽然看着学生，却不能理会学生是否在注意听讲。教学经验丰富的教师，熟悉教材，从容不迫，能在讲课时注意到学生的反应以及整个课堂的气氛。

(2) 活动间的联系。为了更好地分配注意，将同时进行的几种活动建立一定的联系，使这些活动之间形成统一的动作系统，协调一致甚至达到自动化的程度，那么它们就容易同时进行。如果要进行几种毫不相关的活动，则注意的分配是很困难的。例如，汽车驾驶员经过专门训练，形成了一定的动作系统，已不需要特别的意志努力就可以把注意分配到行车、转弯、绕过障碍物及注意路面情况上；而一个人边弹琴边唱歌，如果弹的和唱的不是同一首歌，注意就很难进行分配。

(3) 活动的性质。注意的分配与活动性质有密切关系。如果同时进行的两种活动属于动作技能，或者一种活动是动作技能，而另一种活动是智力技能，则注意的分配比较容易。如果同时进行的是两种智力活动，注意的分配就比较困难，即使这两种活动能同时进行，其中一项或两项活动也会受到影响。有一个实验，要求被试用右脚按顺时针或逆时针方向画圆，同时在一张纸上连续笔算三位数的加减题目，题目不重复，这两项活动进行得越快越好。结果发现，被试不能两者兼顾，很难在这两项活动上实现注意的分配。

注意的分配能力是在实践活动中锻炼出来的，而且几乎所有的实践活动都要求较高的注意分配能力，因此必须有意识地通过各种活动指导学生形成必要的熟练动作，使他们善于分配注意，能够把注意集中在主要的学习任务上，同时又能够照顾到次要的学习任务。

四、注意转移

(一) 注意转移的含义

注意转移是根据新的活动目的和任务，主动地把注意从一个对象转移到另一个对象上去。例如上完一节语文课后，主动把注意转移到下一节的数学课。

注意的转移与注意的分散有着本质的区别。注意的转移是根据新任务的需要，主动地把注意转移到新的对象上，使一种活动合理地代替另一种活动，是一个人注意灵活性的表现。注意的分散是由于受到无关刺激的干扰，自己的注意不自觉地离开了需要注意的对象，而转移到无关活动上。

注意的转移有一个过程。"万事开头难"，就是说开始做一件事情时总有些困难，其中的原因之一就是开始时，注意力还没有完全集中在新的活动上，所以思路打不开。

(二) 影响注意转移的因素

(1) 原活动的紧张度。如果原来的活动紧张、激烈地进行，那么个体的注意强度高，注意的转移就困难；反之，如果原来的活动轻松、舒缓，注意的转移就容易。

(2) 个体对新活动的重视程度。如果新活动意义重大，个体非常重视。那么即使先前的活动吸引力很强，也能顺利地实现注意的转移；反之，如果个体对于新活动的意义理解肤浅，或不感兴趣，那么即使先前活动的吸引力不强，也不能顺利地实现注意的转移。

(3) 神经过程的灵活性。个体神经过程的兴奋和抑制如果能够很灵活地转换，就能在必要的情况下顺利地把自己的注意从这一对象转移到另一对象上；而神经过程的灵活性差的人，就不能很快地实现注意的转移。

对于学生来说，具有注意转移的能力是非常重要的。一个学生每天要学习几门不同的课程，还要完成其他活动，这就要求有灵活的注意转移能力。教师在培养学生注意转移能力时，首先要注意教学内容的系统性和连贯性，可以利用复习提问的方式，由旧课自然地引入新课，学生的注意也就顺利地随之转移了；其次要教育学生加强学习的计划性，要求他们按照计划迅速地转移注意力，避免浪费时间，从而提高学习效率。

总之，人们在注意的品质上存在个体差异。注意品质的综合表现就构成了各具特色的注意能力。一个人的工作效率如何，不仅取决于是否具有某种注意的品质，而且还取决于能否根据活动的性质把各种注意品质有机地结合起来。

第四节 注意规律在教学中的应用

注意作为心理活动的调节机制，在教学过程中具有重要作用。古人曾有过精辟的论述："上学以神听，中学以心听，下学以耳听。以耳听者，学在皮肤；以心听者，学在肌肉；以神听者，学在骨髓。"同样是听课，注意的状态不同，学习效果就会截然不同。鉴于此，教师在上课的时候要有效地引导和组织学生的注意，利用注意的规律来组织教学。

一、运用无意注意的规律组织教学

无意注意是在外界刺激物的作用下不由自主地发生的，它对教学活动有两种截然不同的影响：一种是消极的干扰作用，刺激物如果是无关因素或偶发事件，那就分散了学生的注意力，妨碍正常的教学；另一种是积极的组织作用，通过有益于教学的刺激物，比如讲一个切合题意的笑话或故事，引发学生的无意注意，为教学服务。教学过程中，要尽可能地发挥无意注意的积极作用，消除无意注意的干扰作用。

(一) 创造良好的教学环境

避免和排除室外的无关刺激，如排除噪音、视觉干扰物、有害气体等，保持安静、清洁。因此学校选址应该远离闹市区，院墙内再栽上一排高大的树，保证校园内清新安静。

教师要注意室内环境整齐、简洁、朴素。如果把教室布置得跟晚会现场一样，弄得学生眼花缭乱，注意力分散，学习就会受到严重影响，成为干扰学生注意的"环境污染"。

(二) 注意演讲和板书技巧

教师语调抑扬顿挫，音量适中，重点内容在音量和音调上予以突出，必要时要重复，讲课伴以适当的手势和表情，有利于学生集中注意。

板书是教学的主要辅助手段，教师应合理使用，板书过多会破坏教学节奏，导致注意涣散；板书过少会减少教学形式的变化，也不利于学生注意的集中。而且，板书字迹要清晰，重点突出，将重点和非重点区分开，以强烈的对比引起注意。

越来越多的研究发现，颜色会对人的注意产生重大影响。通常用黑板的黑、粉笔的白来对比强调引起无意注意，最新研究发现，"黑白分明"过于凝重，容易降低大脑皮层的兴奋性，如果用绿色的粉笔在浅黄色的黑板上书写更有利于学生集中注意、活跃思维。教材的白纸黑字的印刷方式也在变革之中，德国专家研究发现，橙色是一种温和的兴奋剂，这种颜色的教材内页会使学生变得温和和稳定。

(三) 教学形式多样化

教学形式多样化有利于引起学生的无意注意，特别是对中小学生，除了讲解之外，应该穿插一些个别讨论、集体讨论、角色扮演、动手实验等。随着多媒体教学的发展，教师还可以配合教学内容使用录音、录像、投影、幻灯片等形式。

(四) 重视教具的使用

教具的使用可以增强教学的生动性，引发学生的直接兴趣，吸引学生的无意注意，但要使用得当，比如课前就把上课时要用的教具摆在讲台上，就有可能起干扰作用，所以教具要在使用的时候再拿出来。

另外，在教学过程中，教师还要具有敏锐的观察力，及时发现并且有效制止学生的走神，例如采用目光凝视、摇头示意、提问或干脆突然停止讲课等方式，以变化的刺激引起学生的无意注意。尽量不当场训斥学生，以免干扰集体的注意力。

二、运用有意注意的规律组织教学

(一) 教育学生明确学习目的

目的明确才能保持有意注意。目的性越强，注意集中程度越高，注意的保持就越长久。

(二) 培养间接兴趣

教师在讲授一门课程的时候，一般会先讲学习这门课程的重要性，这就是刺激学生学习这门课程的间接兴趣，调动有意注意。有一位书法教师在第一堂课就展示我国历代名家作品，讲一些名家学习书法的趣闻，同时还历数本地书法名人及其作品，学生的学习兴趣油然而生。

(三) 巧妙设计开场白

教师上课要重视开场，或者从生动的实例说起，或者由学过的知识巧妙地引发，或者由发人深省的问题开始，目的就是要引起学生的有意注意。

一位教师在讲解《杠杆》一课时，设计了一个"看谁力气大"的问题情景，挑选班上个子最大的男生与一个身材瘦小的女生作为对手，比较谁的力气大，此话一出，立刻引得哄堂大笑，但老师要求，女生在教室外，握住门把手往里推门，而男生在教室里面从门把手的对面靠近门轴的位置向外推门，阻止女生进教室，由于杠杆的作用，女生省力，男生费力，女生胜了。这个出乎意料的安排和结局在同学们头脑里打了一个大大的问号，因而学生对这堂课的内容产生了浓厚的兴趣。

(四) 合理组织教学活动

首先，引导学生组织自己的有意注意，对低年级的学生要用语言调节，以保证学生的注意得到有效的维持。

其次，把智力活动与实际操作结合起来，要求学生听、记、写、练结合起来，这实际上就是对学生的有意注意提出了更高的要求。

三、运用注意转换的规律组织教学

在教学过程中，单靠无意注意，没有目的性和计划性，学习任务就没法完成；单靠有意注意，维持不了不久就会因疲劳而导致注意力涣散，学习效果也不好。所以在教学中，教师应充分利用注意转换来组织教学。

上课之初，教师应通过组织教学把学生的注意转移到本节课上来，形成有意注意。学生有意注意一段时间，产生疲倦感后，教师用轻松的语调讲解一些不太重要的相关内容，使学生转入无意注意获得休息，再通过语音、语调的变化重新调动学生的有意注意，讲解重点或难点。

为了能够运用注意转换提高教学质量，教师必须备课充分，讲解得法，时刻观察学生，根据学生的外部表现适时采取措施，引导学生在不同种类的注意中进行学习。一般来说，学生的注意如果在一堂课中经历了有意注意→无意注意→有意注意→有意后注意的转换过程，那么，这堂课一定具有良好的效果。

知识链接

注意作为心理活动的调节机制，在近代心理学发展的初期就已经受到重视。然而，后来随着行为主义和格式塔心理学的兴起与传播，注意的研究几乎被完全排斥。前者从根本上否定注意的存在，后者则将注意完全融于知觉之中。只是在第二次世界大战期间和之后，由于通信工程的需要，工程心理学又开始重视对注意的研究，以求了解人能同时加工的信息数量、注意的分配、保持和转换的特性等，来保证人机系统的工作效率和可靠性。特别是20世纪50年代中期认知心理学兴起以后，认知心理学将注意看作信息加工的重要机制，在整体上强调人的心理活动的主动性，因此注意的重要性得到越来越多的体现，注意的研究得到广泛的开展。此后，注意的研究成为认知心理学的一个重要领域，而信息加工观点则在注意的研究中占据了统治地位。

关于注意的实质和特征，Moray(1969)曾经指出了6个方面：①选择性(selectiveness)，选择一部分信息；②集中性(concentration)，排除无关的刺激；③搜寻(search)，从一些对象中寻找其一部分；④激适(activation)，应付一切可能出现的刺激；⑤定势(set)，对特定的刺激予以接受并做出反应；⑥警觉(vigilance)，即保持较久的注意。但是，Moray的这些看法并未得到广泛的认同，说明他列举的注意的一些维量未必能完全纳入注意范畴，如搜寻和定势。认知心理学目前主要强调注意的选择性维量，将注意看作一种内部机制，借以实现对刺激选择的控制并调节行为(Kahneman，1973)，也即舍弃一部分信息，以便有效地加工重要的信息(Boring，1970；Egeth，1973)。从这个角度出发，认知心理学着重研究注意的作用过程，提出了一些注意的模型，企图从理论上来说明注意的机制。而注意的激活作用则较多地为生理心理学所研究，警觉已成为工程心理学的重要研究课题。

(资料来源：王甦，汪安圣.认知心理学[M].北京：北京大学出版社，2006)

心理测试

心理测试 3-1

测测你的注意力

表3-1中列出了数字10～54，如果能在30秒内找到3个连续的数字(如10、11、12或37、38、39等)，说明注意力为中等水平；如果能在15秒内找到，说明注意力为上等水平；如果能在90秒内找到，说明注意力应该好好地锻炼。

表 3-1　测测你的注意力

34	19	42	54	45
26	16	39	28	33
40	35	14	27	30
12	29	44	51	23
50	43	36	24	11
37	20	15	32	47
25	41	17	53	38
52	18	21	31	46
13	22	48	10	49

心理测试 3-2

训练注意力的方法——舒尔特方格

舒尔特方格是一种训练注意力的方格表，包括9格、16格、25格等种类。以25格舒尔特方格为例，即在一张卡片上画上1cm×1cm的25个方格，格子内任意填写阿拉伯数字1~25共25个数字。训练时，要求被测者用手指按1~25的顺序依次指出其位置，同时诵读出声，施测者记录所用时间。数完25个数字所用时间越短，注意力水平越高。

按数字顺序迅速找全所有的数字，平均1个字符用1秒则成绩为优良，即9格用9秒、16格用16秒、25格用25秒。刚开始练习时，达不到标准是非常正常的，可从9格开始练起，感觉可以轻松地达到要求之后，再逐渐增加难度，千万不要因急于求成而使学习热情受挫。视野较宽、注意力参数较高的读者，可以从25格开始练习。如果有兴趣，还可以继续提高练习的难度，自己制作36格、49格、64格、81格、100格、121格的舒尔特方格来练习。

具体操作及注意事项：①眼睛距纸面30~35厘米，视点自然放在整个方格的中心；②在所有数字全部清晰入目的前提下，按顺序找全所有数字，注意不要顾此失彼，不要因找一个数字而对其他数字视而不见；③每做完一次练习，眼睛稍做休息，或闭目，或做眼保健操，不要太疲劳；④练习初期不考虑记忆因素；⑤每天完成5~8次练习即可。

复习思考题

1. 注意有哪些分类？请举例说明。
2. 引起无意注意的原因是什么？
3. 引起和维持有意注意的条件是什么？
4. 注意的品质有哪些？各自有何影响因素？
5. 如何运用注意规律组织教学？

第四章

感 知 觉

案例导入

"行走"的测量仪

2019年10月1日,在新中国成立70周年庆典仪式上,伴随第一声炮响,中国仪仗队从人民英雄纪念碑出发,到达国旗杆基座后列队站好、放下枪。这时,最后一声礼炮刚好结束,并且在整个行进过程中,要求迈出正步168步,以寓意中华人民共和国成立70周年和中国共产党建党98周年;升旗仪式中,要在2分7秒准时将国旗上升到位,时间及高度均不允许有任何误差。这对时间、距离的把握是何等精确!想象一下,如果没有对时间、距离、方位等的感知,人们的世界将会变成什么样子,人们在生活中会遇到哪些困境?

本章提示

本章首先讨论感觉的有关知识,包括感觉的一般概念、感觉的编码、感受性和感觉阈限、感觉的分类和基本规律等;然后介绍知觉的有关知识,包括知觉的概念、分类、特征;之后简略介绍观察;最后阐述了感知规律及其应用。

众所周知,人类是社会性动物,丰富多变的环境刺激是有机体生存和发展的必要条件,而所有环境刺激被人们所认识、了解,都必须首先通过人们的感知觉系统。可以说,感知觉是人类认识外在环境世界的门户,是所有心理活动开始的第一步,是认识外界的开端和最初源泉。

第一节 感觉

感觉是最简单的心理现象,任何复杂的心理现象都是在感觉基础上产生的,生活中各个具体事情,如穿衣、吃饭等,无不开始于感觉。因此,了解感觉的发生、发展的一般规律,对我们的学习、工作和日常生活具有重要的意义。

一、感觉概述

人对客观世界的认识常常是从认识事物的一些简单属性开始的。例如,我们面前有一个苹果,我们是怎样认识它的呢?我们用眼睛去看,知道它有红红的颜色,圆圆的形状,用嘴一咬,知道它是甜的,拿在手上一掂,知道它有一定的重量。这里的红、圆、甜、重就是苹果的一些个别属性。红是由苹果表面反射的一定波长的光波引起的;圆是由苹果的外围轮廓线条作用于眼睛引起的;甜是苹果内部的某些化学物质作用于舌头引起的;重是由苹果压迫皮肤表面引起的。我们的头脑接受和加工了这些属性,进而认识了这些属性,这就是感觉。

感觉是人脑对当前直接作用于感觉器官的客观事物的个别属性的反映。

感觉作为最简单的心理现象,在动物心理进化过程中和儿童心理发展初期,都曾独立地存在过,低等动物只能对某种特定的刺激做出反应。感觉很少在正常的成年人的心理活动中独立地存在,只有以下情况才会有单纯的感觉:婴儿在刚出生时,只能感到光线的存在,不能分辨眼前的物体是什么;清醒、健康的成年人来不及看清物体时;在实验条件下只要求反映某一属性时。

感觉虽然很简单,但很重要,感觉是人类一切认识活动的开始,在人的生活和工作中有重要的意义。

(1) 感觉提供内外环境的信息。通过感觉,人能够认识外界物体的颜色、明度、气味、软硬等,从而了解事物的各种属性。工人操作机器生产工业产品,农民种植庄稼提供粮食和蔬菜,科学家观测日月星辰发现宇宙的奥秘,都离不开感觉提供的信息。通过感觉,我们还能认识自己机体的各种状态,如饥饿、寒冷等,因而有可能实现自我调节,如饥则食、渴则饮。没有感觉提供的信息,人就不可能根据自己机体的状态来调节自己的行为。

(2) 感觉保证了机体与环境的信息平衡。人要正常的生活,必须与环境保持平衡,其中包括信息的平衡。具体来说,人们从周围环境获得必要的信息,是保证机体正常生活所必需的。由感觉剥夺造成的信息不足,将使人无法忍受由此而产生的不安和痛苦。可见,没有由感觉提供的外界信息,人就不能正常地生存。

(3) 感觉是一切较高级、较复杂的心理现象的基础,是人的全部心理现象的基础。人的知觉、记忆思维等复杂的认识活动,必须借助感觉提供的原始资料,人的情绪体验也必须依靠人对环境和身体内部状态的感觉。因此,没有感觉,一切较复杂、较高级的心理现象就无从产生。

二、感觉的编码

感觉是分析器在刺激的作用下活动的结果。分析器是人感受和分析某种刺激的整个神经结构,它由感受器、传递神经(包括传入神经和传出神经)与大脑皮层相应区域三部分组成。作用于有机体并引起其反应的因素叫作刺激物,刺激物施于有机体的影响叫作刺激。有机体外部给予的刺激,称为外部刺激;有机体内部的变化引起的刺激称为内部刺激。一个人的感觉不仅与分析器的质量有关,而且与此人所面临的刺激强度和数量有很大的关系。适宜刺激是指对特定感觉器官的特定性质的刺激。每种感觉器官只能反映特定性质的刺激。例如听觉要通过耳朵而不能通过鼻子进行,视觉要通过眼睛而不能通过嘴进行等。

我们的感觉器官是怎样接受外界的刺激进而产生感觉呢？这里存在感官对外界刺激的编码过程。所谓编码，是指将一种能量转化为另一种能量，或者将一种符号系统转化为另一种符号系统。这与数码相机将光信号转变为可存储的数字信息的功能类似。感觉就是感受器将外界刺激(比如声音、光线等)信息转变为大脑可以理解的形式(神经信号)的过程。

我们的神经系统不能直接加工外界输入的物理能量或化学能量，如光波和声音。这些能量必须经过感受器的换能作用，才能转化为神经系统能够接受的神经能或神经冲动。这个过程就是感觉编码。也就是说，大脑不能直接"看到"红苹果，不能直接"闻到"苹果的香味，也不能直接"触摸"苹果，必须依赖作为媒介的感觉系统。

现代神经生理学的知识告诉我们，大脑从未从外界直接接受过刺激。大脑直接加工的材料是外物引起的神经冲动。人脑对神经信号的加工是一种译码的过程，它能揭示这种神经信号所代表的现实刺激物的特性，帮助人们获得关于外部世界的知识。也就是说，感觉系统将经过编码的神经信息传递到大脑中，大脑利用这些信息"创造"自己的体验。

三、感受性和感觉阈限

感觉是由刺激物直接作用于某种感官引起的，但是日常经验告诉我们，当刺激物的量较小的时候，我们是感觉不到的。比如，对于很微小的气味，人是很难闻到，狗、老鼠等动物却可以。人的感官只能对一定范围内的刺激做出反应，只有在这个范围内的刺激，才能引起人们的感觉。这个刺激范围以及相应的感觉能力，被称为感觉阈限和感受性。

(一) 绝对感受性与绝对感觉阈限

刺激物只有达到一定强度才能引起人的感觉。例如，我们平时看不见空气中的灰尘，当灰尘落在我们的皮肤表面时，我们也不能觉察到它的存在。但是，当细小的灰尘聚集成较大的尘埃颗粒时，我们不但能看见它，而且能感觉到它对皮肤的压力。这种刚刚能引起感觉的最小刺激量叫作绝对感觉阈限，而人的感官觉察这种微弱刺激的能力叫作绝对感受性。

绝对感受性可以用绝对感觉阈限来衡量。绝对感觉阈限越大，即能够引起感觉所需要的刺激量越大，感受性就越小；相反，绝对感觉阈限越小，即能够引起感觉所需要的刺激量越小，则感受性越大。因此，绝对感受性与绝对感觉阈限在数值上成反比，用公式表示为

$$E=1/R$$

式中，E 代表绝对感受性，R 代表绝对感觉阈限。

人们曾经把绝对感觉阈限理解为一个固定的刺激量，超过这个数量，就能引起人的感觉；低于这个数量，人就不能觉察到它的存在，也不会对它有任何反应。后来人们发现，这个阈限值并不是绝对不变的。在不同的条件下，同一感觉的绝对阈限可能不同。人的活动的性质，刺激的强度和持续时间，个体的注意、态度和年龄等，都会影响阈限的大小。因此，有人认为，把绝对阈限看成某个固定的刺激量是不妥当的。

一般来说，人类各种感觉的绝对感受性都很高。在黑暗而空气清新的夜晚，人可以看见 30 英里(1 英里≈1609.344 米)外的一支烛光；在安静的环境中，人能够听到 20 英尺(1 英尺≈0.305 米)远处的手表滴嗒声；人也能嗅到 1 升空气中散布的 1×10^{-5} 毫克的人造麝香的气味等。

(二) 差别感受性与差别感觉阈限

两个同类的刺激物，它们的强度只有达到一定的差异，才能引起差别感觉，即人们能够觉察出它们的差别或把它们区别开来。例如，100 人参加的大合唱，如果增减 1 个人，人们听不出声音的差别；如果增加或减少 10 个人，差别就明显了。同样，两根长竹竿相差 1.5 厘米，人们难以觉察它们的差别；而两支铅笔相差 1.5 厘米，差别就非常清楚了。这种刚刚能引起差别感觉的刺激物间的最小差异量叫作差别感受阈限或最小可觉差(just noticeable difference，JND)。对这一最小差异量的感觉能力，叫作差别感受性。

差别感受性与差别感受阈限在数值上也成反比。差别感受阈限越小，即刚刚能够引起差别感觉的刺激物间的最小差异量越小，差别感受性就越大。

德国生理学家韦伯(Weber，1834)曾系统研究了触觉的差别感受阈限。他让被试用手先后提起两个重量不大的物体，并判断哪个重些，用这种方法确定了刚刚能够引起差别感觉的最小刺激量。结果发现，对刺激物的差别感觉不取决于一个刺激物增加的绝对重量，而取决于刺激物的增量与原刺激量的比值。比如，如果手上物体原有的重量是 100 克，那么至少必须增加 2 克，人们才能感觉到两个重量的差别。如果原有的重量是 200 克，那么增加的重量必须达到 4 克。如果原有的重量是 300 克，那么增加的重量应该是 6 克。可见，为了引起差别感觉，刺激的增量与原刺激量之间存在某种关系，这种关系可用以下公式来表示：

$$K=\Delta I/I$$

式中，I 为标准刺激的强度或原刺激量；ΔI 为引起差别感觉的刺激增量，即 JND；K 为一个常数。这个公式叫韦伯定律。对不同感觉来说，K 的数值是不相同的，即韦伯分数不同，如表 4-1 所示。

表 4-1　不同感觉系统的韦伯分数(中等强度范围)

感觉系统	韦伯分数($\Delta I/I$)
视觉(亮度、白光)	1/60
动觉(提重)	1/50
痛觉(皮肤上灼热引起)	1/30
听觉(中等音高和响度的音)	1/10
压觉(皮肤压觉)	1/7
嗅觉(橡胶气味)	1/4
味觉(咸味)	1/3

根据韦伯分数的大小，可以判断某种感觉的敏锐程度。韦伯分数越小，感觉越敏锐。韦伯定律虽然揭示了感觉的某些规律，但它只适用于刺激的中等强度。换句话说，只有使用中等强度的刺激，韦伯分数才是一个常数。刺激过弱或过强，比值都会发生改变。波林(1942)用实验证明，当原重量在 100~400 克范围内时，韦伯分数为 1/50；当原重量低于 100 克或超过 500 克时，韦伯分数就不再是 1/50 了。世界挺举冠军能举起 195 千克的重量，再增加 1 千克，就可能力不胜任。

韦伯定律发表之后不久，另一位德国物理学家费希纳在 1860 年对韦伯定律做了修正。费希纳确定了接近绝对阈限时韦伯分数所发生的变化，并假设一个最小可觉差为一个感觉单位，进而在韦伯定律的基础上推导出费希纳定律：

$$P=K\log I$$

式中，P 表示感觉量，I 表示刺激量，K 是常数。该公式说明，刺激强度按几何级数增加，而感觉强度只按算术级数增加。和韦伯定律一样，费希纳定律也只是一个近似值，仅适用于中等刺激强度范围。

四、感觉的分类

各种感觉器官的运作方式几乎相同，都是将外界刺激转换为神经冲动，它们都在为我们提供外界信息。但是每一种感觉提取不同种类的信息，并将其传送至大脑中专门处理相关感觉信息的区域。

人的感觉根据刺激的来源和反映事物个别属性特点的不同，可以分为两大类：一类是外部感觉，另一类是内部感觉。外部感觉是由机体以外的客观刺激引起的，反映外界事物的个别属性，这类感觉的感受器官位于身体的表面或接近身体表面的部分；内部感觉是机体内部的客观刺激引起的，反映身体位置、动作和内脏器官的状态及变化，这类感觉的感受器官位于内脏器官和身体组织内。

(一) 外部感觉

1. 视觉

视觉是人类最重要的感觉之一。对于一般人而言，大部分信息都是通过视觉获得的。

视觉是由光波作用于视分析器而产生的。宇宙间充满各种电磁波，波长小于几微微米的宇宙射线到波长达上千米的无线电波都属于电磁波。在这些波长的范围内，只有很小一部分才能产生视觉。视觉的适宜刺激是波长 380～760 毫微米的电磁振荡，即可见光谱，如图 4-1 所示。

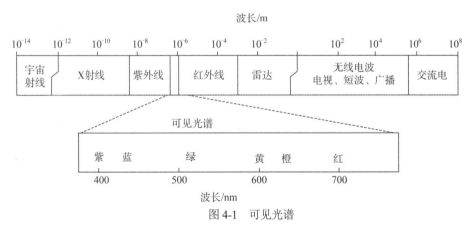

图 4-1 可见光谱

光刺激引起视觉的过程如下：首先光线透过眼的折光系统到达视网膜，并在视网膜中形成物像，同时兴奋视网膜的感光细胞，然后冲动沿视神经传导到大脑皮质的视觉中枢产生视觉。视觉过程的生理机制包括折光机制、感光机制、传导机制和中枢机制。

人眼的构造与数码相机类似，它的外形接近球形，被称为眼球，如图 4-2 所示。眼睛的功能是收集外界物体所反射的散光，使其聚集在视网膜上形成清晰的图像，并将其转变为神经信号，随后将这些神经信号传导到视觉皮层。这些信号在视觉皮层中被进一步处理、加工为视觉图像，产生视觉。

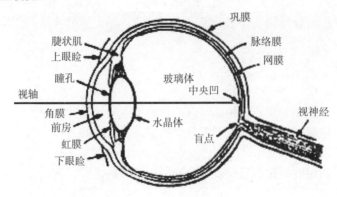

图 4-2　人眼的构造

根据功能的不同，可以将眼球的生理结构分为折光系统与感光系统。折光系统包括角膜、晶状体、玻璃体等，其功能是收集外界物体所反射的散光，使其聚集在视网膜上形成清晰的图像。感光系统是视网膜，其功能是将光信号转变为大脑能够处理的神经信号，类似于数码相机上的感光芯片。视网膜的功能主要是由感光细胞完成的。感光细胞由两种功能不同的神经元组成：视杆细胞和视锥细胞。视杆细胞的主要功能是在夜晚探测到低强度的光，但是不能对光进行严格的区别以产生色觉。视锥细胞的主要功能是在光线明亮的情况下对光进行仔细的辨别。视锥细胞主要集中在视网膜中间的中央凹区域。视网膜上还有其他种类的细胞，虽然它们不能直接对光做出反应，但它们对视觉也是至关重要的。需要注意的是，视觉自视网膜之后只传送神经冲动，神经冲动蕴含了从光线中获得的信息。

眼睛将光信号转变为神经信号传导到大脑相应的区域中，进而产生视觉。大脑将输入的神经信号转变为视觉中的颜色、形状、边界和运动等。

眼睛区别于其他感觉器官的独特之处在于眼睛能够提取可见光带来的信息，将其转变为神经信号。物理学的知识告诉我们，可见光只是电磁能的一种形式，它在本质上与紫外线、红外线、X 射线没有区别。在可见光的照射下，我们周围的物体看起来是五彩缤纷的，但是这些物体本身并没有色彩，从这些物体上反射出来的光也是没有色彩的。色彩是大脑根据可见光不同的光波波长创造出来的感觉，在大脑之外，色彩并不存在。

除了色彩外，大脑皮层的不同部分对于人眼传入的相同信息进行处理，还会分别产生形状、边界和运动等视觉体验。

在适当的条件下，视觉对光的强度具有极高的感受性，其感觉阈限是很低的。实验证明，人眼能对 7~8 个光能量子起反应，甚至在某些情况下 2 个光能量子就能引起人眼的反应。视觉对光的强度的差别阈限在中等强度时，符合韦伯定律，即 $\Delta I/I$ 近似于 1/60。但在光刺激极弱时，比值可达 1，光刺激极强时，比值可缩小到 1/167。

视觉对光强度的感受性与眼的机能状态、光波的波长、刺激落在网膜上的位置等因素有关。眼睛对暗适应越久，对光的反应越敏感。波长 500 毫微米左右的光比其他波长的光更容易被觉察到。光刺激离中央凹 8°~12°时，视觉有最高的感受性刺激盲点，对光完全没有感受性。

视觉对光波长的感受性不同于对光强度的感受性。一般来说，看见哪里有光总比看出光的颜色要容易些。

在明视觉条件下，人眼对波长550～560纳米的光最敏感，但在暗视觉条件下，人眼最敏感的波长范围是500～510纳米。

颜色是光波作用于人眼所引起的视觉经验。在日常生活中，有广义和狭义的两种颜色。广义的颜色包括非彩色(白色、黑色和各种不同程度的灰色)和彩色(如红、绿、黄、蓝等)；狭义的颜色仅指彩色。

颜色具有3个基本特性，即色调、明度和饱和度。色调主要取决于光波的波长。对光源来说，由于占优势的波长不同，色调也就不同。对物体表面来说，色调取决于物体表面对不同波长的光线的选择性反射。如果反射光中长波占优势，物体呈红色或橘黄色；如果反射光中短波占优势，物体呈蓝色或绿色。

明度是指颜色的明暗程度。色调相同的颜色，明暗可能不同。例如，紫色与粉红色都含有红色，但前者显暗，而后者显亮。颜色的明度取决于照明的强度和物体表面的反射系数。光源的强度越大，物体表面的反射率越高，物体看上去就越亮。

饱和度是指某种颜色的纯、杂程度或鲜明程度。纯的颜色都是高度饱和的，如鲜红、鲜绿等。混杂上白色、灰色或其他色调的颜色，是不饱和的颜色，如粉红、黄褐等。完全不饱和的颜色根本没有色调，如黑白之间的各种灰色。

2. 听觉

人们在对世界的体验中，听觉和视觉起着相互补充的作用。人经常在看见刺激之前就听见刺激，特别是当刺激来自身后或者是不透明物体的另一侧时。尽管人们对进入视野中物体的视觉辨认优于听觉，但通常是因为已经用耳朵将眼睛引向正确的方向之后才看见物体。在开始对听觉的讨论之前，首先描述到达耳朵的各种物理能量。

轻拍双手、吹口哨、用铅笔在桌子上轻敲，为什么这些动作会产生声音呢？因为它们使物体产生了振动。振动的能量传递到周围的介质中(通常是空气)，因为振动的物体推动介质中的分子前后运动。真空中不能产生声音，因为真空中没有可以由振动物体而引起运动的空气分子。空间任何一个物体振动时，都会导致周围空气周期性的压缩和扩散，这就产生了声波。声波是听觉的适宜刺激。声波通过空气传递给人耳，并在人耳中产生听觉。

声波的物理性质包括频率、振幅和波形。在心理学上，听觉也有与此相应的3种特性：即音调、响度和音色。

频率就是发声物体每秒钟振动的次数，单位是赫兹(Hz)，它决定着听觉的音调。频率越大，音调越高。一般来说，女性的音调比男性的音调高，童声的音调比成人的音调高。人耳能感受的声波频率范围是16～20000赫兹，以1000～4000赫兹最为敏感。

振幅的大小反映振动的强度，振动越强，其声波的振幅越大。发声体振幅大小不一样，对空气形成的压力大小也不一样。振幅大，压力大，人们听到的声音就强；振幅小，压力小，人们听到的声音就弱。声波的压力大小以分贝量表来衡量。声波的振幅引起的听觉经验是响度。例如敲锣打鼓时，用力大，锣面或鼓皮振幅就大，声音就很响；轻轻敲打则振幅就小，声音就轻。人们主观上感觉到的声音的强弱程度就是响度。响度是声波强度的心理反应。一般来说，声波的振幅越大，听到的声音就越响。但由于人耳对于所有频率的声音并非同等的敏感，所以响度也取决于声音的频率。

每一种声音都有其特殊的波形，有简单和复杂两种形式。最简单、最单一振动所产生的声波为纯音,如音叉的声音就是纯音。物理学上用频率和振幅两个特征来说明纯音的性质。复杂的波形是由几个简单的波形融合而成。不同频率和振幅的纯音混合可以获得一切声音,由这些纯音混合而成的声音称为复音(如乐器的声音)。

人的听觉器官是耳朵。耳朵由外耳、中耳和内耳3部分组成(见图4-3)。外耳包括耳廓和外耳道,主要作用是收集声音。中耳由鼓膜、3块听小骨、卵圆窗和圆形窗组成,功能是传导声音。当声音从外耳道传至鼓膜时,引起鼓膜的机械振动,鼓膜的运动带动3块听小骨,把声音传至卵圆窗,引起内耳淋巴液的振动。声音的这条传导途径称为生理性传导。声音的传导途径还有空气传导和骨传导。空气传导是指鼓膜振动引起中耳室内空气振动,然后经由正圆窗将振动传入内耳。骨传导是指声波从颅骨传入内耳。骨传导效率差,但也排除了体内各种噪声的干扰。

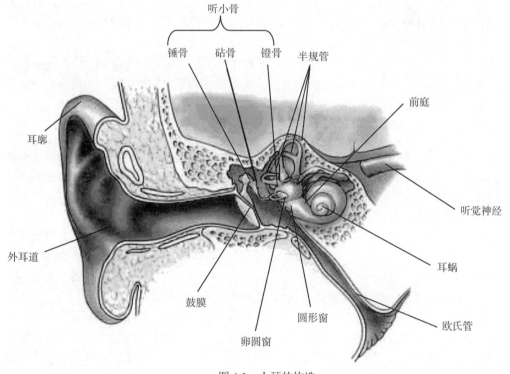

图4-3 人耳的构造

耳功能的病变即耳聋可以分成传导性、神经性和刺激性3种主要类型。

造成传导性耳聋的原因是从耳鼓膜到内耳的声音传输障碍。在许多情况下,传导性耳聋可以使用助听器,使声音增大和变得清晰。

神经性耳聋是由于毛细胞或听神经受到了损害造成的。助听器对神经性耳聋没有帮助,但目前一种新的人工听觉系统正在使神经性耳聋者听到声音成为可能,这种系统可以绕开毛细胞而直接刺激听神经。

刺激性耳聋是神经性耳聋的一个特殊类型,是由特殊的工作、爱好、经历所引起的,即某种非常大的声音损伤了耳蜗中特定区域的毛细胞。如果一个人在一个充满噪声的环境中工作,或喜欢开大音量听音乐,经常开摩托或打猎,就有可能患上刺激性耳聋。

内耳由前庭器官和耳蜗组成。耳蜗是听觉的感觉器官。耳蜗分3部分:鼓阶、中阶和前庭阶。位于鼓阶与中阶之间的基底膜上的柯蒂氏器包含大量支持细胞和毛细胞。毛细胞是听觉的感受器。

毛细胞的轴突离开耳蜗组成了听神经，即第八对脑神经。毛细胞的兴奋就沿着听神经向大脑传递。听觉传导路也主要由三级神经元组成：第一级神经元是螺旋神经节的双极细胞，由耳蜗神经核起始的是第二级神经元，由内侧膝状体起始的是第三级神经元。和视觉系统不同，听觉系统为大脑皮层提供了同侧和对侧的输入，以对侧输入为主。人类听觉的中枢投射区在颞叶的初级听觉区(A1 或称布鲁德曼 41 区)和二级区。人类听觉系统的二级区可能对言语声音敏感。

音调主要是由声波的频率决定的。一般地，声波振动频率越大，听起来音调越高；反之，音调越低。音乐的音调一般在 50～5000 赫兹，言语的音调一般在 300～5000 赫兹。

3. 其他外部感觉

视觉和听觉是人的主要感觉，人们关于外部世界的绝大多数信息都来自视觉和听觉。虽然其他外部感觉不像视觉和听觉那样丰富多彩，但它们对于有机体的生存仍然是很重要的。

1) 皮肤感觉

刺激作用于皮肤引起的各种各样的感觉叫作皮肤感觉，简称肤觉。引起肤觉的适宜刺激是机械的、温度的作用或伤害性刺激。接受肤觉刺激的感受器位于皮肤、口腔黏膜、鼻黏膜和眼角膜上(如皮肤内的游离神经末梢、触觉小体、触盘、环层小体、菱形末梢等)，呈点状分布。肤觉的基本形态包括触压觉、温度觉、痛觉。其他各种肤觉是由这几种基本形态构成的复合体。

(1) 触压觉。由非均匀的压力在皮肤上引起的感觉叫作触压觉。触压觉包括触觉和压觉。当机械刺激作用于皮肤表面而未引起皮肤变形时产生的感觉是触觉，当机械刺激使皮肤表面变形但未达到疼痛时产生的感觉是压觉。相同的机械刺激在皮肤的不同部位引起的触压觉的敏感性是不同的，额头、眼皮、舌尖、指尖较敏感，手臂、腿次之，胸腹部、躯干的敏感性较低。

(2) 温度觉。温度觉指皮肤对冷、温刺激的感觉。温度觉的适宜刺激是皮肤表面温度的变化。温度觉包括冷觉和温觉两种。冷觉和温觉的划分以生理零度为界限。生理零度指皮肤的温度，随温度的变化而变化。温度刺激高于生理零度，引起温觉；温度刺激低于生理零度，引起冷觉；温度刺激与生理零度相同，则不产生温度觉。人体不同部位的生理零度不同，面部为 33℃，舌下为 37℃，前额为 35℃。当温度刺激超过 45℃时，会使人产生热甚至烫的感觉。这种感觉是温觉和痛觉的复合。

(3) 痛觉。痛觉是由伤害有机体的刺激所产生的感觉。引起痛觉的刺激很多，包括机械的、物理的、化学的、温度的和电的刺激。痛觉对有机体具有保护作用。天生无痛觉的人常常寿命不长，因为他们体会不到因机体受伤或不适而产生的痛觉，因而不会主动去为医治自己的身体而努力。不仅仅是皮肤，全身各处的损伤或不适都会产生痛觉。因此，痛觉既可以是外部感觉，也可以是内部感觉。痛觉常伴有生理变化和情绪反应。皮肤痛定位准确，肌肉、关节痛定位不准确，内脏痛定位不准且具有弥散的特点。影响痛觉的因素很多，可以通过药物、电刺激、按摩、催眠、放松训练、分散注意力等方法减轻痛觉。我国学者研究表明，人体皮肤对痛觉的敏感性一年中经历两次周期性的变化，春、秋两季比夏、冬两季要迟钝，其原因尚不明了。

2) 嗅觉和味觉

(1) 嗅觉。某些物质的气体分子作用于鼻腔黏膜时产生的感觉叫作嗅觉。引起嗅觉的适宜刺激是有气味的可挥发性物质,接受嗅觉刺激的感受器是鼻腔黏膜的嗅细胞。有气味的气体物质作用于嗅细胞,细胞产生兴奋,经嗅束传至嗅觉的皮层部位(位于海马回、沟内),因而产生嗅觉。许多动物要借助嗅觉来寻找食物、躲避危险、寻求异性。例如,德国牧羊犬的嗅觉比人类的嗅觉敏锐一百万倍。人的嗅觉已退居较次要的地位,但即使这样,人的嗅觉仍为生存提供重要的信息。例如,有毒的、腐烂的物质常伴有难闻的气味,这对于想食用它们的人来说是一种警告。人的嗅觉受多种因素的影响,如刺激物的作用时间、机体生理状态、空气的温度和湿度等。温度太高、太低,空气湿度太小,机体感冒等,都会降低嗅觉的敏感性。研究表明,嗅觉刺激可以唤起人们的记忆和情绪。闻着巧克力香味做词汇练习的学生,第二天回忆词汇时,再次提供巧克力香味比不提供巧克力香味回忆的词汇要多。芳香的气味可以使人心情好,增强自信,提高工作效率。

(2) 味觉。可溶性物质作用于味蕾产生的感觉叫作味觉。如果用干净的手帕将舌头擦干,然后将冰糖或盐块在舌头上摩擦,这时就感觉不到任何味道。引起味觉的适宜刺激是可溶于水或液体的物质,接受味觉刺激的感受器是位于舌表面、咽后部和腭上的味蕾。味蕾的再生能力很强,所以即使因吃热的食物烫伤了舌头,也不会对味觉有太大影响。但是,随着年龄的增长,味蕾的数量会逐渐减少,因此人的味觉敏感性会逐渐降低。吸烟、喝酒会加速味蕾的减少,因而会加速味觉敏感性的降低速度。基本的味觉有酸、甜、苦、咸四种,其他味觉都是由这四种味觉混合而来。舌尖对甜味最敏感,舌中对咸味最敏感,舌的两侧对酸味最敏感,舌后对苦味最敏感。食物的温度对味觉敏感性有影响。一般来说,食物的温度在20~30℃时,味觉敏感性最高。机体状态也会影响味觉敏感性。饥饿的人对甜、咸的较敏感,对酸、苦不太敏感。巴特舒克(1993)研究发现,人类因味觉引起的情绪反应是固定的。把甜的或苦的食物放在新生儿的舌头上时,新生儿舌头和面部的反应与成人一致。没有舌头的人仍有味觉,味觉感受器在嘴的后部和顶部。如果舌头的一边失去味觉,我们不会注意到,因为舌头的另一边会对味觉非常敏感。大脑难以对味觉定位,虽然舌头中间的味蕾较少,但体验到的味觉来自整个舌头。某些物质不能引起味觉,如脂肪、蛋白质、淀粉及维生素。

(二) 内部感觉

(1) 动觉。反映身体各部分运动和位置的感觉叫作运动觉。引起运动觉的适宜刺激是身体运动和姿势的变化,接受运动觉刺激的感受器位于肌肉、韧带、关节等的神经末梢。凭借运动觉,人们可以行走、劳动,还可以进行各种体育活动,完成各种复杂的运动技能。凭借运动觉与触觉、压觉等的结合,人们可以认识物体的软硬、弹性、远近、大小、滑涩等特性。

(2) 平衡觉。反映头部位置和身体平衡状态的感觉叫作平衡觉,也叫静觉。引起平衡觉的适宜刺激是身体运动时速度和方向的变化,以及旋转、震颤等,接受平衡觉刺激的感受器位于内耳的前庭器官,即椭圆囊、球囊和3个半规管。平衡觉的作用在于调节机体运动、维持身体的平衡。平衡觉与视觉、机体觉有联系,当前庭器官受到刺激时,视野中的物体仿佛在移动,人们会产生眩晕、恶心、呕吐等。

(3) 内脏感觉。内脏感觉也叫机体觉,是指机体内部器官受到刺激时产生的感觉。引起机体觉的适宜刺激是机体内部器官的活动和变化,接受机体觉刺激的感受器分布于人体各脏器的内壁。机体觉在调节内部器官的活动中具有重要作用,它能及时反映机体内部环境的变化、内部器官的工作状态。当人体的内部器官处于健康、正常的工作状态时，一般不会产生机体觉。机体觉的表现形式有饥、渴、气闷、恶心、窒息、便意、性、胀、痛等。

五、感觉的基本规律

（一）感觉的适应规律

由于刺激对感受器的持续作用而使感受性发生变化的现象叫作感觉适应。适应现象表现在所有感觉中，但适应的表现方式和速度不尽相同。感觉适应既可引起感受性的提高，也可引起感受性的降低。

视觉的适应可分为暗适应和明适应。在夜晚由明亮的室内走到室外时，开始时眼前一片漆黑，什么也看不清楚，一段时间后，眼睛就能分辨出黑暗中物体的轮廓了。这种现象叫作暗适应。暗适应是指照明停止或者由亮处转入暗处时视觉感受性提高的过程。相反，由漆黑的室外走进明亮的室内时，开始感到耀眼炫目，什么都看不清楚，只要稍过几秒钟，就能清楚地看到室内物体了，这种现象叫作明适应。明适应是指照明开始或者由暗处转入亮处时视觉感受性下降的过程。现代神经生理学的研究表明，暗适应产生的原因是视网膜的视杆细胞的视紫红质被分解，突然进入暗处时尚未恢复，所以不能立即看清物体。进入暗处后需要等待一段时间来恢复，即视紫红质的合成增多，含量逐渐增加，对弱光刺激的感受性逐渐提高，这样就能逐渐看清物体了。反之，明适应是由于感光物质被大量分解，对强光刺激的感受性很高。此时神经细胞受到过强的刺激，因而只感到眼前一片光亮，甚至引起疼痛，睁不开眼，同样看不清物体。几秒钟后，感光物质被分解掉一部分后，对强光的感受性就迅速降低，从而能看清物体。在视觉适应过程中，除视网膜的感光细胞发生变化外，还有中枢机制参与。

"入芝兰之室，久而不闻其香，入鲍鱼之肆，久而不闻其臭"反映的是嗅觉的适应。嗅觉的适应速度因刺激的性质而有所不同。一般的气味1~2分钟后即可适应，而强烈的气味则要经过10分钟多。特别强烈的气味，如引起痛觉的气味，则令人难以适应甚至完全不能适应。嗅觉适应有选择性，即对某种气味适应后，并不影响其他气味的感受性。

味觉适应较慢。长时间接受辣味刺激，导致对辣味的感受性降低，以致后来吃辣的食物时感到不是很辣。厨师由于连续地品尝咸味，到后来做出来的菜越来越咸。这些都是味觉的适应现象。

触压觉的适应较明显。例如，人们平时几乎觉察不到身上衣服对皮肤的接触和压力。实验表明，只要经过3秒钟，触压觉的感受性就下降到原始值的25%左右。温度觉的适应甚为明显，例如，用冷水洗澡时，开始觉得水是冷的，经过几分钟后，就不再觉得水冷了。相反，用手触摸热水，开初觉得水很热，慢慢地就不觉得热了。但要注意的是，对于特别冷或特别热的刺激，则很难适应甚至完全不能适应。痛觉的适应是很难发生的。例如，只要用针稍微扎一下，你马上就会感到痛。正是痛觉适应具有这一特点，才使它成为伤害性刺激的信号而具有保护作用。

感觉适应能力是有机体在长期进化过程中形成的。适应机制有助于人们精确地感知外界的事物，从而调整自己的行为。外界环境的变化幅度往往非常大，如在夜晚的星光下和白天的阳光下，亮度相差达百万倍，如果没有适应能力，人就不能在变化的环境中精确地分析外界事物，以做出较准确的反应。

(二) 感觉的相互作用规律

事物是互相联系、互相影响的。对某种刺激的感受性不仅取决于该刺激的性质，同一感受器接受的其他刺激以及其他感受器的机能状态，都会对这一刺激的感受性发生影响。同一感受器接受的其他刺激以及其他感受器的机能状态对感受性发生的影响叫作感觉的相互作用。感觉的相互作用有两种形式：一是同一感觉的相互作用；二是不同感觉之间的相互作用。

1. 同一感觉的相互作用

同一感觉的相互作用是指同一感受性中的其他刺激影响对某种刺激的感受性的现象。同一感觉相互作用的突出事例是感觉对比。感觉对比指感受器因接受不同刺激而产生的感受性发生变化的现象。这是同一感受器中不同刺激效应相互影响的表现。感觉对比包括同时对比和继时对比。

几个刺激物同时作用于同一感受器产生的对比现象称为同时对比。这在视觉中表现得很明显。视觉对比可分为无彩色对比和彩色对比。无彩色对比的结果是引起明度感觉的变化。例如，同样两个灰色小方块，一个放在白色背景上，一个放在黑色背景上，结果在白色背景上的小方块看起来比黑色背景上的小方块要暗得多，同时在相互连接的边界附近，对比特别明显。彩色对比的结果是引起颜色感觉的变化，而且是向着背景色的补色方向变化，例如，两个绿色正方形，一个放在蓝色背景上，另一个放在黄色背景上，结果放在黄色背景上的正方形看上去略带蓝色，放在蓝色背景上的正方形看上去略带黄色。在两色的交界附近，对比也特别明显。

不同刺激先后作用于感受器时，便产生继时对比。例如，吃了糖果后再吃苹果，会觉得苹果是酸的；吃了苦药之后，接着喝口白开水会觉得水有点甜味。凝视红色物体之后，再看白色物体，就会出现青绿色的后象等。

研究对比现象在现实生活中具有实践意义。在工业生产中，各种机器设备、工艺管道等的色彩设计，要考虑到对比现象。例如，机器设备的表面采用浅灰、浅蓝或浅绿色，可以用背景色调和，削弱对比，以减少视觉的疲劳。机器的重要操作部分采用淡黄色或白色，加强对比，便于识别，以提高工效。布置在角落中的设备、阀门、交通梯等，宜用明亮的色调，加强对比，便于识别，以免发生事故。

2. 不同感觉之间的相互作用

对某种刺激的感受性不仅取决于对该感受器的直接刺激，而且还取决于同时受刺激的其他感受器的状态。在一定条件下，各种感受器的机能状态都有可能相互影响、相互作用。不同感觉之间的相互作用指不同感受器因接受不同刺激而产生的感觉之间的相互影响，也就是说，对某种刺激的感受性会因其他感受器受到刺激而发生变化。不同感觉之间的相互作用的规律尚未揭示，但一般表现为对一个感受器的微弱刺激能提高其他感受器的感受性，对一个感受器的强烈刺激会降低其他感受器的感受性。例如，微弱的声音刺激可以提高视觉对颜色的感受性，强噪音会降低视觉的差别感受性。生活中，人们能体验到味觉和嗅觉的相互作用。例如，如果闭上眼睛，捏住鼻子，我们将分不清嘴里吃的是苹果，还是土豆。在噪声影响下，黄昏视觉的感受性会降低到受刺激前的20%，而轻微的肌肉动作或用凉水擦脸，可以使黄昏视觉的感受性提高。

不同感觉的相互作用还有一种特殊表现——联觉。联觉是指一种感觉兼有另一种感觉的心理现象。例如红色给人热烈的感觉，紫色给人高贵的感觉。

(三) 感觉能力发展的规律

人的感受性不是固定不变的。感受性的发展依赖于人们的生活条件和实践活动。在儿童时期，各种感觉能力没有明显的差异，但是，随着个体年龄的增长和生活实践的丰富，人的感受性会随之逐渐发展，不同的人之间的感受性呈现出极大的差异。由于社会实践活动的要求和熏陶，人的某种感觉的感受性会变得特别灵敏，有计划的训练也可以提高人的感受性。例如，专门研究黑色纺织品的技术员能辨别40种甚至60种黑色的色度，而小学生仅能区别出2～3种不同的色度；有经验的汽车司机根据发动机的声音能精确地判断故障发生部位；熟练的面粉工人凭借触觉能正确地评定面粉的品质。盲人、聋人由于丧失了视、听重要感觉通道，生活实践需要他们发挥其余的感觉功能以补偿缺失的感觉。例如，盲人由于不能用眼睛来了解这个世界，因而他们多依赖于听觉、触觉等来获得信息，于是，盲人的听觉、触觉比一般人要敏锐。

上述事实说明，人的感觉能力可以在生活中通过训练得到提高。一般来说，人们的各种感觉能力远未达到应有的发展高度。只要感觉器官健全，人们的各种感觉都有很大的发展可能性。

第二节 知觉

客观事物直接作用于感觉器官不仅可以产生感觉，还会引起知觉反映，也就是大脑会对直接作用于感觉器官的客观事物的整体属性进行反映。对于外在客观事物，不能仅仅停留在认识事物的部分，而要从全面、整体的角度去观察、认识。只有这样，人们才有可能形成对事物的正确认识，进而帮助人们对该事物做出正确反应。因此，学习、了解知觉的相关特性对指导人们的生活实际具有重要意义。

一、知觉概述

(一) 知觉的概念

知觉是人脑对直接作用于感觉器官的事物的整体属性的反映。

例如，对一个苹果的知觉是人脑对其颜色、味道、形状等许多属性的综合反映，需要味觉、视觉等多种感觉的协同活动。通过知觉，人们可以认识某个具有多种属性的事物整体，获得事物的完整印象。

在感觉阶段，呈现在人们面前的各种刺激是零散的、无序的；而到了知觉阶段，呈现在人们面前的各种刺激就是系统的、有序的。所以说，尽管知觉以感觉为基础，但是，知觉并不是个别感觉信息的简单总和。例如，呈现一个正方形，人们的感觉只会看到四条边，不可能发现这四条边的关系，当然也就不可能辨认出这是个正方形。而人们的知觉不仅会看到四条边，而且能够把握这四条边之间的关系，同时，提取头脑中储存的关于正方形的知识经验，最终辨认出这是一个正方形。

作为一种活动过程，知觉包含互相联系的3种作用：觉察、分辨和确认。觉察是指发现事物的存在，但不知道它是什么；分辨是指把一个事物或其属性与另一个事物或其属性区别开来；确认是指利用已有的知识经验和当前信息，确定当前事物是什么，给它命名，并且把它纳入一定的范畴。在知觉过程中，人们对事物的觉察、分辨和确认的阈限值是不一样的，一般而言，觉察的阈限值最小，而确认的阈限值最大。

（二）知觉与感觉的区别

知觉和感觉同属于认知过程的初级阶段，两者既有区别也有联系。

知觉与感觉的区别主要表现在以下方面。

(1) 反映对象不同。感觉反映客观事物的个别属性；知觉反映客观事物的整体。

(2) 产生过程不同。客观刺激物作用于感受器，经传入神经传到感觉中枢，最后产生感觉，这是感觉的产生过程。而知觉的产生过程是觉察、分辨和确认。

(3) 赖以产生的因素不同。感觉的产生条件是一定强度的客观刺激物和机能正常的分析器；知觉的产生主要依赖主体的知识经验。

（三）知觉与感觉的联系

知觉与感觉的联系主要表现在以下方面。

(1) 感觉是知觉的前提和条件，知觉过程的第一步是觉察，而觉察的实际意义是个体对某一客观刺激物的某个别属性产生感觉，同时，知觉产生所要提取的知识经验最初也是由感觉提供的。

(2) 两者同属于感性认识，感觉和知觉都是对直接作用于感觉器官的客观事物的反映，这种反映只能反映事物的外部属性，不能反映事物的本质特点。

(3) 两者密不可分，对于儿童和成人来说，不存在纯粹意义上的感觉，人们对客观事物的认识，往往第一步就是知觉，难以从知觉中分离出感觉。

二、知觉的分类

根据知觉时起主导作用的感官的特性，可以把知觉分成视知觉、听知觉、触知觉、嗅知觉、味知觉等，例如对物体的形状、大小、距离和运动的知觉属于视知觉；对声音的方向、节奏、韵律的知觉属于听知觉。在这些知觉中，除了起主导作用的感官以外，还有其他感觉成分参加，例如在视觉空间定向中，常常有听觉或触觉的成分参加；在物体形状和大小的视知觉中，有触觉和动觉的成分参加；在言语听知觉中，常常有动觉的成分参加。

根据人脑所认识的事物特性，可以把知觉分成空间知觉、时间知觉和运动知觉。空间知觉处理物体的大小、形状、方位和距离的信息；时间知觉处理事物的延续性和顺序性；运动知觉处理物体在空间的位移等。知觉的一种特殊形态叫错觉。人在出现错觉时，知觉的映象与事物的客观情况不相符。

（一）空间知觉

空间知觉反映事物的空间特性，包括形状知觉、大小知觉、深度知觉、方位知觉等。

1. 形状知觉

形状是事物最显著的属性。形状知觉是视觉、触觉和动觉协同活动的结果。通过视觉，人们得到了物体在视网膜上的投影形状；通过触觉和动觉，人们探索物体的外形。视觉、触觉和动觉的协同活动，提供了物体形状的信息。

(1) 轮廓与图形。图形可以定义为视野中的一个面积，它借助可见的轮廓从周围刺激中分离出来。因此，在图形中，轮廓代表了图形及其背景的一个分解面，它是在视野中邻近的成分出现明度或颜色的突然变化时出现的。

一个物体的轮廓，既受空间上邻近的其他物体轮廓的影响，如图 4-4 所示，难以在图中发现 3 个平行四边形，也受时间上先后出现的物体轮廓的影响，即轮廓掩蔽现象。如图 4-5 所示，如果在屏幕上先呈现一个圆形，持续时间为 20 毫秒，100 毫秒后，再在屏幕的同一位置呈现一个圆环，持续时间也为 20 毫秒，结果，我们只能看到一个圆环，圆形却消失不见了。这是因为呈现时间过短，圆形的轮廓尚未形成，因而被圆环所掩蔽，这种现象叫作轮廓的掩蔽，它说明人们在知觉物体形状时，轮廓的形成是需要时间的。当客观上不存在刺激的梯度变化时，人们在一片同质的视野中也能看到轮廓，这种现象叫作主观轮廓，如图 4-6 所示。

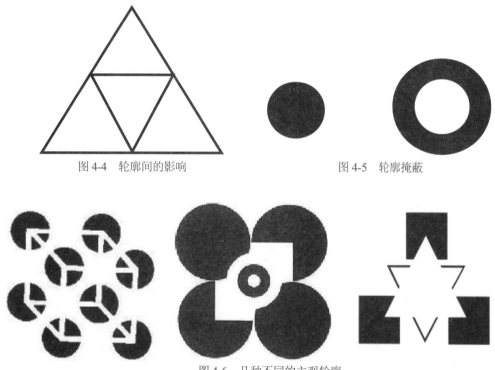

图 4-4　轮廓间的影响　　　　图 4-5　轮廓掩蔽

图 4-6　几种不同的主观轮廓

(2) 图形识别。人们利用已有的知识经验和当前获得的信息，确定知觉到的图形是什么形状，叫作图形识别，这是形状知觉中的高级阶段。图形识别不仅依赖当前输入的信息，而且依赖人们已有的知识经验。例如，给被试呈现一个正方形，被试必须依靠视觉来把握图形的四条边和四个直角以及发现四条边等长，同时还需要借助头脑中已有的关于正方形的知识，使输入的信息和已有的知识经验相匹配，最后才能判断出当前图形是一个正方形。

2. 大小知觉

(1) 大小—距离不变假设。根据常识，大的物体在网膜上的投影大，小的物体在网膜上的投影小。所以，网像大，说明物体大；网像小，说明物体小。但是，网像的大小还与物体到网膜的距离有关。距离远，同一物体在网膜上的投影小；距离近，同一物体在网膜上的投影大。概括地说，网像的大小与物体的大小成正比，与距离成反比，其关系可以用公式表示为

$$a=A/D$$

式中，a 指网像的大小，A 指物体的实际大小，D 指物体与视网膜(或眼睛)的距离。这个公式表明，在距离相等时，网像大，则物体大；网像小，则物体小。而在网像大小恒定时，距离大，则物体大；距离小，则物体小。也就是说，人们在知觉物体大小时，似乎不自觉地解决了大小与距离的关系，即

$$物体大小=网像大小×距离$$

这就是大小—距离不变假设，意即一个特定的网像大小说明了知觉大小和知觉距离的一种不变的关系。根据大小—距离不变假设，大小知觉既依赖网像的大小，也依赖距离的长短。

(2) 经验对大小知觉的作用。日常生活中，许多物体是人们所熟悉的。例如，一支铅笔大约长 16 厘米，一个茶杯大约高 12 厘米，某同学的身高大约为 180 厘米，等等。当物体距离改变时，虽然网像的大小随之改变，但经验使人们较准确地知觉到物体的实际大小。

3. 深度知觉

深度知觉包括距离知觉和立体形状知觉，与大小知觉相互制约。人们赖以产生深度知觉的线索有以下几类。

(1) 肌肉线索。人眼在观看物体时，随着距离的不同，眼部肌肉会有不同的变化。

① 调节。距离近时，睫状肌收缩，水晶体曲度变大；距离远时，睫状肌舒张，水晶体曲度变小，从而提供了距离信息。但是，调节作用对于深度知觉的贡献较小，它只在 1~2 米的范围内有效，而且准确性不高。

② 辐合。无论物体的距离远近，两眼的视轴总是汇聚到被注视的物体上，这就叫作辐合。物体近，辐合角就大；物体远，辐合角就小。根据辐合角的大小，人们也能获得距离信息。

(2) 单眼线索。单眼线索是只用一只眼睛就能感受到的深度线索。

① 线条透视。两条长的平行线在远处看起来有相交的趋势，就是线条透视。例如铁路，近处看起来宽，远处看起来窄，所以线条的宽窄就成了深度的信号。

② 空气透视。空气中存在灰尘、水蒸气等，越远的地方，被灰尘和水蒸气等挡住的机会越多，所以，远处的物体看起来模糊。因此，视像的模糊程度也可以成为距离的信号。

③ 运动透视。坐在行驶的火车上向外观看时，会发现近处的物体迅速地后退，而远处的物体则缓慢地前行，这就是运动透视。根据所观察到的物体的移动速度和方向，也能得出一定的深度线索。

④ 对象重叠。遮挡物位于被遮挡物之前。

(3) 双眼线索。就距离知觉而言，双眼看远处则两视轴较为平行，而看近处则两视轴势必相交。这种辐合既属于肌肉线索，也属于双眼线索。就立体知觉而言，两只眼对于一个立

体物得到的视像是有差别的,这就是双眼视差。例如,将自己的右手掌侧置于鼻子的正前方,闭左眼只用右眼看,会看到手背;若闭右眼只用左眼看,会看到手心。这说明两只眼睛所看到的内容是有差异的。这种双眼视差是双眼立体知觉的主要信号,再加上双眼辐合,就构成了双眼立体知觉的复合信号。

4. 方位知觉

方位知觉是指对物体的上下左右前后的知觉。人们的视觉、听觉、嗅觉、味觉和触觉等各种感觉通路都可以用作方位定向。视觉的方位定向主要依赖原始的参照物。例如,太阳升起的方向是东,落下的方向是西;位于自身左手一侧的物体在左边,位于右手一侧的在右边,面对的物体在前方,背后的物体在后方,等等。听觉的方位定向当然要依赖耳朵所提供的线索。人耳之所以能够确定声源的方向,是因为人的两只耳朵分别在头部两侧,中间相隔约27.5厘米,这样,同一声源到达两耳的距离不同,便产生了两耳刺激的时间差、强度差和位相差。这是人耳进行声音定向的主要因素。

(二) 时间知觉

时间知觉反映事物的时间特性,是对客观事物和事件的连续性与顺序性的知觉。

1. 时间知觉的形式

(1) 对时间的分辨。知道此时刻不是彼时刻,例如,能够分辨当前是早晨,不是中午,也不是晚上,这就是对时间的分辨。

(2) 对时间的确认。知道此时刻是此时刻,彼时刻是彼时刻,例如,现在是晚上九点,昨天是星期三,新中国成立于1949年,等等,这就是对时间的确认。

(3) 对持续时间的估计。知道从某一时刻开始,一直到另一时刻,总共经历了多长的时间。例如从上课开始一直到现在大约半小时了,就是对持续时间的估计。

(4) 对时间的预测。知道在未来的某一时刻做某事,例如,两个月后放暑假,3年后就毕业了,等等,都是对时间的预测。时间知觉与空间知觉不同。空间知觉是对事物的现在的各种空间属性的认识,而时间是不可逆的,所以,只能知觉过去发生过的事件,而不能知觉已经过去的时间。

2. 时间知觉的依据

因为只有在事件进行之后,才能对时间做出推论,所以,时间知觉必须通过各种媒介间接地进行。

(1) 自然界的周期性现象。太阳的升落、月亮的圆缺、四季的变化等周期性自然现象,为时间知觉提供了客观依据。例如,日出日落为一天,月圆月缺为一个月,从一个春季到下一个春季是一年,等等。

(2) 有机体的各种节律性活动。身体组织的节律性活动也叫生物钟,它给人们提供了时间的信息。例如,根据自己的饥饿感,判断现在大约是中午12点了;根据身体的疲倦程度,判断现在大约是凌晨1点了。

(3) 计时工具。借助先进的计时工具,如日历、钟表等,人们不仅可以准确地估计世纪、年、月、日等较长的时间,也可以准确地测量和记录极其短暂的时间。

3. 影响时间知觉的因素

(1) 感觉通道的性质。在时间知觉的准确性方面，听觉最好，触觉其次，视觉最差。例如，两个声音相隔 1/100 秒，人耳就能分辨，触觉分辨两个刺激物间的最小时距为 1/40 秒，视觉为 1/10～1/20 秒。

(2) 一定时间内事件的性质和数量。在一定时间内所发生的事件，性质越复杂，数量越多，当时人们就越倾向于把时间估计得较短；如果事件的性质简单、数量少，在当时人们就倾向于把时间估计得较长。在回忆往事时，情况恰好相反，同样一段时间，经历越丰富，人们在回忆时越觉得时间长；经历越单调，就越觉得时间短。

(3) 兴趣和情绪。如果人们正在做自己感兴趣的事情，就会觉得时间过得快，出现对时间的低估；如果正在做自己厌恶的事情，就会觉得时间过得慢，出现对时间的高估。考试时，由于情绪紧张，会觉得时间过得比平时快一些。

(三) 运动知觉

运动知觉反映事物的运动特性，与空间知觉和时间知觉密切相关。例如，对运动速度的知觉依赖于空间变动所经历的时间，同样的空间变动，经历的时间长，表明速度小；经历的时间短，表明速度大。

1. 真动知觉

真动即真正运动，是指物体按特定速度或加速度，从一处向另一处做连续的位移。对物体的真正运动的知觉称为真动知觉。

运动是相对的，运动知觉也是相对的。选择不同的参照物，人们产生的运动知觉会有所不同。例如，晚上，以云彩为参照物，会认为月亮在动；如果以月亮为参照物，会认为云彩在动。

运动知觉有阈限，对一个真正运动的物体能否产生真动知觉，取决于物体运动的速度。太慢的运动看不出来，例如我们能够发现手表上的秒针运动，但不能发现分针和时针的运动。物体的运动速度可以用单位时间内物体运动的视角(角速度)来表示，刚刚可以觉察的物体运动的角速度(弧度/秒)称为运动知觉的下阈，低于这个速度，人们只能看到相对静止的物体。同样，太快的运动也看不出来，例如，对于快速转动的电扇的叶片，人们不能产生真动知觉，只能看到弥漫性的闪烁，看到闪烁时的速度称为运动知觉的上阈。据荆其诚等人在 1957 年对中国人的测定发现，在两米距离时，运动知觉的下阈是 0.66 毫米/秒，上阈是 605.2 毫米/秒。

2. 似动现象

似动是指在一定的时空条件下，人们在静止的物体间看到了运动，或者在没有连续位移的地方看到了连续的运动。似动的主要形式包括以下几种。

(1) 动景运动。当两个刺激物(光点或直线等)按照一定的空间和时间间隔相继呈现时，会看到一个刺激物向另一个刺激物的连续运动，叫作动景运动。例如，给被试呈现两条线段，一条垂直，一条水平，当两线段呈现的时距低于 30 毫秒时，人们会看到两条线段同时出现；当时距超过 200 毫秒时，人们会看到两条线段相继出现；当时距为 60 毫秒左右时，人们会看到直线倒下来，如图 4-7 所示。动景运动也称最佳运动或 Phi 运动，电影电视就是根据动景运动的原理制作的，在逼真性方面，难以与真正的运动区分开来。

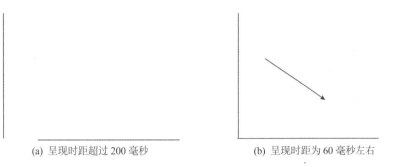

(a) 呈现时距超过 200 毫秒　　　　(b) 呈现时距为 60 毫秒左右

图 4-7　动景运动示意

(2) 诱发运动。由于一个物体的运动，使人对与之邻近的另一个物体产生运动的知觉，叫作诱发运动。例如，天上的太阳是相对静止的，而云彩是运动的。可是，由于云彩的运动，人们会看到太阳在动，而云彩是静止的。

(3) 自主运动。在暗室里，如果点燃一支熏香，注视熏香的光点，不久就能看到这个光点在游动，叫作自主运动。

(4) 运动后效。在注视一个运动的物体之后，如果将视线转向另一个静止的物体，就会看到这个静止的物体在朝相反方向运动。例如，注视瀑布以后，再看周围静止的树木，会觉得树木在向上飞升，这就是运动后效。

(四) 错觉

在空间知觉、时间知觉、运动知觉中，如果知觉没有正确地反映外界事物的特性，出现了某种歪曲，就叫作错觉。错觉可以定义为，在一定条件下，人们对客观事物的歪曲的、错误的知觉，例如，认为早晨和傍晚的太阳比中午的太阳大，就是错觉。

1. 错觉的种类

错觉的种类很多，常见的有大小错觉、形状和方向错觉、形重错觉、倾斜错觉、运动错觉、时间错觉等。其中大小错觉、形状和方向错觉有时统称为几何图形错觉。下面重点介绍这两种错觉。

(1) 大小错觉。人们对几何图形大小或线段长短的知觉，由于某种原因而出现错误，叫作大小错觉，包括以下几种。

① 缪勒—莱伊尔错觉，也叫箭形错觉。有两条长度相等的直线，如果一条直线的两端加上向内的两条斜线，另一条直线的两端加上向外的两条斜线，那么后者就显得比前者长得多，如图 4-8(a)所示。

② 潘佐错觉，也叫铁轨错觉。在两条辐合线的中间有两条等长的直线，结果上面一条直线看上去比下面一条直线长些，如图 4-8(b)所示。

③ 垂直—水平错觉。两条等长的直线，一条垂直于另一条的中点，那么垂直线看上去比水平线要长一些，如图 4-8(c)所示。

④ 贾斯特罗错觉。两条等长的曲线，包含在下半部分中的一条比包含在上半部分中的一条看上去长些，如图 4-8(d)所示。

⑤ 多尔波也夫错觉。两个面积相等的圆形，一个在小圆的包围中，另一个在大圆的包围中，结果前者显大，后者显小，如图 4-8(e)所示。

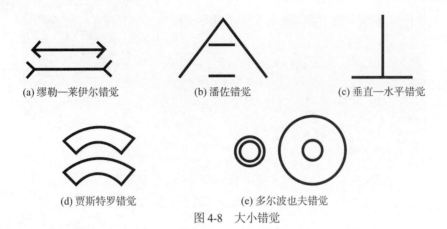

图 4-8 大小错觉

(2) 形状和方向错觉，包括以下几种。

① 佐尔拉错觉。一些平行线由于附加线段的影响而看上去不平行，如图 4-9(a)所示。

② 冯特错觉。两条平行线由于附加线段的影响而看上去中间变宽两端变窄，直线似乎弯曲了，如图 4-9(b)所示。

③ 爱因斯坦错觉。在许多环形曲线中，正方形的四条边略显弯曲，如图 4-9(c)所示。

④ 波根多夫错觉。被两条平行线切断的同一条直线，看上去不在一条直线上，如图 4-9(d)所示。

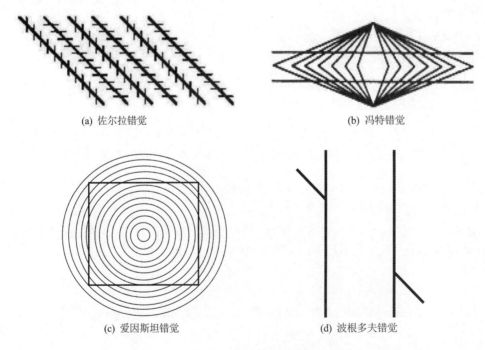

图 4-9 形状和方向错觉

2. 错觉的理论

人为什么会产生错觉呢？18 世纪以来，人们提出过各种各样的理论对错觉加以解释，直到今天，还没有一种理论能解释所有的现象。一般来说，对错觉有三种解释：第一种是把错觉归结为刺激取样的误差；第二种是把错觉归结为知觉系统的神经生理学原因；第三种是用认知的观点来解释错觉。下面从这三个方面来介绍一些有影响的错觉理论。

(1) 眼动理论。眼动理论认为，人们在知觉几何图形时，眼睛总是沿着图形的轮廓或线条做有规律的扫描运动。当人们扫视图形的某些特定部分时，由于周围轮廓的影响，改变了眼动的方向和范围，造成了取样误差，所以产生了错觉。根据这种理论，由于眼睛做上下运动比做水平运动困难一些，看垂直线比看水平线费力，所以垂直线看起来长一些，造成垂直—水平错觉。同样，由于看箭头向外的线段眼动距离大，而看箭头向内的线段眼动距离小，所以前者看起来长一些，造成缪勒—莱伊尔错觉。

眼动理论似乎有道理，但是，有些现象不能用这一理论解释。例如，用很快的速度呈现刺激图形，使眼动无法产生，人们也会出现大小错觉。后来人们提出了准备性假说，这种理论认为，错觉是由于神经中枢给眼肌发出的不适当的运动指令造成的，只要人们有这种眼动的准备性，即使眼睛没有实际的运动，错觉也要发生。但是，这种假设目前还没有得到充分的实验证明。

(2) 神经抑制作用理论。神经抑制作用理论认为，当两个轮廓彼此接近时，网膜内侧的抑制过程改变了由轮廓所刺激的细胞的活动，因而使神经兴奋的中心发生了变化，结果，人们看到的轮廓发生了相对位移，引起了形状和方向的错觉。

神经抑制作用理论强调了网膜水平上感受器的相互作用，但是忽视了错觉和神经中枢的融合机制的关系，所以，对于某些错觉现象也不能做出合理的解释。例如，在波根多夫错觉中，如果给一只眼睛呈现倾斜线，给另一只眼睛呈现两条平行线，人们仍然能够产生错觉，则无法用这个理论加以解释。

(3) 深度加工理论。深度加工理论认为，错觉具有认知方面的根源。大小知觉取决于网像和距离，人们在知觉物体的大小时，如果错误地应用了深度线索，就会产生错觉。以潘佐错觉为例，由于两条辐合线提供了线条透视，人们会认为上面的线段比下面的线段更远一些，而它们的网像相等，根据大小—距离不变假说，人们就会把"远处"的线段知觉为较长一些。

深度加工理论的影响很大，但是也无法解释某些事实。例如，在图 4-10 中，两线段的长度相等，根据深度加工理论，由于有 4 个圆所提供的深度线索，应该认为上面的线段长，但是，人们没有产生潘佐错觉，而是产生了与缪勒—莱伊尔错觉相类似的错觉，认为下面的线段长。

图 4-10 对深度加工理论的挑战

3. 研究错觉的意义

首先，研究错觉具有重要的理论意义。错觉虽然奇怪，但并不神秘。错觉的产生，既有客观原因，也有主观原因。研究错觉的成因有助于揭示正常知觉的规律。

其次，研究错觉具有重要的实践意义。从消极方面来看，有助于消除错觉对人类实践活动的不利影响。例如,飞机在大海的上空飞行时,由于水天一色,有时会不能区分上下,容易产生"倒飞",从而出现事故。搞明白错觉的成因,在训练飞行员时就可以有的放矢,积极避免事故的发生。从积极方面来看,可以利用某些错觉为人类服务。例如,利用缪勒—莱伊尔错觉,把衣领竖起来,可以使脖子显得短一些;利用多尔波也夫错觉,眼镜框小一些,会使眼睛显得大一些,等等。

三、知觉的特征

(一) 知觉的选择性

知觉的选择性是指人们能迅速地从知觉背景中选择知觉对象。人的生活环境是丰富多彩的,每时每刻都会有大量信息作用于个体,由于信息通道的局限性等原因,个体只能选择对其有意义的刺激作为知觉对象,而把其余的刺激当作背景,从而使知觉对象能得到清晰的反映,而对背景只能得到较为模糊的印象。例如,教师写板书时,黑板上的字便成为学生知觉的对象,而附近的墙壁、挂图便成为背景。而在教师讲挂图的时候,挂图便成为知觉对象,黑板上的字便成为背景了。可见,知觉中的对象与背景是相对的,是可以相互转换的,哪些事物成为知觉对象,哪些成为背景,随知觉任务的变化而变化。在一种情况下作为知觉对象的刺激物,在另一种情况下便成为知觉的背景,而原先是背景的刺激物,反倒成为知觉对象,如图4-11和图4-12所示。

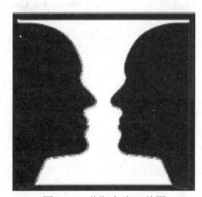

图4-11 花瓶人头双关图

图4-12 少女老妇双关图

从知觉背景中分离出知觉对象,受下列因素的影响。

1. 刺激物本身的特点

(1) 强度大而对比明显的刺激物容易成为知觉的对象,如强的光线、大的声音、黑板上的粉笔字等都容易成为知觉的对象。

(2) 在空间上邻近、连续,形状上相似的一组刺激物容易成为知觉的对象。

① 邻近性。在其他条件相同时,空间上彼此接近的部分容易组成图形,如图4-13所示。

图4-13 知觉的邻近性

② 连续性。具有良好连续性的几条线段容易组成图形，如图 4-14 所示。
③ 相似性。视野中相似的成分容易组成图形，如图 4-15 所示。

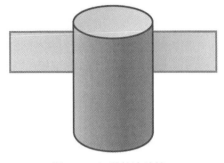

图 4-14　知觉的连续性

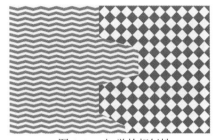

图 4-15　知觉的相似性

(3) 在相对静止的背景上运动着的物体容易成为知觉对象。

2. 知觉者的主观因素

知觉者的需要、动机、兴趣、爱好、知识经验、目的、任务等都是知觉对象从背景上分离出来的重要条件。例如，一位校长事先就断定某教师不能很好地组织教学活动，一次，当他进入该教师的课堂时，尽管只有一名同学在玩，其他同学都在专心学习，结果他却只注意了这一名正在玩的同学。

(二) 知觉的整体性

知觉的整体性是指当刺激不完备时，知觉者仍然保持完整的认识。知觉对象是由许多部分组成的，各部分具有不同的特征，但是人们并不把对象知觉为许多个别的孤立部分，而总是把它知觉为一个整体。例如，图 4-16 仍会被知觉成一个三角形。

知觉之所以具有整体性，是因为客观事物对人来说是一个复合的刺激物。由于过去经验的参与，大脑对来自感官的部分信息进行加工时，就会利用已有经验加以补充整合，把事物知觉为一个整体。

图 4-16　知觉的整体性

组成事物整体的各个部分和属性，对整体的作用并不都是一样的，其关键性部分对知觉的整体性起决定作用。例如漫画家作画，只要抓住了事物的特点和关键部分，不管画的比例正确与否，线条粗细如何，人们一眼就能看出画的是什么东西，反映什么内容。

(三) 知觉的理解性

根据已有的知识经验对感知的事物进行加工处理，并能用语言将它揭示出来的特性称为知觉的理解性。例如，当人们走进教室的时候，粗略一看就能把桌子、椅子等物体区别开来，在这里，并不是按照物体距离的远近或形状、颜色等的相似去区分知觉对象。尽管一条桌腿可能与其他椅子的几条腿很接近，桌和椅的颜色、形状也可能很相似，但是，人们不会把桌子的腿与椅子的腿组合在一起作为知觉对象，而是把同一桌子的几条腿和桌面组合成一个完整的知觉对象。

知觉的理解性受多种因素的影响，如个人的知识经验、言语的指导、实践活动的任务和对知觉对象的态度等。

1. 个人的知识经验

个人对知觉对象的理解是以过去已有的知识经验为前提的。例如，人们之所以能将桌子和椅子很快地区别开，是由于人们过去反复感知过桌子和椅子，从而积累了丰富的经验。如果人们对感知的事物没有任何经验，知觉完全可能成为另外一个样子。另外，知识经验的参与会使人们对知觉对象的理解更深刻、更精确，并能提高知觉的速度。

2. 言语的指导作用

言语可以提示知觉的方向，明确知觉的内容。言语越丰富、越生动、越形象，对知觉对象的理解也就越深刻、越广泛。言语的指导可以唤起人们已有的经验，有助于对知觉对象的理解。

3. 实践活动的任务

在有明确任务的实践活动中，知觉服从当前的活动任务。人们根据当前的任务，从背景中分离出所要知觉的对象，并对它有所理解，于是，对象也就被知觉得比较清晰和深刻。由于人的活动任务的不同，对同一对象可能产生不同的知觉。在生活中，经常遇到一些事物，因为当时活动的任务并不要求去认识它们，所以，对它们的印象是模糊的。例如，人们在行走途中看到许多事物，但不一定知道它们是什么。

4. 对知觉对象的态度

一个人在知觉中采取的态度对于知觉对象的理解有很大影响。对知觉对象的态度取决于知觉对象是否符合个人的需要、兴趣和活动任务，同时，也与知觉主体当时的情绪状态有关。例如，若对知觉对象采取消极的态度，就不能深刻地知觉它。若对知觉对象发生兴趣或抱有积极、主动的态度，就能加深理解而获得清晰、完整的知觉。因此，同一知觉对象，由于知觉主体态度的差异而产生不同的知觉效果。

(四) 知觉的恒常性

当知觉条件在一定范围内发生改变的时候，知觉映像仍然保持相对不变，这就是知觉的恒常性。由于知识经验的参与，人的知觉并不因知觉的物理条件(如距离、亮度等)的变化而改变。知觉的恒常性主要表现在如下几个方面。

1. 亮度恒常性

物体的亮度取决于它的反射率。反射率大的，看起来亮；反之，则暗。煤块和粉笔的反射率不同，看上去粉笔总比煤块亮。若把粉笔放在暗处，把煤块放在光亮的地方，人们仍会认为粉笔比煤块亮，即知觉不受外界光亮条件的影响，保持对物体亮度知觉的恒常性。

2. 大小恒常性

在视觉中，同一物体距离人们越远，在视网膜上形成的物像越小，但当人们走进远处的物体时，并不觉得这个物体越来越大，即人们的知觉并不随物体在视网膜上成像的大小而变化，而是保持大小恒常。

3. 形状恒常性

从不同角度观察同一物体时，物体在网膜上投射的形状是不断变化的。但是，我们知觉到的物体形状并没有显出很大的变化，这就是形状的恒常性。图4-17所示是一扇从关闭到敞开的门，尽管这扇门在视网膜上的投影形状各不相同，但看上去都是长方形的。

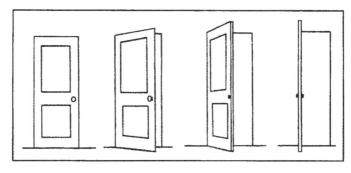

图4-17　形状恒常性

4. 声音恒常性

飞机飞得很高时，声音很小，可能比蚊子在耳边飞的声音还小，但人们总会认为飞机的声音大，即保持对声音知觉的恒常。

第三节　观察

感知觉是人们认识客观事物的开端，除此之外，还有一种知觉的特殊形式——观察，也有助于人们的认识活动。观察比一般知觉有更深的理解性，其中还有思维的参与，在人们认识和改造世界的所有领域中都起着重要的作用。观察力是智力的一个组成部分，对学生观察力的培养也是教学中的一项重要任务。

一、观察概述

观察是在感知觉的同时，通过积极的思维，有目的、有计划、较持久地认识事物的方法，基本特点是主动性、理解性和持久性。观察不是走马观花，走马观花以任意而为、不求甚解为特征，观察则是有目的、有计划的，通过观察，人们要弄清楚当前事物是什么，有什么特点，为什么有这个特点，将来会有什么发展等，而且由于思维的参与，观察所获得的感性认识是比较系统的。例如，球迷和教练看同一场足球比赛，球迷欣赏球员的精彩表现，要求球赛要好看；而教练通过观察两支球队的表现，从而对两支球队的实力和所擅长的打法等做出判断，并以此为根据，制定出与他们作战的方案。

观察是求知的雷达。在科学研究、艺术创作，以及日常学习和工作中，观察都具有重要的作用和意义。一切科学发现都是建立在周密、精确、系统的观察基础之上的。巴甫洛夫十分重视观察，根据他的建议，苏联科学院巴甫洛夫生理研究所的建筑物上写着他的题词：观察、观察、再观察。达尔文在总结自己的成就时曾说："我没有突出的理解力，也没有过人的机智，只是在观察那些稍纵即逝的事物，并对其进行精确观察的能力上，我可能在众人之上。"

瑞士著名心理学家皮亚杰对心理学的贡献也是他进行大量观察的结果。

观察力就是观察的能力，是智力结构的组成部分，是分辨事物细节，把握事物整体，发现事物典型与不典型的、显著与不显著的特征的能力。

观察力是在经常观察的基础上逐渐发展起来的。长期、系统的观察和训练，可以使观察力从不稳定的、间断的表现，转变为稳定的、经常的表现，这种表现逐渐形成了带有个性特点的观察力。求知欲是发展观察力的重要基础，知识经验是发展观察力的重要条件。具有敏锐、深刻观察力的人，往往能从平常的现象中发现不平常的东西，从表面上貌似无关的东西中发现相似点和因果关系。例如，牛顿观察苹果落地发现了万有引力，巴甫洛夫观察狗流唾液发现了条件反射，等等。

二、观察的品质

良好的观察应该具有下列品质。

(1) 客观性。良好的观察应该实事求是地去知觉事物的本来面目，要正确、如实地反映客观事物，防止主观经验的消极影响。客观性是观察的基本特性。

(2) 动态性。事物总是发展变化的，所以不能用静止的观点来对待事物。随着事物的发展变化，要随时改变观察的角度、重点和方法。

(3) 创造性。良好的观察应该能够在别人习以为常的现象中发现新问题。例如，在发现青霉素之前，许多细菌学家都看到了同类现象，但是他们习以为常，只有弗莱明在别人习以为常的现象中发现了青霉素的存在，这说明弗莱明的观察具有创造性。

(4) 全面性和精细性。观察时要全面、仔细，既要把握事物的整体，也不能遗漏细节，既要见到森林，也要见到树木。

(5) 准确性与敏锐性。良好的观察应该能够迅速发现事物的重要品质，要能辨别事物之间的差别，而且要能抓住稍纵即逝的现象，因为这类现象往往对整个事物的发展起着承前启后的作用。

三、观察力的培养

人的观察力是在观察实践中发展起来的。培养观察力，主要是在观察实践中培养良好的观察品质。

(一) 明确观察目的，端正观察态度

组织观察活动时，要明确观察的目的。例如，组织学生去工厂参观，就要提前告诉学生是为了写作去体验生活，还是为了学习某个物理学理论去寻找事实根据。到大自然中去观察，就要提前告诉学生是为了欣赏祖国的大好河山，进行爱国主义教育，还是为了学习地理课上的某个知识点。明确了观察目的，观察时就会有所侧重，可以防止盲目观察。

观察的态度也要端正。观察时，不能仅凭自己的兴趣去观察，在观察过程中，要时刻注意这次观察的目的和任务，要经得起成功和失败的考验。

(二) 形成浓厚的观察兴趣

兴趣是最好的老师。一个人对某件事物有了浓厚的兴趣，就会愿意付出较多的时间和精

力去了解它，就会津津有味地进行细致的观察；如果没有兴趣，在观察时往往会敷衍了事，最后只能获得肤浅的印象。

要培养观察兴趣，最好采用设置问题的方法，让观察者带着问题去观察。

(三) 制订观察计划

在观察前，应该根据观察的目的，制订周密的计划，计划的重点是规定详细的观察步骤。这样在观察时，就可以按照计划一步步地进行，不至于遗漏重点。如果没有观察计划，所谓观察就成了随意的浏览，最终只能获得杂乱无章的印象。

(四) 准备相关知识

知识经验是发展观察力的重要条件。观察者所具有的关于观察对象的知识越丰富，观察就会越深入。例如，带领学生去动物园观察老虎，如果学生事先预习了猫科动物的相关知识，有相对充分的理论准备，观察的效果就好。如果观察前毫无知识准备，观察的效果就会受影响。

(五) 掌握观察技能

(1) 选择适当的观察顺序。根据不同的观察对象和观察目的，选择不同的观察顺序，可以采取整体—部分—整体的顺序，或者采取部分—整体—部分的顺序。

(2) 多角度观察。要从不同的角度去观察一个事物，才能认清它的真实面目。有时，从另一个角度对自己所探索的领域进行观察，反而可以看到自己埋头于这个领域时所看不到的东西。例如，魏根纳是一个气象工作者，他在观察地图时，把大陆板块看作天上的浮云，于是提出了著名的"大陆漂移说"。

(3) 多感官观察。在观察时，不仅要看、要听，还要摸、要闻，这样才可以有效地提高观察力，全面把握观察对象的各种属性。

除此之外，培养观察力时，还应教育观察者随手写观察记录，边观察边思考等。

第四节　感知规律及其应用

了解感知觉的发展特性后，如何更好地运用感知规律，提高教育、教学质量，促进学生身心的健康发展则成为教育者们应当重点关注的问题。

一、感知规律

(1) 强度律，指作为呈现知识的直观对象(实物、模像或言语)必须达到一定的程度，才能被学生清晰感知。

(2) 差异律，指呈现对象与背景之间的差异越大，越容易将对象从背景中区分开来。

(3) 活动律，指活动的对象比静止的对象更容易感知。

(4) 组合律，指时间、空间上连续、接近，形状上相同，颜色一致的事物，容易构成一个整体被学生感知。

二、感知规律在教学中的应用

（一）根据学习任务的性质，灵活运用实物、模像、言语直观方式

教学中，将实物、模像和言语三种直观方式综合使用，教学效果会更理想。言语在前，对知识的学习起到提示和启发的作用；也可将言语与具体形象结合同时进行，对重点知识进行讲解与补充，便于学生多角度观察；具体形象在前，言语在后，可以对知识起到概括、总结的作用。

（二）运用知觉的组织原则，突出直观对象的特点

在教学中，教师应按照知觉的组织原则组织教学，提高学生的感知效果。

(1) 教学中，教师讲述的音量不要太低，否则学生听不清。音量也不要太高，太高、太强烈的刺激会引起疲劳，导致教学效果降低，应保持直观映像的强度性。

(2) 教师的板书设计应该重点突出，一目了然，维持对象与背景的差别性。

(3) 运用直观教具目的明确，呈现时机适当，间隔距离得当，保持直观印象的整体性。

(4) 尽量采用活动性的教具，如现代化的教学设备，让静态教学变为动态教学。

(5) 应从不同角度、不同方面变换教学方式，分解观念，区分本质与非本质特性。运用多种感官协同帮助学生形成正确的知觉。

（三）教会学生观察方法，养成良好的观察习惯

观察是知觉的特殊形式，比一般的知觉有更深的理解性，是一切知识的门户，在人类认识和改造世界的一切领域中，它起着重要作用。

（四）让学生充分参与直观过程

由于科学知识归根到底要通过学生头脑的加工才能掌握，因此在直观教学中，应激发学生主动、积极参与的热情。

知识链接

感觉剥夺实验

首例以人为对象的感觉剥夺实验是由贝克斯顿(Bexton)、赫伦(Heron)、斯科特(Scott)于1954年在加拿大麦克吉尔大学的实验室进行的。被试者是自愿报名的大学生，每天的报酬是20美元，当时大学生打工一小时可以赚50美分，所以大学生都极其愿意参加这个实验。实验的内容是这样的：为了营造出极端的感觉剥夺状态，实验者把被试者关在有隔音装置的小房间里，让他们戴上半透明的保护镜以尽量减少视觉刺激。接着，又让他们戴上木棉手套，并在其袖口处套了一个长长的圆筒。为了限制各种触觉刺激，又在其头部垫了一个气泡胶枕，同时用空气调节器的单调嗡嗡声限制他们的听觉。除了进餐和排泄以外的其他时间，实验者都要求被试者躺在床上，如图4-18所示。可以说，这是一个所有感觉都被剥夺

的状态。

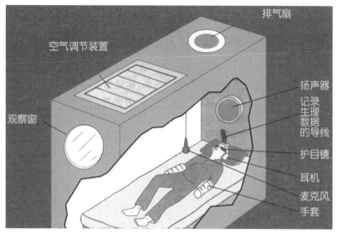

图 4-18　感觉剥夺实验场景

实验前，大多数被试者认为能利用这个机会好好睡一觉，或者思考论文、课程计划。但后来报告说，自己对任何事情都不能进行清晰的思考，哪怕是在很短的时间内。他们不能集中注意力，思维活动似乎"跳来跳去"的。感觉剥夺实验停止后，这种影响仍在持续。

几乎没有人能在这项感觉剥夺实验中忍耐 3 天以上。最初的 8 小时还能撑住，之后，被试者有的吹口哨，有的自言自语，显得有点烦躁不安。对于那些 8 小时后结束实验的被试者，实验结束后，他们即使做一些简单的事情也会频频出错，精神也集中不起来了。

实验持续数日后，人会产生一些幻觉，其中大多数是视幻觉，也有被试者有听幻觉或触幻觉。视幻觉大多在感觉剥夺的第 3 天出现，如光的闪烁，又如看到大堆老鼠行进的情景。听幻觉包括狗的狂吠声、警钟声、打字声、警笛声、滴水声等。触幻觉包括感到冰冷的钢块压在前额和面颊，感到有人从身体下面把床垫抽走。当实验进行到第 4 天时，被试者出现了双手发抖、不能笔直走路、应答速度迟缓，以及对疼痛敏感等症状。实验结束后，实验者对被试者继续进行追踪调查，发现被试者需要 3 天以上的时间才能恢复正常状态。

通过这个实验得到这样一个结论：大脑的发育和人的成长、成熟是建立在与外界环境广泛接触的基础上的。只有通过社会化的接触，更多地感受到和外界的联系，人才可能更多地拥有力量，更好地发展。丰富、多变的环境刺激是有机体生存与发展的必要条件，人的身心要想在正常的状态下持续工作，就需要不断从外界获得新的刺激。

所谓感觉剥夺，指有机体与外界环境刺激处于高度隔绝的特殊状态。此时，外界的声音刺激、光刺激、触觉刺激都被排除，几天后，有机体会发生某些病理心理现象。感觉剥夺现象在特殊环境下的人员身上时有发生，如沙漠远征的人、流落孤岛的海上遇难者。

心理测试

感知觉是认知活动的初级形式，是一切高级、复杂心理活动的基础，所以正常的感知觉活动对个体的身心发展是必不可少的。但对于脑损伤和发育迟缓者来说会发生感觉失调障碍，有研究者就提出可通过感知觉训练来改善感知觉能力以更好地进行日常生活、学习等。感知觉训练纲要如表 4-2 所示。

表 4-2　感知觉训练纲要

分类	内容	重点	说明
视觉	1. 视线集中 2. 目标追踪 3. 事物辨识 4. 事物记性及重整	★ 集中视线 ★ 运用视觉追踪目标 ★ 运用视觉辨别事物 ★ 运用视觉记忆重整事物	
听觉	1. 听觉集中 2. 声音辨别 3. 声音记忆及事物重整	★ 集中听觉 ★ 运用听觉辨别声音 ★ 运用声音记忆重整事物	
味觉	1. 不同味道的识别 2. 食物特质的识别	★ 识别不同的味道 ★ 凭口腔的感觉识别食物的特质	
嗅觉	1. 不同气味的辨别 2. 嗅觉和味觉的关系	★ 凭嗅觉辨别气味 ★ 认识嗅觉和味觉的关系	
触觉	1. 不同感觉的识别 2. 物体的识别 3. 身体不同感觉的辨别	★ 识别不同的触觉感觉 ★ 用触觉去识别物体外形 ★ 辨别身体不同的感觉	

复习思考题

1. 什么是感觉？感觉在人类的生活和工作中有什么意义？
2. 试分析感觉阈限与感受性之间的关系。
3. 什么叫色觉的拮抗色理论？它与传统的色觉理论有什么联系和区别？
4. 试说明明适应与暗适应的特点及机制。
5. 肤觉在人类生活中有什么重要意义？
6. 什么是知觉？
7. 分析感觉与知觉的关系。
8. 简述深度知觉的线索。
9. 简述时间知觉的依据和影响因素。
10. 什么是似动现象？
11. 简述错觉的理论。
12. 简述知觉的基本特征。
13. 什么是观察？观察的品质是什么？如何培养观察力？
14. 简述如何将感知规律运用于教学？

第五章

记　忆

案例导入

记忆的捕鼠器实验

学者 Ceci 等人设计了一个实验，向从没去过医院急诊室的孩子反复询问一个问题：在你们的生活中有没有发生过类似去急诊室的事件？开始，孩子们准确地报告说他们没有去过急诊室，但是在第三次实验后（自从被试者中的一个小孩报告说，他的手被捕鼠器夹着送到了医院之后），这些孩子们开始报告说他们去过医院急诊室，有的甚至还能说出详细的故事经历。这一实验被称为记忆的捕鼠器实验。同学们请思考一下，没有人告诉孩子们错误的信息，经过反复地提问，为什么孩子们会臆想出自己没有经历过的事情？记忆到底是什么？记忆可信吗？生活中，我们应如何避免"假记忆"现象的发生呢？

本章提示

本章首先介绍记忆的一般概念，包括记忆的生理基础、不同类型的记忆等；然后详细说明记忆的过程：识记、保持和再现，特别考察了遗忘的几种原因、规律以及记忆规律在教学中的应用；最后介绍记忆品质和记忆力的培养。

记忆是最基本的认知过程之一。人们想要了解自己之前发生过的事情，学习过的知识，掌握过的技能，甚至体会曾经体会过的感受和情绪等，都需要依赖记忆。俄国生理学家谢切诺夫说过，一切智慧的根源都在于记忆，记忆是整个心理生活的基本条件。记忆将个体的先后经验联系起来，既丰富自己的知识，又影响自己的个性。

第一节 记忆概述

在日常的生活、学习和工作中，人们经常要调用头脑中储存的各种知识经验，例如，与朋友聊天时会谈论自己过去的见闻，解题时会用到某个公式，写文章时会引用自己熟知的诗句，这些见闻、公式、诗句，无一不是通过记忆储存在头脑中的。不积跬步，无以至千里，而跬步之积，功在记忆。

一、记忆的概念

记忆是人脑对经历过的事物的反映。所谓经历过的事物，是指过去感知过的事物，如见过的人或物、听过的声音、嗅过的气味、品尝过的味道、触摸过的东西、思考过的问题、体验过的情绪和情感等。这些经历过的事物都会在头脑中留下痕迹，并在一定条件下呈现出来，这就是记忆。

记忆是比感知更复杂的心理现象。感知反映当前直接作用于感官的事物，是对事物的感性认识。记忆反映的是过去的经验，它兼有感性认识和理性认识的特点。

记忆是一个复杂的心理过程，从"记"到"忆"包括识记、保持、再现三个基本环节。识记是识别和记住事物，从而获得知识经验的过程；保持是巩固已获得的知识经验的过程；再现就是在头脑中恢复过去经验的过程。记忆过程中的三个环节是相互联系和相互制约的。没有识记，就谈不上对经验的保持；没有识记和保持，就不可能再现。因此，识记和保持是再现的前提，再现又是识记和保持的结果，并能进一步加强识记和保持。

从信息加工的角度来看，记忆就是对信息的编码、储存和提取的过程，分别对应识记、保持和再现。

记忆是一种重要的认知过程。有记忆才能保持过去的经验，使当前的心理活动在以往经验的基础上进行，使认知更加全面和深入。没有记忆的参与，人的知觉和思维就不能顺利进行，我国北宋哲学家张载说过，"不记则思不起"。

人类具有惊人的记忆力，有些信息的保持时间也很长。一个90岁的老人，常常还能回忆起四五岁时的许多事情。巴金说过，有两百篇文章储存在他的脑子里。日本索尼电器公司职员友寄英哲能背诵圆周率的小数点后两万位。

自德国心理学家艾宾浩斯(Hermann Ebbinghaus，1850—1909)在1885年发表了他的实验报告后，人们就对记忆进行了大量的研究，获得了丰硕的成果。

二、记忆的生理基础

生理是心理的物质基础，记忆信息必定以某种生理形式储存在人脑中。

(一) 痕迹说

痕迹即刺激留下的印迹。塞蒙(R. Simon)和赫林(Heling)提出，记忆是保持痕迹的能力，是物质的普遍属性。记住一件事物时，脑的相应部位就有一个代表这个事物的痕迹存在，开始时这种痕迹具有电流的性质，很容易消失，以后经过多次强化，该部位就会发生结构上的变化，从而成为记忆的烙印。这种观点具有一定的道理，但太笼统，不能详细地说明记忆的生理机制。

(二) 反响回路说

反响回路即神经系统中皮层和皮层下组织之间存在的某种闭合的神经环路。当外界刺激作用于环路的某一部分时，该环路便产生神经冲动，并以电流的形式开始运动。刺激停止而这种电流并不立即停止，继续在回路中往返传递且持续一段时间。有人认为这种脑电活动的反响效应可能是短时记忆的生理基础。

(三) 突触结构说

突触结构的变化主要是指构成突触的神经元的轴突末梢增大、树突增多变长、突触间隙变窄、突触内发生生化反应等。在神经系统中，突触结构是比较稳定的，当某种环境刺激引起了突触结构的某种变化后，如果这种变化能够稳定地巩固在神经系统中，就意味着人"记住了"这种环境刺激。一般认为，突触结构的变化是长时记忆的生理基础，因为长时记忆并不依靠神经系统的持续活动来实现，神经系统活动的暂时中断不会导致记忆信息的丢失，如通过麻醉、冷却等方法使脑失去活动，但是当脑再一次重新恢复活动时，原来储存的信息还可以再现。

(四) 化学分子说

分子生物学研究发现了遗传信息的传递机制，即脱氧核糖核酸(DNA)借助核糖核酸(RNA)传递遗传密码，这使一些科学家认定，记忆是由神经元内的 RNA 分子结构来承担的。由学习引起的神经活动可以改变有关神经内部 RNA 的细微化学结构，如同遗传经验能够反映 DNA 分子的细微结构一样。美国生理学家科恩(Cohen)等人用 RNA 酶处理涡虫，消除了涡虫对已学会的某种行为的记忆。后来，瑞典神经生物化学家海登(H. Hyden)训练小白鼠走钢丝，发现它脑内神经细胞的 RNA 含量显著增加，其构成成分也有变化。根据这些发现，海登等人认为 RNA 和 DNA 是记忆的化学分子载体。也有人认为，记忆的痕迹就是 RNA。

(五) 神经细胞学说

莫斯科大学教授索科洛夫及其同事于 1982 年提出一种新的见解，认为神经元内部的变化可以解释神经系统的记忆能力。他们从蜗牛的神经系统中分离出单个的神经元，在适当的培养基中，神经元能保持兴奋性和自发的活动，用化学刺激或电刺激可以发现单个神经元具有条件反应的特性，这一反应最先发生在原来受刺激的地点。因此认为，突触的变化并非记忆痕迹的唯一模式，神经系统的信息加工可能包含神经元内记忆的形成。这一看法尚须更多的实验重复验证。关于记忆的生理基础的研究，还涉及神经递质、激素、神经肽等生化物质。目前这一领域的研究方兴未艾，逐步深入。

三、记忆表象

记忆表象是人脑中保存的过去感知过的事物的形象。

表象具有直观性。表象是感知留下的形象，所以它们都有直观性的特征。但是，由于此时客观事物不在面前，而是通过记忆回忆起来的，所以它所反映的通常仅是事物的大体轮廓和一些主要特征，没有感知时所得到的形象那样鲜明、完整和稳定。例如到过泰山的人对于泰山的形象是很清晰的，但总不如正在看见泰山时那样鲜明、完整和稳定。

有人在观察一件东西之后，在短时间内，可以形成异常鲜明的表象，这类表象称为遗觉象，是由德国心理学家颜许(E. R. Laensch, 1883—1940)首先发现的，常见于儿童。我国心理学家林传鼎等人的研究表明，我国儿童遗觉象的出现频率为 22%～33%。有人认为，遗觉象就其性质来说是一种视觉，而非记忆功能，具有遗觉象的儿童的长时记忆并不比其他儿童好。

表象具有概括性，它反映同一事物或同一类事物在不同条件下所经常表现出来的一般特点，并不是某一次感知的个别特点。例如，多次感知泰山，每次的具体条件不同，产生的是不完全相同的具体知觉形象。在人们头脑中的泰山的表象，并不是某一次的具体知觉形象，而是在多次知觉基础上产生的概括形象，它反映泰山经常表现出来的那些特点。表象的概括性和思维的概括性不同，一般来说，表象所概括的是事物的显著特征或常见特征，而思维所概括的是事物的本质特征。

根据概括性的不同，记忆表象可以区分为单一表象和综合表象。单一表象是头脑中关于某一个具体事物的表象，例如浮现在脑海中的小学一年级班主任老师的音容笑貌；综合表象是头脑中关于某一类具体事物的表象，例如头脑中的老师的形象，就是概括了自己感知过的众多老师的形象而形成的。

表象的直观性和概括性是密切联系在一起的。从表象的直观性来看，表象和知觉相似；从表象的概括性来看，表象又和思维相似。但是，表象既不是知觉，也不是思维，而是介于知觉和思维之间的中间环节。利用表象的这个特点，可以使儿童更好地掌握知识和发展智力。例如，我国心理学工作者曾进行过幼儿园儿童的加减法计算的研究。开始，儿童只能按实物计算，不能作口算或心算。后来，研究者要求儿童先用实物计算，然后把实物遮起来，回想着实物进行计算，即利用表象计算，经过这个环节，儿童就能较快地进行口算或心算了。利用记忆表象，人们不仅可以实现感性认识向理性认识的飞跃，而且还可以调控自己的行为。

四、记忆的种类

记忆是人的各种心理活动在其神经组织，特别是大脑皮层上留下痕迹的过程，可以从各种角度按照不同标准对记忆进行分类。

(一) 按记忆内容分类

按照内容的不同，记忆可以分为形象记忆、语词逻辑记忆、情绪记忆和运动记忆。

(1) 形象记忆。形象记忆是以感知过的事物形象为内容的记忆。这种记忆保存了事物的感性形象特征，具有显著的直观性特点，与形象思维密切联系。

(2) 语词逻辑记忆。语词逻辑记忆是以概念、判断、推理等形式对事物的关系以及事物本身的意义、性质等为内容的记忆。对学过的知识、概念、原理、公式等的记忆属于这类记忆。语词逻辑记忆是人类特有的记忆，是个体保存经验的主要形式，具有抽象性、概括性、逻辑性和间接性等特点，与抽象思维密切联系。

(3) 情绪记忆。情绪记忆是以个体体验过的某种情绪或情感为内容的记忆。一朝被蛇咬，十年怕井绳，就属于情绪记忆。这种记忆往往是一次形成后经久不忘，并且会影响个体当前的情绪。

(4) 运动记忆。运动记忆是以操作过的动作、运动、活动为内容的记忆，如对学过的游泳动作、体操、某种习惯动作等的记忆。运动记忆和形象记忆是不同的，形象记忆以视、听、嗅、味等外部感觉为基础，而运动记忆以运动觉为基础。运动记忆在个体发展过程中比其他各种记忆发展得早，是人获得言语，掌握和改进各种生活技能的基础。

上述四种类型的记忆是互相联系的，实践中，可依据活动的性质和内容，以某种内容的记忆为主要形式，同时增加其他内容的记忆，取长补短，发挥记忆的最佳效果。

(二) 按记忆目的分类

按有无目的，记忆可以分为无意记忆和有意记忆。

(1) 无意记忆。无意记忆是没有预定目的，也不采用专门的方法，自然而然发生的记忆。有趣的故事、书刊、影视内容等都可轻松地记住，这类现象就属于无意记忆。人们大量的生活经验、行为方式都是通过无意记忆积累的，无意记忆在人适应环境的过程中具有重要意义。然而，通过无意记忆积累的经验具有片面性和偶然性，它不能满足特定任务的要求，因此不是个体积累知识经验的主要记忆形式。

(2) 有意记忆。有意记忆是有明确记忆目的并采取相应记忆方法和努力的记忆。学生学习科学知识时，有意识地识记和保持所学的内容，通过背诵、练习有关的概念、公式等，在应用或考试时有意识地把它们再现出来，以解决当前的问题，这就是有意记忆。有意记忆是人获得系统科学知识、完成特定任务和积累个体经验的主要记忆形式。

(三) 按记忆信息保持时间和编码方式分类

按信息保持时间和编码方式的不同，记忆可以分为瞬时记忆、短时记忆和长时记忆。美国心理学家阿特金森(R. C. Atkinson)最早提出记忆有三种信息储存系统，即感觉记忆(sensory memory)、短时记忆(short-term memory)和长时记忆(long-term memory)。每个系统又是对信息进行加工的一个阶段，所以，这种分类也称作记忆的三级信息加工模式或三个记忆阶段。

1. 感觉记忆

感觉记忆是指客观刺激物停止作用后，它的印象在人脑中只保留一瞬间的记忆。就是说，刺激停止后，感觉印象并不会立即消失，仍有一个极短的感觉信息保持过程，但如果不进一步加工的话，就会消失。感觉记忆的最明显的例子是视觉后像。

感觉记忆又叫瞬时记忆、模像记忆或感觉储存阶段。在感觉记忆中，信息是未经任何加工的，是按刺激原有的物理特征编码的。例如，视觉性刺激通过眼睛登记在图像记忆中；听觉性刺激通过耳朵登记在音像记忆中。感觉记忆以感觉痕迹的形式保存下来，具有鲜明的形象性。感觉记忆的容量较大，它能在瞬间储存较多的信息。感觉记忆内容保存的时间很短，据研究，视觉的感觉记忆在1秒钟以内，听觉的感觉记忆在4~5秒钟。

在感觉记忆中呈现的材料如果受到注意，就转入记忆系统的第二阶段——短时记忆；如果没有受到注意，则很快消失。

2. 短时记忆

短时记忆是指记忆的信息在头脑中储存、保持的时间比感觉记忆长些，但一般不超过一分钟的记忆。例如，通过114查到需要的电话号码后，马上就能根据记忆拨出这个号码，但打完电话后，刚才拨打过的电话号码就忘了，这就是短时记忆。听课时边听边记下教师讲课的内容，也是依靠短时记忆。

实验表明，短时记忆的容量大约是 7±2 个组块。组块就是记忆的单位。受个体知识经验的影响，组块的大小是不固定的，它可以是一个或几个数字、一个或几个英文字母，也可以是一个词、一个短语、一个句子。例如，呈现数字 28459638585196 给一个人，让他听一遍或读一遍之后立刻回忆，只能回忆起 5~9 个数字。但如果把该数字分成四组 2845、963、8585、196 呈现给被试，就很容易使这 14 个数字保持在短时记忆中，使记忆容量扩大。由此可见，短时记忆的容量尽管以组块为单位是有限的，但是如果组块足够大的话，个体仍然能够记住大量的信息。以字母为组块，个体只能记住 5~9 个字母；以单词为组块，只能记住 5~9 个单词，但是这就包含了几十个字母；以句子为组块，只能记住 5~9 个句子，但是这就包含了几十个单词，或者几百个字母。组块化提供了可超越短时记忆存储空间的一种手段。对短时记忆的材料适当地加以组织，可在短时间内记住更多的内容。

研究表明，短时记忆倾向于对言语材料进行听觉编码。随着研究的深入，又进一步发现短时记忆还采用视觉编码与语义编码，并且短时记忆会受到声学上相似性的干扰。康拉德(Conrad)在实验中选用两组容易混淆的字母 BCPTV 和 FMNSX 为材料，发现记忆混淆经常发生在声音相似的项目间(如 S 和 X)。

实验表明，在没有复述的情况下，短时记忆的内容在 18 秒后，回忆的正确率就下降到 10%左右，大约 1 分钟之内就会衰退或消失。若加以复述、运用或进一步加工，短时记忆的内容就被输入长时记忆中。

3. 长时记忆

长时记忆是指信息在记忆中的储存时间超过 1 分钟，直至数日、数周、数年乃至一生的记忆。长时记忆的容量是没有限制的，它储存的信息保持时间长，可随时提取使用，与短时记忆相比，受干扰小。

长时记忆的信息是以组织的状态被储存起来的，主要以意义的方式对信息进行编码，进而整理、归类、储存并提取。

记忆的三种类型若按信息加工的理论来划分，它们的关系是：外界刺激引起感觉，其痕迹就是感觉记忆；感觉记忆中呈现的信息如果受到注意就转入短时记忆；短时记忆的信息若得到及时加工或复述，就转入长时记忆，如图 5-1 所示。

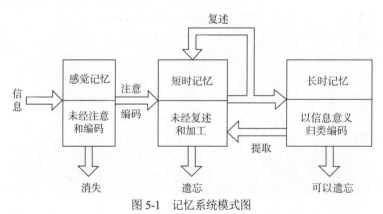

图 5-1 记忆系统模式图

(四) 按记忆是否受意识控制分类

按照是否受意识的控制，记忆可以分为内隐记忆和外显记忆。

1. 内隐记忆

内隐记忆(implicit memory)是指在个体未意识到的情况下,过去经验对当前作业产生的无意识的影响,有时也叫自动的无意识记忆。比如,很久以前学过的英语单词,现在写不出来,即不能有意识地回忆它们,但是用别的方法(如阅读再认法)可以证明个体现在对这些单词依然是有记忆的。问题在于不能用通常的测量外显记忆的方法进行测量,而要用一些特殊的方法把记忆内容分离出来,这是当代记忆心理学研究的一个重要突破。

2. 外显记忆

外显记忆(explicit memory)是指在意识的控制下,过去经验对当前作业产生的有意识的影响,它对行为的影响是个体能够意识到的,也叫受意识控制的记忆。研究认为,外显记忆与内隐记忆的主要区别是:加工深度(如对词语喜好度的评定、作业任务类型)的不同,深度加工能够显著提高外显记忆的效果,而对内隐记忆效果的影响并不大(Graf 等,1984);两者保持时间不同,内隐记忆随时间延长而发生的消退要比外显记忆慢得多;记忆负荷量的变化对两者影响不同,要记的项目越多,越不容易记住,这一规律仅适用于外显记忆,内隐记忆不受项目增加的影响(马正平、杨治良,1991;Roediger 等,1993);刺激呈现方式(感觉通道的改变)会严重影响内隐记忆的作业效果,而对外显记忆效果没有影响(Jacoby 等,1981;马正平、杨治良,1991);外显记忆很容易受到其他无关信息的干扰,内隐记忆则有所不同,干扰词对外显记忆的成绩影响较大,而很少影响内隐记忆的成绩(陈世平、杨治良,1991)。

上述四种分类标准是相对的,它们既相互联系又相互影响。任何一种记忆都可以是上述四种分类之中的某一种,例如,小学生背诵乘法口诀,既是语词逻辑记忆,也是有意记忆、长时记忆和外显记忆。

第二节 记忆的过程

记忆的过程是一个复杂的心理过程,有其独特的特点和规律,而这些特点和规律体现在记忆过程的不同环节,使每个环节都具有特殊性。

一、识记

识记是指通过对事物的特征进行区分、认识并在头脑中留下一定印象的过程。对事物的识记有些通过一次感知后就能达到,而大部分内容则需要通过反复感知,使新的信息与人已有的知识结构形成联系。识记作为记忆过程的第一环节,对记忆效果具有非常重要的影响和作用。

(一) 识记的方式

识记的方式也称作信息的编码方式,一般有下列三种。

1. 按刺激的物理特性进行编码

按刺激的物理特性进行编码的方式是通过感觉系统,直接对外界信息的物理特性进行加工,提取事物的各种特征。视觉领域的图像记忆、听觉领域的声像记忆所保持的信息就是直接按刺激的物理特性编码的,即维持感觉信息的原有形式。研究认为,短时记忆的主要编码方式是言语听觉编码，也存在视觉和语义的编码。

2. 按语义类别编码

按语义类别编码是指在记忆一系列语词概念材料时，人总是倾向于把它们按语义的关系组成一定的系统，并进行归类。长时记忆中的信息多采用此方式编码。例如在学习中将新的知识材料进行归类，并形成一定的系统，有助于识记材料的长期保持。

3. 以语言特点为中介进行编码

以语言特点为中介进行编码是指利用语义、字形、音韵和节律等，对当前输入的某些信息进行编码，使之能够储存起来。这种编码方式在识记无意义音节或材料时经常使用。

（二）识记的分类

1. 根据识记的目的性分类

根据识记的目的性，可以把识记分为无意识记和有意识记两种。

(1) 无意识记。无意识记是指没有预定目的，在识记过程中也不需要做一定的意志努力、自然而然发生的识记。例如看过的电影、戏剧，听别人讲过的故事，以及所经历过的某些事，感知它们时并没有识记的意图，但这些内容以后能重新出现在脑海里，对这些内容的识记就是无意识记。

无意识记的内容是经验的重要部分，对心理活动及行为也有明显的影响。无意中所经历的事情，在有意识地面临某些情境、处理某些问题时，能作为已有经验起帮助作用。在日常生活中，人们所处的环境，所接触的人，所做的工作，会对人产生潜移默化的影响，使人的心理、行为发生变化。例如，一个民族的文化传统会在无形中影响整个民族的心理，使其带有本民族文化的特点。

无意识记带有极大的选择性。一般来讲，进入无意识记的内容有两个特点：一是作用于人们感觉器官的刺激具有重大意义或非常引人注意，如人们对新异的事物会过目不忘；二是符合人的需要、兴趣以及能产生较深刻情绪体验的内容，如参加高考时的情境，到大学报到的情境等。无意识记对人们知识经验的获得有积极作用，作为教师应该尽量使学生通过这种方式愉快地学习。但是，无意识记不能保证学生获得系统的文化科学知识。因此，在教学过程中，大量的识记内容应通过有意识记来获得。

(2) 有意识记。有意识记是指有预定目的，在识记过程中要做一定的意志努力的识记。有意识记过程是在识记目的支配下进行的。识记的目的性决定了识记过程是对识记内容进行积极、主动编码的过程。这种编码包括"识记什么"和"怎样识记"。"识记什么"确定识记的方向和内容，"怎样识记"是指采取什么方法才能更好地记住所要识记的内容。学生在听课过程中的识记就是由这两部分组成的。每节课都有一定的教学目的、任务。教师一般会先做交代，使学生产生识记意图，以一种积极的心态识记新知识。为了更好地记住教师所讲内容，有些同学采取专心致志地听，即用心记的方法，有的同学采取心记与笔记相结合的方法等。

人们的全部知识经验就是通过有意识记和无意识记的方式获得的。不过，就识记效果而言，有意识记优于无意识记。作为教师，了解识记的这一规律，有助于在教学过程中加强对学生的学习目的性教育，要合理地给学生布置任务，以达到良好的教与学的效果。

2. 根据识记方法分类

根据识记方法，可以把识记分为机械识记和意义识记两种。

(1) 机械识记。机械识记是指在材料本身无内在联系或不理解其意义的情况下，按照材料的顺序，通过机械重复而进行的识记。例如对无意义音节、地名、人名、历史年代等的识记。机械识记具有被动性，但能够防止对记忆材料的歪曲。对于学生而言，这种识记也是必要的，因为有一部分学习内容的确是需要精确记忆的，如山脉的高度、河流的长度等。也有些内容，限于学生的知识经验，不可能真正理解其意义，但这些知识对以后的学习是重要的，也应该进行机械识记，如小学一、二年级的学生背诵乘法口诀。实际上，纯粹的机械识记是很少的，人们在识记过程中，总是尽可能地把材料加以意义化。按照信息加工理论的观点，个人对任何输入的信息都要尽可能地按自己的经验体系或心理格局来进行最好的编码。例如，人们记电话号码往往不会单纯重复记忆，而会利用谐音或找规律等方式使之意义化。

(2) 意义识记。意义识记又叫理解识记，是在对材料内容理解的基础上，通过材料的内在联系而进行的识记。在意义识记中，理解是关键。理解是对材料的一种加工，它根据人的已有知识经验，通过分析、综合来反映材料的内涵以及材料各部分之间的关系。与机械识记相比，意义识记是一种更复杂的心理过程。意义识记应该是学生识记的主要形式。

(三) 影响识记的因素

识记是记忆的第一环节，如何做到识记材料既清晰又快捷，是提高记忆效果，防止遗忘的重要步骤。为此，我们应了解影响识记的诸因素，寻求优化识记的途径。

1. 识记的目的性

有无明确的识记目的，直接影响识记的效果。明确识记任务及其相应的目的有利于调动一个人的识记积极性和针对性。彼得逊曾做过对比实验，让两组被试共同识记 16 个单词，其中一组有明确的目的，另一组则没有，结果有明确目的的一组识记成绩明显高于无明确目的的一组(见表 5-1)。在另一项实验中，要求被试"丝毫不差"地识记完整的故事，结果被试能逐句回忆 35%；而要求被试尽可能完整回忆一篇课文时，结果被试可以回忆 12.5 个句子，而无此要求时，只能回忆 8.7 个句子；要求被试按图形呈现的顺序进行识记，在回忆时可保持原顺序的 43%。因此，这里所讲的识记的目的性不只涉及有意识记和无意识记的问题，即便在有意识记中也存在目的性是否明确的问题，它们对识记效果有明显影响。

表 5-1 有意识记的效果优于无意识记

识记形式	当时回忆的单词数	两天后回忆记住的单词数
有意识记	14	9
无意识记	10	6

2. 识记材料的意义性

所谓识记材料的意义，是指识记材料所蕴含的事物内在联系，以及识记材料与识记者知识经验的联系。这种联系越多，表明识记材料的意义性越强，识记效果越好。肯斯雷对此做过专门的实验研究。他组织了 348 名被试，每次向被试呈现 1 个单词或音节，呈现时间是 2 秒钟，练习一遍后，要求被试默写识记内容。结果发现，记忆效果与识记材料的意义性呈正相关(见表 5-2)。

表 5-2　识记材料的意义性对识记效果的影响

识记材料	默写出的单词平均数
15 个无意义音节	4.47
15 个由三个字母组成的孤立英文单词	9.95
15 个意义彼此相关联的英文单词	13.55

3. 识记材料的数量

虽然大脑的记忆储存量极大，能容纳的信息量几乎是无限的，但是索柯洛夫的实验表明，在一次识记中，材料数量与识记的效率呈负相关，数量越大，效率越低：识记 12 个无意义音节达到背诵，平均 1 个音节需要 14 秒；识记 24 个无意义音节达到背诵，平均 1 个音节需要 29 秒；而识记 36 个无意义音节达到背诵，平均 1 个音节需要 42 秒。对无意义材料进行机械识记时遵循此规律，对有意义材料进行意义识记也是如此。莱昂在实验中让被试背诵不同字数但难度相同的课文，结果平均每 100 字的识记时间随课文字数的增加而增多(见表 5-3)，同样呈现识记数量与效率负相关的趋势。

表 5-3　识记材料的数量与识记时间

课文字数	识记总时间/分钟	识记 100 字平均时间/分钟
100	9	9
200	24	12
500	65	13
1000	165	16.5
2000	350	17.5
5000	1625	32.5
10000	4200	42

4. 识记材料的位置

在多个项目连续呈现的情况下，各项目在序列中的位置也会影响识记的效果。一般来说，最先呈现的项目和最后呈现的项目容易记住，而排在序列中部的项目相对难记，这种现象称作系列位置效应。金斯利在一项实验中让大学生识记三种材料：无意义音节、不相关的英文单词和相关联的英文单词，然后测试识记的结果，如表 5-4 所示，序列材料两端的识记优于中间部分材料，并且这种差异在无意义音节的识记中最为明显。

表 5-4　材料在序列中的位置对识记效果的影响

识记材料	序列材料序号														
	1	2	3	4	5	6	7	8	9	10	11	12	13	14	15
无意义音节	56	35	24	22	24	8	12	9	6	3	7	3	18	26	51
不相关单词	65	68	45	37	58	18	44	32	36	15	46	31	49	41	68
相关联单词	66	68	67	54	67	58	59	58	58	56	52	52	62	52	62

5. 识记时的态度

对识记内容采取积极的态度，识记时注意力集中并积极地进行思维活动，识记往往进行得迅速，保持也牢固。日常经验也说明，注意力高度集中地阅读 2 遍课文，比漫不经心地浏览 10 遍的识记效果好得多。有人做过这样的实验：教师先给学生出示拟好的 8 个句子，让他们回忆每个句子说明什么语法规则。之后，要求学生按照这些语法规则编写 8 个句子。下课前，要求学生把教师出示的和自己编写的各 8 个句子默写出来。结果发现，对于教师给的 8 个句子，全部学生仅记住了 24 句；而自己编写的却记住了 74 句。自己编写的回忆成绩比教师给句子的回忆成绩高 3 倍。究其原因，就在于这 8 个句子乃是他们思维活动的结果，而教师给的 8 个句子是他们回忆语法规则的手段，所以效果差。

因此在识记时，有效地组织识记活动，把识记内容变成活动操作的对象，调动主体的积极性和独立性，使其对材料进行深入地思考，能够有效提高识记效率。

6. 识记时的理解

实验和经验都证明，意义识记的效果优于机械识记。艾宾浩斯最早进行这方面的实验。他用学习无意义音节和有意义材料的结果做了对比，发现识记 80 个无意义音节，需要重复 80 次，而识记拜伦的《唐·璜》一诗中的一个有 80 个音节的阶段，约需 9 次就能记住。他得出结论，学习无意义材料的难度几乎是学习有意义材料的难度的 9 倍。意义识记的这种优越性主要表现在识记速度、保持的牢固性，以及检索的准确性与速度上。据此，识记时要进行积极的思维，通过对识记材料的分析、综合，弄清它们的内在联系，以及新旧材料之间的关系，把识记建立在理解的基础上。鉴于机械识记要比意义识记的效果差，对于一些无意义的材料，也要尽量用联想的方式，或人为地给它赋予一定的内在联系，使其变成意义识记的内容。例如日本富士山的高度为 12365 英尺，靠机械识记难以记住，如果将其当作一年的月数(12)和一年的天数(365)来记就好记了。

7. 识记时的感觉通道

识记时分别运用单一感觉通道和多种感觉通道，识记效果有很大差别。研究表明，单凭听觉可记住材料的 15%，单凭视觉可记住 25%，而视听结合可记住 65%。正如《学记》中说的："学无当于五官，五官不得不治"，说明学习不通过五官，是不会学好的。

二、保持和遗忘

(一) 保持

保持是在头脑中对识记过的事物进行巩固的过程。识记的内容被存储后，并不是一成不变地保持原样，个体已有的认知结构会对这些内容进行加工、编码再存储，使识记的内容随着时间的推移，不断地发生变化。例如给小学生讲故事，过一段时间后，让他们复述，不同的学生复述的内容是有差异的。

记忆内容的变化有质变和量变两种形式。

保持内容的质变主要是指由于主体已有的知识经验以及对材料的认识、加工能力的影响而发生的改变。对不同的人和不同的材料而言，改变形式是不一样的，或者对材料简略概括，或者使材料完善、合理，或者使材料详细、具体，或者使材料夸张和突出。例如，学生在复述《狼和小羊》的故事时，有的学生给故事添了一个结尾，有的学生在描述狼和小羊的形象时绘声绘色，也有的学生三言两语就把故事讲完了。

保持内容的量变有两个方面：记忆回涨和保持内容减少。一般来说，随着时间的延长，保持的内容会越来越少。但也有例外的情形，巴拉德在伦敦小学以12岁学生做实验，让他们用15分钟记一首诗，学习后经过几天测得的保持量比学习后立即测得的保持量要高，这就是记忆回涨现象。这种现象在儿童中比成人中普遍，学习较难的材料比学习容易的材料更易出现，学习得不够熟练比学习的纯熟更易发生。保持内容的减少主要的表现形式是遗忘。

（二）遗忘

1. 遗忘的概念

遗忘是指识记过的材料不能回忆和再认，或者回忆和再认有错误的现象。遗忘是一种正常、合理的心理现象，因为感知过的事物没有全部记忆的必要，而且识记材料的重要性具有时效性，同时，遗忘也是人心理健康和正常生活所必需的。正如清代郑板桥所说："当忘者不容不忘，不当忘者不容忘耳。"

根据遗忘时间，遗忘可分为暂时性遗忘和永久性遗忘。暂时性遗忘是指遗忘的发生是暂时的，以后还能重新回忆的遗忘现象。永久性遗忘是指不经过重新学习，记忆的内容就不能恢复的遗忘。

根据遗忘内容，遗忘可分为部分遗忘与整体遗忘。部分遗忘是指对识记材料的部分内容的遗忘，如对材料细节的遗忘。整体遗忘是指遗忘识记材料的全部内容。

2. 遗忘的原因

产生遗忘的原因是多方面的，目前心理学对遗忘的解释主要有四种学说。

（1）痕迹消退说。痕迹消退说认为，记忆痕迹如果得不到强化，就会逐渐消退。遗忘就是在记忆痕迹消退到不能再激活的状态下发生的。这种学说一般用于解释永久性遗忘。

（2）干扰说。干扰说认为，遗忘是由于所识记的材料之间的相互干扰造成的。前摄抑制和倒摄抑制是支持干扰说的有力例证。

前摄抑制是指先学习的材料对后学习的材料所起的干扰作用；倒摄抑制是指后学习的材料对先学习材料所起的干扰作用。大量研究不仅证明了这两种抑制的存在，而且对造成这两种抑制的原因进行了探讨，认为主要有三个方面：一是材料的相似性。先后学习的两种材料在意义上、组成上或排列的顺序上有某些相似或相同的成分时，会产生较大的抑制效果。当原来的材料与插入材料的相似性由完全相同向完全不同变化时，倒摄抑制首先逐渐增加，当相似性达到一定程度时，抑制作用最大，随后逐渐减少。二是学习的巩固程度。先后两种学习材料的巩固程度也是影响抑制的重要因素。如果其他条件相同，插入材料所产生的倒摄抑制作用将随着原材料学习的巩固程度的提高而减少。三是先后两种学习的时间安排。实验证明，先后两种学习之间的时间间隔越大，倒摄抑制的作用则越小。实验还证明了前摄抑制和倒摄抑制不仅存在于学习两种材料之间，而且也存在于学习一种材料的过程中。一篇材料的开头和结尾的保持效果好于中间部分，就是因为中间部分受两种抑制的影响，而开头只受倒摄抑制的影响，结尾只受前摄抑制的影响。

（3）压抑说。压抑说认为，遗忘是由于情绪或动机的压抑作用造成的，如果压抑被解除，记忆就能恢复。压抑说用于解释与情绪有关的内容的暂时性遗忘是有效的。弗洛伊德在临床实践中发现，那些给人带来消极体验的事件常常被遗忘。

（4）同化说。同化说认为，遗忘是知识的组织和认知结构简化过程，这是奥苏伯尔根据他的有意义言语学习理论对遗忘提出的一种独特的解释。他认为，当人们学到了更高级的概念与规律之后，高级的观念可以代替低级的观念，使低级观念遗忘，从而简化认识并减轻记忆。在真正的有意义学习中，前后相继的学习不是相互干扰的而是相互促进的，因为有意义学习总是以原有的学习为基础，后面的学习则是对前面的学习的加深和补充。

(5) 提取失败说。提取失败说认为，遗忘发生时，信息并没有丢失，而是仅仅由于提取失败。换句话说，一个人回想不出某种信息，仅仅是由于他没有良好的提取线索，从而不能发现从记忆中回想该信息的方式。提取线索在回忆中所起的作用，犹如阅读书籍时的灯光照明所起的作用一样，当灯关掉时，阅读就不可能进行。同样，当缺少适当的提取线索时，回忆也就不可能了。

3. 遗忘曲线

德国心理学家艾宾浩斯最早进行了遗忘规律的研究，他用无意义音节为实验材料，以自己为实验对象，在识记材料后，每隔一段时间重新学习，以重学时所节省的时间和次数为指标，实验结果如表 5-5 所示。

表 5-5 不同时间间隔后的记忆成绩

时间间隔	重学时节省时间的百分数/%
20 分	58.2
1 小时	44.2
8~9 小时	35.2
1 日	33.7
2 日	27.8
6 日	25.4
31 日	21.1

根据表 5-5，他绘制出了遗忘曲线。遗忘曲线所反映的是保持量和时间之间的关系，表明了遗忘的规律：遗忘的进程是不均衡的，在识记之后最初一段时间里遗忘量比较大，以后逐渐减小，即遗忘的速度是先快后慢。继艾宾浩斯之后，许多人对遗忘进程的研究也都证实了艾宾浩斯遗忘曲线是正确的。

三、再认和回忆

(一) 再认

再认是过去经历的事物重新出现时，能够被识别和确认的心理过程。

再认过程中，不同的人对不同的材料的再认速度是不一样的，影响再认的因素如下。

(1) 原有经验的巩固程度。如果过去经验被很清晰、准确地保持，当再次出现时，一般能迅速、准确地予以确认。如果过去经验已经发生了泛化现象，就容易发生再认错误。

(2) 原有事物与当前事物的相似程度。原有事物与当前事物的相似程度越高，再认就越容易混淆。

(二) 回忆

回忆是在一定诱因的作用下，过去经历的事物在头脑中重新出现的过程。例如在回答教师的提问时,学生要把头脑中所保持的与该问题有关的知识提取出来,这种提取过程就是回忆。

根据有无目的性,可以把回忆分为有意回忆和无意回忆。有意回忆是在预定目的的作用下对过去经验的回忆,如对考试内容的回忆。无意回忆是没有预定目的,自然而然发生的回忆,如触景生情等。

根据有无中介因素参与回忆过程,可把回忆分为直接回忆和间接回忆。直接回忆是由当前事物直接唤起的对旧经验的回忆。间接回忆是借助中介因素而进行的回忆。追忆是间接回忆的特殊形式,它是通过积极的思维活动和较大的意志努力而进行的回忆。学生在解难题时对有关知识的回忆往往就是追忆。

回忆常常以联想为基础。联想是事物之间的联系或关系在头脑中的反映,是头脑中暂时神经联系的复活。联想在整个记忆过程中都有重要的作用。联想的主要规律如下。

(1) 接近律。时间或空间上接近的事物易形成联想。例如,春—夏—秋—冬的联想为时间上的接近;东—南—西—北的联想为空间上的接近。

(2) 相似律。以事物之间某些相似或共同特征为基础而形成联想。例如,鸟—飞机、鱼—潜艇等联想。

(3) 对比律。由于事物之间具有相反的关系而形成联想。例如,真理—谬误、难—易等联想。

(4) 因果律。因事物之间的因果关系而形成联想。例如,骄兵必败、勤能补拙等联想。

四、记忆规律在教学中的运用

(一) 运用记忆规律提高课堂教学效果

记忆规律可直接运用于教学过程中。只要教师能注意并能灵活运用记忆规律,就可提高课堂记忆效果,使学生获得巩固的知识。

1. 注意教学安排的合理化

(1) 合理安排课程表。排课时,性质相近的课程尽可能在时间上有间断。例如,将文科类与理科类课程交叉安排,其间若再插入音乐、美术等艺术类课程则更好,因为这样能最大限度地减少由于材料相似引起的前摄、后摄抑制对记忆的干扰。

(2) 保证课间休息。教师不宜拖堂占用学生休息时间,因为课间休息几分钟有利于学生巩固上一节课中记忆活动所留下的"痕迹",提高记忆保持效果。同时,也有助于减少由于前后课上的记忆材料的间隔时间过短引起的前摄、后摄抑制对记忆的干扰。

(3) 信息量适当。教师应控制每堂课的信息投入量,注意避免教学中比较普遍的"信息量越大越好"的错误倾向。精讲多练不仅有利于学生课上的消化、吸收,也会因识记材料数量的适当控制而提高识记的效率。

2. 创设良好的教学心理氛围

(1) 让学生处于良好的情绪状态。情绪对记忆活动有明显影响,尤其是识记和回忆两个环节,最易受到紧张、焦虑等负性情绪干扰,因此教师要善于调节课堂情绪气氛,尽可能消除不利于记忆活动的负性情绪干扰。

(2) 明确识记目的。有意识记是教学活动中最主要的识记种类。教师应根据不同的教学内容，提出明确的记忆任务：哪些需要完整背诵，哪些需要部分记忆，哪些需要记忆大意，这样有助于提高学生记忆的针对性。

(3) 明确记忆意义。如果记忆的意义仅在于应付作业或考试，不利于学生对所学知识的巩固，如果学生认识到记忆某些知识有利于他将来的成长，那么即使投入少也会大大延长保持时间。因此，教师在向学生提出明确的识记任务时，应向学生提出该识记内容的意义和重要性，使之成为学生长久的识记任务。

(二) 运用记忆规律组织复习

"熟能生巧""温故知新"，说明要掌握某种知识或技能，一定数量的重复是必要的。学生要获得巩固的知识，不能没有复习。复习的效果并不完全取决于复习的时间或次数，而是取决于复习的安排。

1. 及时复习

遗忘速度先快后慢，一定要在大量遗忘开始之前就进行复习。通常，识记后两三天遗忘最多，所以应该在学习后 24 小时之内进行复习。及时复习可收到事半功倍之效，乌申斯基曾指出，我们应当"巩固建筑物"，而不要等待去"修补已经崩溃了的建筑物"。预防遗忘，只要粗略地复习就可收效；而要恢复已经遗忘的东西，就要花费更大的力气。

2. 适量复习

一次复习的内容数量过多，会使学生不能把握重点，而且内容之间也会相互干扰，导致张冠李戴、混淆错乱。如果课业负担过重，甚至还会影响学生的身心健康。有的教师甚至因学生写错字或做错题，罚学生重复抄写几十遍，这种做法是不可取的。知识的巩固不能只靠单纯的复习和练习。教师教学中更应注意在讲授新课时复习旧课，使学生有更多的机会去应用知识，并在短期内获得较多的知识。让学生在掌握丰富的知识的基础上，把握、了解事物间的联系，更深地理解知识、巩固知识。

3. 集中复习和分散复习相结合

实验证明，在识记数量多的材料时，分散复习比集中复习效果好。苏联沙尔达科夫做了实验，五年级甲班和乙班成绩大体相同，学习自然课程时，一学期内甲班在讲完大纲后集中复习 5 节课，乙班则进行 4 次单元复习，也用 5 节课。在其他条件相同的情况下，两班学习成绩结果如表 5-6 所示。

表 5-6 集中复习和分散复习的效果对比

复习方式	成绩			
	劣	及格	良	优
集中复习(五年级甲班)	6.4%	47.4%	36.6%	9.6%
分布复习(五年级乙班)	—	31.6%	36.8%	31.6%

在组织复习时，分量少、难度小的材料可集中复习，分量重、难度大的内容可分散复习。心理学的研究还指出，间隔时间不太长的分散复习可以收到最好的效果。但是，间隔的时间太短也是不利的。间隔时间的长短应根据材料的性质、数量、识记已经达到的水平等因素而定。例如，刚开始识记时，间隔时间要短些，以后可以稍长些。

4. 适当的过度学习

一般认为，对材料的识记恰能达到无误背诵的标准就停止学习，称为适度学习；没有达到无误背诵的标准就停止学习，称为低度学习；如果恰能成诵之后还继续学习一段时间，称为过度学习。实验表明，低度学习容易遗忘，过度学习比适度学习记忆效果要好一些。当然过度学习有一定限度，花费在过度学习的时间太多，会造成精力和时间上的浪费。在我国心理学工作者的一个实验中，被试对不同的无意义音节进行不同程度的学习，以恰能成诵所需要读的次数为标准，4小时后进行回忆。实验结果表明：150%的学习程度，记忆效果最好，超过150%，效果并不会随之再有显著的增长。

5. 多样化复习

有人做过比较研究，把一班学生分为三组来学习诗歌、散文、报告文学、事件的日期、土耳其语—英语词汇及和声等6种材料。第一组为机械练习组，学习后在4周内分8次练习3小时。第二组为变化练习组，学习后也同样练习3小时，但指示他们注意其中的含义，利用联想或分组的方法，运用主动的自我测验等有效的记忆方法。也就是说，给予一种指导性的复习。第三组为控制组，即无练习组，学习后没有练习。最后对各组进行测验，结果发现，机械练习组和控制组的成绩相差不多，而变化练习组在每一种材料的测验上其成绩均大大超过其他两组。

可见，多样化复习能够更加有效地促进信息的保持。为了促使学生牢固地掌握知识，有时候可全面地复习，按部就班地复习，这种复习可普遍地恢复过去形成的联系，也有利于发现那些识记不牢固的部分。而更重要的是灵活采用多样化的复习方式，教师可采用提问、做练习、调查、讨论、实验操作或课外小组科技活动等多种形式，使学生把学习的有关知识进行复习、巩固。在学习与日常生活中，人们通常使用的复习方法有理解法、背诵法、循环记忆法、练习和实验操作法等。此外，编写复习提纲、绘制图表、制作索引书目、卡片、剪报等，使脑内储存与外部储存结合起来，都有助于记忆内容的系统性。

第三节 记忆品质和记忆力的培养

人的记忆力有很明显的个体差异性，主要表现为个体的记忆品质。良好的记忆品质可在正确的教育、教学条件影响下，逐渐培养起来。为提高教育、教学质量，助力学生健康发展，教育者们应当根据学生的记忆特点、规律和学习内容的不同，帮助学生培养良好的记忆品质。

一、记忆品质

要培养记忆力，应是在保证记忆高度精确的前提下，既要识记敏捷，又要保持长久，更要善于根据当前要求准确、及时地把所需事物提取出来解决问题。为使记忆高度发展，教师在教学中应有意识地培养学生的良好的记忆品质，提高他们的记忆能力。

(一) 敏捷性

记忆的敏捷性是记忆在速度上的品质。对于同一种材料，有些人能很快记住，有些人则需要很长时间。记忆的这种品质具有非常明显的个体差异。例如,《三国演义》中的张松只把曹操写的《孟德新书》看一遍后就能一字不漏地背出来,而有的人虽然长久而刻苦地学习,识记效果也不理想。

要提高记忆的敏捷性,需具备丰富的知识经验,掌握一定的记忆方法,而且在识记时必须做到注意力集中。

(二)精确性

记忆的精确性是指所记住的事物精确无误,这是记忆最核心、最关键的品质。没有记忆的精确性,甚至精确性不高,记忆的其余品质都将失去应有的意义和实际价值。人与人之间在这方面的表现也有较大差异。有的人记忆十分精确,而有的人记忆总是似是而非、错漏严重。

要提高记忆的精确性,在识记过程中,应发现并且掌握记忆材料所独有的特点。

(三)持久性

记忆的持久性是记忆在时间上的品质。人与人之间在记忆材料保持时间的长短上存在显著的差异。例如,有的人识记过的事物能在脑中保存很久,甚至终生不忘;有的人则是"记性好,忘性大",识记的事物保持不了多久。

要提高记忆的持久性,应该采用意义识记,并且要做到合理复习。

(四)准备性

记忆的准备性是指善于根据当前的要求把需要的信息从记忆中准确、迅速地提取出来。这方面的个别差异也是显著的。例如,有的人记住的东西不少,但在需要时不能准确、迅速地提取出来;而有的人则能把当前需要的内容准确、迅速地提取出来,表现为"对答如流""出口成章"。法拉格在《回忆马克思》中提到,"无论何时,无论任何问题,都可以向马克思提出来,都能够得到你所期望的最详尽的回答……他的头脑就像停在军港里升火待发的一艘军舰,准备一接到通知,就开向思想的海洋"。

记忆的准备性是使知识应用于实际的重要品质。记忆的准备性主要取决于记忆的组织是否到了系统熟记的程度,以及个体是否善于运用追忆的方法去寻找线索。

记忆的各种品质在不同学生身上有不同的结合,教师应该帮助学生认识自己在记忆上的特点,有针对性地培养良好的记忆品质。

二、记忆力的培养

良好的记忆力是在正确的教育教学条件下,在不断进行的训练和实践中逐渐培养起来的。

(一)掌握良好的识记方法

要想训练和培养良好的记忆力,首先要掌握良好的识记方法。科学的记忆方法能增强记忆,防止遗忘,收到事半功倍的效果。

1. 意义识记和理解记忆

记忆时,应尽量少用机械重复的方法,而多采用意义识记和理解记忆。只有理解的内容才能记得快、记得牢,而且使记住的内容发挥较大的实用价值。相反,对于不理解的内容,即使记住了,也没有太大的用处,又容易遗忘。因此,对于概念、公式、定理的记忆,一般应主要依赖理解识记。对于学生而言,接受知识的关键不在于记住公式、定理中的数据或字母,而在于理解公式、定理之间的联系;消化知识的关键不在解决那些已知条件直接代入公式即可得出结果的一般题目,而在于熟练地运用知识、灵活地解决那些抽象的、思路曲折的难题。可见,要培养记忆力,应当与锻炼自己理解问题、分析问题、解决问题的能力结合起来,这样,不仅可以提高记忆效率,还能够促进思维水平的提高。

2. 多通道协同记忆

识记时,应尽量采用多通道协同记忆法,意即多种感官相互配合,耳听、眼看、手写、口念并举,加强输入信息的强度,在头脑中形成广泛的、多方面的联系。具有广泛联系的材料,记忆就比较牢固。有人曾经做过这样的试验,用三种方法让三组学生记住 10 张画的内容,第一组学生,只给他们说画上的内容,不让他们看画;第二组学生,只让他们看画,不给他们讲画的内容;第三组学生,既给他们看画,又给他们讲画的内容。过了一段时间,检查这三组学生对 10 张画的记忆情况,结果表明,第一组学生记忆得最少,只有 60%;第二组学生稍多,有 70%;第三组学生记忆得最多,达到 86%。这个实验说明,学习时调动的感官越多,记忆的效果就越好。宋朝著名教育家朱熹说过,读书有"三到",谓心到、眼到、口到,实际上就是利用各种通道来增强记忆效果。

3. 阅读与试图回忆相结合

简单地重复阅读,记忆效果不好。如果在材料还没有完全记住前就积极地试图回忆,回忆不起来时再阅读,这样更容易记住,保持时间也长。盖兹在一项实验中要求被试识记无意义音节和传记文章,各用 9 分钟,其中一部分时间用于试图回忆,诵读和回忆的时间分配不同,结果记忆成绩就有显著差异,结果如表 5-7 所示。

表 5-7 诵读与试图回忆相结合的效果

时间分配	16 个无意义音节回忆百分数/%		5 段传记文回忆百分数/%	
	即时	4 小时后	即时	4 小时后
全部时间用于诵读	35	15	35	16
1/5 用于试图回忆	50	26	37	19
2/5 用于试图回忆	54	28	41	25
4/5 用于试图回忆	74	48	42	26

盖兹认为,诵读与试图回忆的最好比例是 20%诵读,80%背诵。诵读与试图回忆相结合能够调动记忆者的主动性,提高记忆信心,也能够保持大脑皮层长时间的兴奋。

(二) 掌握有效的记忆术

记忆术是记忆窍门和方法,是旨在提高人们记忆效果的程序。

1. 定位法

定位法是来自古希腊的一种传统的记忆术,是将记忆项目与熟悉的地点、位置相匹配,使地点、位置作为恢复各个项目的线索。古希腊的演讲者经常采用这种方法，事先记住要讲几个主要论点，如走到这个门说这个论点，走到那个窗子说那个论点，走到另一个门再说另一个观点等。这样，所要讲的几个论点就不至于漏掉。这个方法的产生据说是一个古希腊的诗人在宴会上朗诵了一首诗，随后，他就出去了。他刚一出去，屋顶塌了，屋里的人全部遇难，无法辨认尸首，这个诗人根据每个人在宴会中的座次而辨认出了尸首。以后他认为，对物体进行定位有助于记忆。定位法能产生效用主要基于两种原理：一是把没有组织的材料加以组织了；二是把一个东西定位在一个位置上，就是建立了两者的联系，进行了更深一步的加工。

2. 联想记忆法

记忆以联想为基础，联想又是记忆的重要途径之一。联想记忆法是利用当前事物回忆另一事物，通过建立事物间的联系而进行记忆的技术，具体有接近联想法、对比联想法等。例如学习古代汉语，靠死读、死记只能弄懂一些词语和语法；如果运用接近联想法来帮助记忆，就可以把它与现代汉语联系起来，比较古今词义、句式、语法的异同，看有什么发展变化，这样就可以理解得更深，记得更牢固。学习散文，可以比较一下杨朔、秦牧、刘白羽等名家的散文作品在立意、选材、结构、语言、风格上各有什么特色，这样留下的印象往往是强烈而深刻的。又如学习数理化知识时，如果将对立的公式、定理收集在一起，进行对比联想，既可加深理解，又能巩固记忆；解释某个词语时，可以联系它的反义词进行记忆，印象就会深刻得多。

3. 形象记忆法

形象记忆法是对抽象的材料赋予一定形象而进行记忆的技术。对那些抽象的材料，尽可能赋予一定的具体形象，通过联想使它们看得见，听得到，摸得着，联想能强烈刺激视觉、听觉、嗅觉、触觉等器官的具体且生动的事物。例如在中学地理课教学中，有的教师采用图形记忆法，把某一国家或地区画成简单的几何图形，如欧洲像平行四边形，亚洲像不规则菱形，非洲像三角形加上一个半圆形，澳大利亚像五边形，南、北美洲像一对直角三角形等，这样就可以提高记忆效果。

4. 谐音记忆法

谐音记忆法是根据记忆内容的读音，编成另一句读音相同的话，利用两者音调相谐产生的联想来帮助记忆。例如，有人利用谐音来记忆圆周率 3.1415926535，编成谐音"山巅一寺一壶酒，尔乐苦煞吾"，这样很容易就记住圆周率小数点后的 10 位数字了。又如马克思生于 1818 年，卒于 1883 年，编成谐音是"一爬一爬，一爬爬上山"，这样就容易记住。谐音记忆法可以把"死"变"活"，把枯燥乏味的记忆材料变得兴趣盎然，记起来诙谐滑稽、轻松有趣。它还能化"难"为"易"，把晦涩难记的东西变得流畅易记。在记忆数、理、化、历、地等科目的知识和外语单词方面，谐音记忆法有着广阔的用武之地。

5. PQ4R 法

PQ4R 法是美国心理学家托马斯和罗宾逊提出来的一种学习策略和记忆技术，其名源于 6 个学习阶段的英文单词缩写。

(1) 预习(prepare)：涉猎全章学习材料，确定要探讨的一些总课题。确定作为单元来阅读的各分段，把以下(2)~(5)四个步骤应用在各分段上。

(2) 提问(question)：提出有关分段的问题，一般把各分段的标题改为适当的问句。例如一个分段标题是"信息在头脑中的储存"，可改为"头脑中的信息是如何储存的"等。

(3) 阅读(read)：仔细阅读各分段的内容，尝试寻找所拟问题的答案。

(4) 思考(reflection)：边阅读边思考，想一些例子把材料和自己原有的知识联系起来。

(5) 复述(repeat)：学完一个分段后，尝试回忆其中所包含的知识，力图依靠回忆回答自己对本分段所提出的问题。如果不能充分回忆，就重新阅读记忆困难的部分。

(6) 复习(review)：学完全部材料后，默默回忆其中的要点，再次尝试回答自己所提出的各个问题。这种记忆技术由于学习者对学习材料进行了良好的"主观上的组织"，所以能够产生良好的记忆效果。

(三) 掌握有效追忆的方法

追忆是要费一番思索才能回忆起的相关信息，故需要讲求方法才能达到目的。

(1) 利用中介性联想，有时可以利用事物间的外在联系，如相似、对立、接近等联系进行追忆；有时则要运用事物之间的本质联系，通过推理来进行。

(2) 利用再认来追忆。例如，忘掉了某个外文单词，可以把自己所熟悉的某些单词一个一个地读出，当读到有熟悉感时，就能立刻把它识别出来。同样，忘记了某个同学的名字，可以把学生名册拿出来，一个个顺着看下去，当看到某个姓名时，就能把这位同学的名字回忆出来了。

(3) 放松心情。在追忆时，常常会出现长时间努力追忆仍无结果，因而焦躁不安，甚至无名火起的情形。这种困扰情况显然不利于追忆，应当暂时中断追忆，稍微放松和冷静一下，然后再去追忆，往往可以得到很好的效果。

知识链接

证言的可靠度

在案件侦破和审判中，警察和法官经常要寻找目击证人，希望他们提供证据来判断嫌疑人是否犯罪。大家普遍相信目击证人的证言是可靠的。但是，孟斯特伯格发现，对同一事件，不同的目击者会有不同的描述，所以证人证言的可信度就成了问题。

在一项研究中，被试看一段撞车事故的录像，然后主试要求他们判断车辆的行驶速度。结果发现，如果问题是"车辆在相撞(smash)时的速度是多少？"被试回答"超过65千米每小时"；如果问题是"车辆在接触(hit)时的速度是多少？"被试回答"50千米每小时"。

一周以后，主试要求被试回忆事故发生时，车窗玻璃是否被撞碎？事实上录像中没有碎。结果是，以"相撞"被提问的被试中有33%的人回忆说车窗玻璃碎了，而以"接触"被提问的被试中，比例只有14%。显然，提问时的不同语句影响了被试对目击事件的回忆。

在心理学家看来，这个研究表明提取线索会干扰人的记忆，这是值得深入研究的一个课题；在司法人员看来，这项研究可能减弱证人证言的法律效力。

心理测试

人们的记忆是可以通过测量而得出。目前使用最广泛的记忆量表是韦氏记忆量表,如表 5-8 所示。

表 5-8 韦氏记忆量表(部分测试项目)

序号	分测验	说明	题目	分数
1	经历	5 个与个人经历相关的题目	年龄、生日、国家成立日期、总理、单位	每正确回答一题计 1 分,最高 5 分
2	定向力	5 个有关时间空间的题目	年、月、日、地点、城市	每正确回答一题计 1 分,最高 5 分
3	数字顺序关系	主要检查注意力	顺数从 1 到 100;倒数从 100 到 1;累加从 1 起每次加 3,至 49 止	限时计错、计漏,按次数扣分
4	再认	每套识记卡片有 8 项内容,呈现给被试者 3 秒,让其再认	图片	根据被试者再认与呈现内容的相关性分别计 2、1、0 或-1 分,最高 16 分
5	图片回忆	每套图片中有 20 项内容,呈现 1 分 30 秒,让被试者说出呈现内容	图片	正确计 1 分,错误计-1 分,最高 20 分
6	视觉提取	每套图片有三张,每张有 1~2 个图形,呈现 10 秒后,让被试者画出来	图片	按所画图形的准确度计分,最高 14 分
7	联想学习	每套卡片上各有 10 对词,读给被试者听,每组呈现 2 秒后停 5 秒,再读每对词的前一词,要求说出后一词	卡片上的词:动物—狗、桌子—椅子、前面—慢、大门—锁、飞机—白菜	5 秒内正确回答一词计 1 分,最高 20 分
8	触觉记忆	有 9 个带有图形的木块,被试者蒙眼将 3 个木块放入相应的卡槽中,睁眼后,将各木块的图形及位置默画出来	卡槽板和木块	计时并计算正确回忆图形和位置的数目,由公式推出原始分
9	逻辑记忆	将故事讲给被试者听,同时让其看着卡片,之后要求复述	故事卡片	每正确回答一项内容计 0.5 分
10	背诵数目	要求顺背 3~9 位,倒背 2~8 位	例如,顺背 738,倒背 47: 4 位 2861 3 位 751 5 位 74269 4 位 7582 6 位 842751 5 位 47186 7 位 7482591 6 位 639158	以能背诵的最高位数为准

注:以上量表中,分测验 1~3 测长时记忆,分测验 4~9 测短时记忆,分测验 10 测瞬时

记忆。得到10个分测验的粗分，再分别查粗分等值量表将其转换为各项目量表分，相加即为全量表分。按被试者年龄组别查全量表分的等值MQ表，可得到被试者的记忆商数。

复习思考题

1. 什么是记忆？简述记忆的基本环节。
2. 什么是记忆表象？简述记忆表象的特点。
3. 简述记忆的三级信息加工模式。
4. 比较内隐记忆和外显记忆。
5. 简述影响识记的因素。
6. 说明遗忘的规律，试分析各种遗忘学说的适用领域。
7. 教学中，如何运用记忆规律？
8. 简述记忆品质。
9. 如何提高记忆力？

第六章

思维与想象

案例导入

凯库勒的科学想象

1864年冬天，德国化学家凯库勒创建了由6个碳原子构成的苯环结构，他的科学想象让他获得了重大的突破。他是这样记载这一伟大的创造过程的："晚上，我坐下来写教科书，但工作没有任何进展，我一直无法集中精力。我把椅子转向炉火，打起瞌睡来了，但原子在我眼前跳跃起来。我的思维因这类幻觉的不断出现变得更敏锐了，逐渐能分辨出多种形状的大结构，也能分辨出紧密地靠在一起的分子，它盘绕、旋转，像一条蛇咬住了自己的尾巴。这个形状虚幻地在我的眼前旋转不停，我触电般地猛然醒来，花了这一夜的剩余时间，做出了这个关于苯环结构的假想。"于是，凯库勒首次满意地写出了苯的结构式，指出芳香族化合物的结构含有封闭的碳原子环，并且它不同于具有开链结构的脂肪族化合物。

苯环结构的诞生，不仅是化学发展史上的一块里程碑，而且是想象创造历史的典型案例。对其所取得的成就，凯库勒认为："学会做梦，学会想象，我们就可以发现真理。"由此可见，创造思维在社会发展中至关重要。

本章提示

人不仅能认识事物和现象的外部联系，而且也能认识事物和现象的内在联系与规律，这种认识是通过思维过程来进行的。思维看上去很神秘，看不见，摸不着，来无影，去无踪，但它却实实在在存在，并起着非常重要的作用。无论是儿童的学习，还是成人的工作活动，都离不开思维。想象是一种特殊的思维过程，想象力是一种天赋，是人的生命中固有的，是精神世界的绿卡。狄德罗说："精神的浩瀚、想象的活跃、心灵的勤奋——就是天才。"赫尔岑也曾经说过："想象力比知识重要。"本章主要介绍思维的概念、特征及种类，思维的基本形式与过程、问题解决、思维品质、创造思维及其培养，以及想象的概念、功能、种类等。

各种智力活动无一不是在思维的参与下得以实现的。思维不同于感觉、知觉和记忆，但又是在感觉、知觉和记忆的基础上产生的，比它们更复杂。我们已经知道，感觉和知觉是人脑对客观事物的直接反映，而思维则是间接的、概括的反映，它反映的是客观事物的本质及其规律性联系。思维是人类认识的高级阶段，它是在感知基础上实现的理性认识形式。例如，根据对水的研究得出水和温度之间的关系，水的温度降到 0℃就会结冰，升高到 100℃就会沸腾等。这些都是人脑对客观事物的本质及规律性的认识。人们对客观世界正确、概括的认识，绝不是主观臆造或凭空虚构的，而是通过感知觉获得大量、具体、生动的材料后，经过大脑的分析、综合、比较、抽象、概括等思维过程才达到的。

想象作为一种特殊的思维过程，也是在感知觉的基础上逐渐发展起来的。想象是人脑对已有表象进行加工改造而创造新形象的过程。表象则是人类通过感知觉获得并保存在大脑中的事物的形象。如果人们对于某类事物从来没有感知过，那么在他的头脑中就不会出现以这类事物做材料的想象。例如，天生的聋人绝不能想象出美妙的音乐；天生的盲人绝不能想象出五彩缤纷、繁花似锦的美景等。想象的形象来源于客观现实，与其他心理过程一样，想象也是人脑对客观现实的一种反映。

第一节　思维概述

人类的体力超不过牛，奔跑速度赶不上马，视力不及雄鹰，嗅觉远不如狗，但是，在地球上人类却是主宰者。这一现象产生的最根本原因就是人类有高度发达的思维能力。思维是高级的认识活动，是在感觉、知觉和记忆的基础上产生的，但比它们更复杂。我们已经知道，感觉和知觉是人脑对客观事物的直接反映，而思维则是间接的反映。

一、思维的概念及特征

思维是人脑以已有的知识经验为中介，概括、间接地反映客观事物本质属性和内部规律的认知过程。人们常说的"考虑""设想""预计""深思熟虑"等都是思维的表现形式。

（一）概括性

人们能够把同类事物的共同的、本质的属性抽取出来，概括地反映事物之间的规律性关系。思维的概括性使人的认识摆脱了具体事物的局限性和对具体事物的依赖性，并在思维的概括活动中形成概念和命题，这就无限地扩大了人的认知范围，加深了人对世界的了解。概括是人们形成概念的前提，也是思维活动能迅速进行迁移的基础，概括随着人们认识水平的深入而不断发展，认识水平越高，对事物的概括水平越高。概括水平在一定程度上表现了思维的水平。

（二）间接性

对不能直接把握的事物，人们往往借助媒介物和头脑来加工、反映。比如，阳光照在岩石上，岩石会变热，人们的感官能感觉出变热，但感觉不出为什么会变热，其因果关系需要人脑通过思维、判断和推理来间接地加以认识。思维可以由此及彼，例如考古学家可以通过化石这个媒介去思考和复现古老的过去，从而让人们认识过去。思维也可以有外及内，例如中医的望闻问切四诊法，就是医生通过观气色、听声息、问症状、摸脉象来诊断病人身体内部器官的状态，从而由外及内进行推断。

二、思维与感知觉的关系

感知觉与思维都属于认知过程，它们之间既有区别又有联系。

感知觉是对事物的感性认识，反映事物的外部属性及事物之间的外部联系。思维属于认知过程的高级阶段，即理性认识阶段，反映事物的本质属性以及事物的内部联系。感知觉是人脑对客观事物直接的反映，思维则是对事物间接的、概括的反映。比如，夏天扇着扇子凉快、冬天看到玻璃窗上结水珠，是我们的感官感知到的自然现象，是感知觉对事物属性的反映。而认识到这是"空气对流"和"水蒸气遇冷凝结"的原因就是思维对事物本质属性、内部规律的反映。

思维作为一种高级的认识活动，与人的感知觉、表象有密切联系。思维是在感知觉的基础上产生的，感知觉、表象所提供的认识是思维的基础，但对客观世界更深入、更全面的认识则必须通过思维活动来实现。思维的概括性和间接性使思维超出了感性认识的界限，通过思维，人可以掌握直接感知领域以外的东西，也可以预见事物的变化和发展历程。

三、思维与语言的关系

(一) 思维与语言的联系

思维和语言密切相关，相辅相成，互相促进。从思维和语言的发生角度来说，思维先于语言，而对已经掌握了语言的人来说，思维和语言紧密交织在一起，不可分割。语言是社会上约定俗成的符号系统，思维活动的进行依赖感知觉所提供的材料，凭借语言来实现。语言是思维的工具，是思维的物质载体。思维的发展可以进一步丰富语言的内涵，语言的发展又会促进思维水平的提高。

(二) 思维与语言的区别

思维与语言两者的本质属性不同，思维是心理现象，是揭示事物本质及规律的心理过程，以意识的形式存在，而语言作为一种符号系统，有其声与形的物质形态，以物质的形式存在。

思维与语言两者与客观事物的关系不同，思维与客观事物之间是反映与被反映的关系，红薯被概括地反映为以块根为主要收获的一年或多年生草本植物。语言与客观事物之间是标志与被标志的关系，红薯可以有不同的语词标志，如甘薯、山芋、地瓜等。

思维中的概念与语言中的词相关，但并不一定一一对应。"目""眼睛"是不同的词，但可以表达同一概念，"杜鹃"一词可以表示植物或鸟两个不同的概念。

四、思维的神经生理机制

思维作为一种心理过程，产生于人脑的反射活动，是人脑对刺激信号的分析、综合、抽象、概括过程。巴甫洛夫用两种信号系统活动来解释思维的生理机制。第一信号系统是以具体事物作为信号刺激的暂时神经联系系统，是感觉、知觉、表象的生理基础。第二信号系统是以词作为信号刺激的暂时神经联系系统。人有了第二信号系统，有了词的概括功能，才能产生人类的高级思维，比如，"鸟""牛""马"这类简单的词都不只是表示某一个别事物，而是表示同一类的许多事物。依靠第一信号系统和第二信号系统的协同活动，人脑就能对客观事物进行多阶段分析综合活动，从而形成不同等级的、概括了的暂时神经联系。

五、思维的种类

(一) 根据思维的发展水平分类

根据思维的发展水平不同，思维可以分为直观动作思维、具体形象思维与抽象逻辑思维。

1. 直观动作思维(三岁以前)

直观动作思维是伴随实际动作而展开的思维活动，又叫直觉行动思维、操作思维或实践思维，它以实际动作为支柱，是思维的初级水平。三岁前的儿童常借助触摸、摆弄物体等方式进行直观动作思维，例如幼儿在学习计数或加减法时，常借助数手指，实际操作活动一停止，这种思维就结束。成人的动作思维因为有经验基础和第二信号系统的调节而与儿童的动作思维有本质区别。

2. 具体形象思维(四～六七岁)

具体形象思维是运用已有表象进行的思维活动，是通过对表象的联想来进行的。比如儿童的判断、证明、解释往往基于事例，问她什么是火车？他们就会回答"火车很长""火车冒烟""火车能拉很多人""火车呜呜叫"等，这都是借助事物的形象或表象进行的思维。具体形象思维就是用具体形象来反映事物的本质和规律。

3. 抽象逻辑思维(六七岁后)

抽象逻辑思维是运用概念进行判断和推理的思维。儿童一般在六七岁后就有了抽象思维。例如数学定理、公式的证明、科学设想的提出等都离不开抽象逻辑思维，抽象思维是人类所特有的高级思维。

从个体心理发生、发展规律的角度来看，儿童的动作思维、形象思维产生较早，抽象思维出现较晚。对于成年人来说，这三种思维在解决问题时常常是协同起作用的，它们既是不同类型的思维，也是不同水平的思维。

(二) 根据思维的方向分类

根据思维的方向不同，思维可以分为求同思维和求异思维。

1. 求同思维

求同思维是指把各种信息聚合起来从同一个角度得出一个正确答案的思维过程，又称聚合思维、集中思维、辐合思维、会聚思维。求同思维主要是利用已有的知识经验或传统的方法来解决问题，是有方向、有范围、有条理的思维，比如根据已知条件归纳出一种结论，丙<甲，甲<乙，乙<丁，那么丙<丁。

2. 求异思维

求异思维是指从一个目标出发，从不同方向来寻求多种可能答案的思维过程，又称发散思维、分散思维、辐射思维。求异思维根据已有信息，要求不依常规，从不同角度、不同方向寻求解决问题的结论或方案,而且结论或方案在未做检验之前,其正确性是很难确定的。例如"树上有三只麻雀,猎人开枪打死一只,树上还剩几只?"有一个孩子为此而问过很多前提条件:"有没有挂在树上的?""是不是都会飞?"等等。

测量一个人的求异思维能力一般需要考察三个维量:第一,流畅性,思维是否迅速且答案较多,自由回忆是测量流畅性最常用的方法,如用汉字顶针组词,从"国家"开始进行自由回忆,国家、家庭、庭院、院落等;第二,变通性,思维是否从不同的方向、不同的角度、不同的途径来运行,常用"非常用途测验"来测量思维的变通性,例如吉尔福特要求被试在 8 分钟内列出红砖的各种用途;第三,独特性,对思考的问题能提出异乎寻常的新颖见解,常用命题测验来测量思维的独特性,即给被试讲一个故事,要求被试给这个故事命名一个不同寻常的题目。

(三) 根据思维凭借概念的来源分类

根据思维凭借概念的来源不同,思维可以分为经验思维和理论思维。

1. 经验思维

经验思维是凭借日常生活感受来认识事物和理解问题的,是一种较为简单的习惯型思维方式。这种思维因为经验不足的问题,往往产生片面性,甚至会出现错误的结论。比如,学前儿童根据经验认为"鸟都会飞"。

2. 理论思维

理论思维是根据科学概念、判断进行的思维。比如用心理学原理分析、辨别各种迷信活动的实质,用现代心理健康的标准来评价、纠正自己的心理健康水平等。

(四) 根据思维的逻辑性分类

根据思维的逻辑性不同,思维可以分为直觉思维和分析思维。

1. 直觉思维

直觉是对突然出现的新问题、新事物、新现象,能够迅速理解并做出判断的思维过程,特点是非逻辑性、直接领悟性。达尔文在阅读马尔萨斯的人口论著作时突然领悟出"物竞天择,适者生存"的自然选择理论,魏格纳在看地图的时候突然闪现"大陆漂移"的想法,阿基米德在洗澡的时候突然发现浮力等,都是直觉思维的典型例证。在一定程度上,直觉思维是逻辑思维的凝聚或简缩,是经过深度思考而"偶然得之"的灵感。

2. 分析思维

分析思维就是逻辑思维,是遵循逻辑规律,经过分析、推导而得出合乎逻辑的答案或结论的思维。比如我们经过推理和论证解决了一道数学难题。

(五) 根据思维的创新程度分类

根据思维的创新程度不同,思维可以分为常规思维和创造思维。

1. 常规思维

常规思维是人们用现成的程序、惯用的方法、固定的模式直接解决问题的思维过程,也称再造性思维、习惯性思维。例如学生用学过的公式、定理解决同一类型的问题。常规思维的创造性水平低，一般不需要对已掌握的知识进行重新构建，因而缺乏新颖性和独创性。

2. 创造思维

创造思维是个人在已有知识经验的基础上，发现新事物、创造新方法、解决新问题的思维过程。创造思维是多种思维综合的结果，是人类思维的高级过程。例如剧作家创作一个新的剧目，工程设计师发明一部新机器等。

第二节　思维的基本形式与过程

思维是在感知的基础上产生和发展的。人们对客观世界正确、概括的认识，绝不是主观臆造或凭空虚构的，而是通过感知觉获得大量具体、生动的材料后，经过大脑的分析、综合、比较、抽象、概括等思维过程才达到的。只有这样，才能反映事物的本质和内在联系。

一、思维的基本形式

思维的基本形式有概念、判断和推理。

(一) 概念

1. 概念的含义

概念是人脑反映事物本质属性的思维形式，包括内涵与外延，内涵即概念所反映的事物的本质属性，外延即概念的适用范围。

概念是思维的基本单位，通过概念，可使人们掌握事物的本质和规律。概念是知识的基本单元，人们获得的知识主要由概念组成。

概念是用一定的词来记载和标志的，但是概念和词不一定一一对应，"医生""大夫"两个词表达同一个概念，而"千金"一个词却表达"许多钱""女儿""珍贵"等多个概念。

2. 概念的形成

概念的形成是指个体抽象、概括概念的本质属性和共同特征的过程。

概念的形成有一个长期的过程。随着社会实践经验的积累，人们在对客观事物进行反复感知和不断分析、综合、比较、抽象、概括的基础上，从个别到一般，从具体到抽象，逐步概括出某一类事物的本质属性和共同特征，最终形成概念。

概念的形成借助词和句子来实现，词的意义不断充实的过程也是概念不断深化和发展的过程。随着社会的发展与人类实践范围的不断扩大，概念的内涵和外延会不断发生变化，因而概念不是一成不变的，而是与时俱进的。比如，人们原来认为地球是平的，后来才证明地球是球形的。

3. 概念的掌握

概念的掌握又称概念的获得，即掌握了这一概念所反映的一类事物的本质属性与共同特征。个体掌握概念主要通过两条途径实现：一是在日常生活中通过辨别学习与积累经验，掌握日常概念，这实际上是借助自己的经验形成概念的过程。例如儿童看到麻雀、乌鸦、燕子等，分析综合后形成关于"鸟"的日常概念。有的日常概念在内涵中可能包括了非本质属性，因而不够准确。例如有些儿童把"鸟"理解为"会飞的动物"，因而认为蝴蝶是鸟，鸭子、鹅不是鸟。二是通过课堂教学(或自学)揭示概念的内涵和外延，这是个体借助思维掌握科学概念的过程。在教学过程中，学生需要改造自己的日常概念，接受科学概念，这是一个逐步深化、去伪存真的过程。

4. 影响概念掌握的因素

(1) 过去经验。过去的经验一般为日常概念，对掌握科学概念有重大影响。当日常概念的含义与科学概念的内涵基本一致时，日常概念会促进科学概念的掌握；反之，当日常概念的含义与科学概念的内涵不一致时，日常概念就会产生消极作用。例如"会飞的都是鸟"这类日常概念，会对科学概念"鸟类"的掌握造成很大干扰。

(2) 变式。变式是事物的变换样式，即变换事物的非本质属性来突出其本质属性的方法。多提供具有本质属性的变式，有助于科学概念的掌握。例如讲"哺乳动物"时，列举陆上跑的狮子、水里游的鲸鱼、空中飞的蝙蝠，用生活环境不同这一非本质属性来突出这些动物共同的本质属性：哺乳、有脊椎、是动物。

(3) 认知能力。掌握科学概念需要丰富的感性认识作为基础，因而认知能力也影响学生对概念的掌握。例如对"善恶"这一概念，4 岁儿童可能以行为后果作为判断标准，让他们掌握这一概念一般依靠奖惩等外力；而对于 12 岁儿童来说，他们的认知能力增强了，可能以行为动机为判断标准，因而靠说理来建立就有效了。如果用语言描述来提供某些感性的情境，以帮助学生正确掌握这类抽象概念，也必须合乎学生的理解能力。

(4) 定义。定义是用简洁、明确的语言来表达概念的内涵，通过下定义可以把概念的内涵固定化，从而有助于理解概念的实质，并以此辨认事物。教学中，下定义要适时，过早会让学生因不懂而死记硬背，过迟则不能起到让学生整理和巩固知识的作用。另外，针对不同层次的学生，同一概念应下不同深度、不同水平的定义。

(二) 判断

判断是用概念去肯定或否定某事物具有某种属性的思维形式。一般用是、否、有、无等词语来表示。通常判断分为直接判断和间接判断。直接判断是通过感知活动进行的判断，不需要复杂的思维过程就能判断，如"苹果是红的"。间接判断是关于事物内部关系和联系的判断，一般需要复杂的思考，如"风欲起而石燕飞，天将雨而商羊舞(石燕：零陵山之石燕，遇风雨即飞，雨止复变为石头；商羊：鸟名，传说只有一只)"。

(三) 推理

推理是从已知判断推出新判断的思维过程，是人们间接认识客观事物的基本途径，已知判断是前提，推出的新判断是结论。

1. 推理的种类

(1) 演绎推理指一般原理到特殊实例的推理。例如从"一切金属受热都会膨胀"这个一般原理推出"铝受热也会膨胀"的结论。在推理过程中，如果不违背逻辑规律，那么前提真实，结论必然真实。

(2) 归纳推理就是从许多具体事例中得出一般结论的思维过程，其前提正确，结论不一定正确。例如从"麻雀、黄莺、喜鹊、啄木鸟都能飞翔"推出"鸟都能飞翔"的结论就是不对的。

(3) 类比推理是从某个特殊的事例推出另一个特殊的事例的思维过程。比较鱼类与鲸鱼的特征，再比较鲸鱼与哺乳动物特征，得出鲸鱼不是鱼而是哺乳动物，就是类比推理。

2. 影响推理正确性的因素

心理学侧重于研究推理的心理过程，也研究影响推理准确性的因素。

(1) 前提的气氛效应。心理学家武德沃斯和塞尔斯发现，推理往往受到前提造成的气氛影响而产生错误结论，即人在推理时，由于前提造成的气氛而形成定式，在这种气氛或定式的影响下，人们往往不顾逻辑步骤，而硬性得出错误结论。例如，"所有的鱼都生活在水里"，"所有的鲸鱼生活在水里"，所以"所有的鲸鱼是鱼"。这个推理虽然不对，但大多数人仍然判断其是正确的。进一步研究，他们发现：两个全称(特称)前提使人倾向于得出全称(特称)的结论，两个肯定(否定)的前提使人倾向于得出肯定(否定)的结论。

(2) 情绪的参与程度。推理时，情感参与程度越高，就越容易产生不正确的推理结论。希斯特斯怀特在 559 名美国大学生中进行了一个含有 72 个推理题目的测试，其中 36 个推理题目带有种族歧视情绪色彩，其他题目无情绪色彩，要求被试指出推理是否正确。结果显示：在鉴别带有情绪色彩的推论时错误较多，而且美国南方的大学生对黑人有种族偏见，因而错误明显多于北方的学生。

二、思维的过程

思维是非常复杂的心理活动过程，其过程包括分析与综合、比较与分类、抽象与概括、具体化与系统化等操作过程。其中分析与综合是思维的基本过程，其他思维过程必须以分析与综合为基础。

(一) 分析与综合

1. 分析

分析就是在头脑中把事物或现象分解为各个组成部分或各种属性的思维。比如，把植物分解为根、茎、叶、花、果实、种子等；把动物分为头、尾、足、躯体等，都是分析。思维过程一般从分析开始，它能够使人深入、细致地认识事物的各个部分和各种属性。

2. 综合

综合是在头脑中把事物或现象的各个组成部分或各种属性联合成为一个整体的思维过程。例如，把一个学生的思想品德、智力水平、学业成绩、健康状况等联系起来加以评价，得出结论，就是综合。综合让人们了解事物或现象的各个组成部分或各种属性之间的联系或关系，并使人们的认识更完整、更全面。

分析和综合在认知过程中相互联系、相互依存。没有分析就不可能有综合，通过对事物的分析，人的认识才能深入。离开了分析，对事物的整体认识就是肤浅、空洞的。同样，只有分析，没有综合，分析的材料将是彼此孤立、互不联系的，因而也就不可能对事物形成完整、全面的认识。分析为最初的综合认识所指引，分析又是进一步综合的手段、途径和方法，从而导致综合更加完整和深化。总之，人的思维活动总是按照分析、综合、再分析、再综合的顺序不断深入展开的。

(二) 比较与分类

1. 比较

比较是在头脑中对比事物或现象之间的异同点，并确定其关系的思维过程。事物或现象之间存在性质上的异同、数量上的多少、形式上的美丑、质量上的优劣，客观事物之间的同一性和差异性是对其进行比较的基础。比较以分析为前提，通过分析来对比不同的特征，然后确定它们之间的关系，所以比较也是综合。比如挑选计算机，先对比分析各种计算机的性能、外形、价格等，再综合比较以选取自己要购买的机型。

2. 分类

分类是在头脑中依据事物或现象的异同点，把它们归入适当的类别中的思维过程。分类是在比较的基础上，按一定标准将有共同点的事物划为一类，再根据更小的差异在同一类中继续划分不同的属，从而揭示其隶属关系和等级系统。分类能使知识系统化。

(三) 抽象与概括

1. 抽象

抽象是人脑把同类事物或现象的本质属性抽取出来，并舍弃非本质属性的思维过程。抽象是在分析与比较的基础上进行的。比如，从手表、怀表、石英钟、座钟、挂钟等不同的钟表中，抽取它们"能计时"的共同的、本质的特征，舍弃它们不同大小、形状、构造、颜色等非本质属性。抽象实际上是把本质属性和非本质属性区分开来，它的作用就是使人们认识事物或现象的本质和规律。

2. 概括

概括就是把抽象出来的同类事物或现象的本质属性综合起来，并推广到同类事物中去的思维过程。概括是在抽象和综合的基础上进行的。比如，通过抽象得出结论"有生命的物质叫生物"，并把这个结论推广到植物、动物和微生物中。概括能够把本质属性综合起来，使个体形成特定的概念。

(四) 系统化与具体化

1. 系统化

系统化是在头脑中把不同事物按一定层次归入一定的体系之中，形成一个统一的、有层次的结构的思维过程。例如，心理现象分为心理过程和个性心理，心理过程再分为知、情、意三个过程，个性心理再分为个性心理倾向和个性心理特征；在学习过程中，学生把感觉划归到认知过程，把能力划归到个性心理特征，等等，这些都是系统化的过程。系统化有助于把握知识的整体结构。

2. 具体化

具体化是在头脑中把抽象、概括出来的概念、原理、理论应用到实际中去的思维过程。

具体化能使问题更容易被理解，增强真实性、可靠性。例如，用举例的方法说明定律、公理、规律。具体化有助于理解、掌握和运用理论知识。

第三节　问题解决

　　思维最重要的作用在于它可以帮助人们解决发生在身边的各种问题。小到决定今天的午餐吃什么，大到思考生命的意义是什么。但同样的问题，不同的人往往给出不同的解决策略，从而解决的效率也不同。同一个个体在面临层出不穷的问题时更是经常变换思路，以提高问题解决的质量。教学也是如此，教育的最终目的就是使学生自如、高效地解决实际问题。

一、问题解决概述

(一) 问题的概念

　　问题是指个体面临的一个不易达到的目标或困难情境。个体不能运用已有知识直接达到目标或解决困难，必须经过一系列思维操作才能达到目标或解决困难。

(二) 问题的特点

1. 情境性

　　问题总是由问题情境引起的。问题情境出现，使人们感到困惑但又不能利用经验直接解决，才促使人们进行思考，并采取相应的策略去改变这种困境。问题解决的过程就是问题情境消失的过程。

2. 目标指向性

　　问题具有明确的目标状态。问题解决的过程就是探索如何从初始状态达到目标状态的过程，可以通过直觉与猜测，也可以通过分析与推理，还可以通过联想与想象，但不管哪种途径都必须从初始状态指向目标状态。

3. 操作序列性

　　问题解决包含一系列心理操作，这种操作是成序列、有系统的。当然采用不同的方法和途径解决同一问题时会呈现出不同的序列。选择一种解决问题的方法和途径，实际上就是选择了一种序列或者系统。序列出现错误，问题就无法解决。

4. 认知操作性

　　认知操作是解决问题的最基本操作。解决问题当然有情感的伴随，也常常需要付诸行动，但认知操作是不可缺少的。

(三) 问题的类型

1. 根据问题的明确度分类

　　根据问题的明确度，问题可以分为界定清晰的问题和界定含糊的问题。

　　界定清晰的问题是指问题的初始状态、目标状态，以及由初始状态到目标状态的通路都很清楚的问题。例如，已知 A＞B，B＞C，问 A 与 C 谁大？

界定含糊的问题是指问题的初始状态和目标状态两者至少有一方面没有明确地说明，这样的问题有很大的不确定性。例如，怎样才能发财致富？

2. 根据是否有对手分类

根据是否有对手，问题可以分为对抗性问题和非对抗性问题。

对抗性问题是指需要考虑自己和对手的解题活动，例如下象棋、下围棋等。而非对抗性问题是没有对手参与的问题，例如代数问题。

3. 根据相关知识的多少分类

根据相关知识的多少，问题可以分为语义丰富的问题和语义贫乏的问题。

语义丰富的问题是指需要具有较多知识才能解决的问题，例如物理学家研究的力学问题。而语义贫乏的问题是指不需要很多知识也能解决的问题，例如初中物理知识就能解决的问题。

问题类型的划分是相对的。下象棋是对抗性问题，对初学者是语义贫乏的问题，对象棋大师却是语义丰富的问题。

(四) 问题解决的概念

问题解决是指由一定情景引起的，按照一定的目标，应用各种认知活动、技能方法，经过一系列思维操作，使问题得以解决的过程。

问题解决是心理学长期研究的课题，它是一种复杂的活动，包含多种成分。思维活动一般是为了解决某个或某些问题而展开的，分析问题解决过程中的思维活动及影响因素对于人的各种实践活动都具有重要意义。

二、问题解决的思维过程

人们解决问题的具体过程千差万别，因此，对问题解决的阶段划分有许多不同意见。我国心理学界一般把问题解决分为四个阶段。

(一) 发现问题

爱因斯坦说："发现问题比解决问题更重要。"能否发现问题，往往标志着个体思维水平的高低，发现问题既是思维的起点，也是思维的动力。只有发现问题，才能开展思维活动去解决问题。影响发现问题的因素包括以下几个方面。

(1) 对活动的态度。人对所从事活动的态度越积极，即人对活动的意义、价值与必要性认识越深刻，并对活动持肯定态度，则人在活动中的主动性就会发挥得越充分，也就越容易发现活动中的问题。

(2) 求知欲和兴趣。具有旺盛求知欲和强烈兴趣的人，能在别人不能发现问题的地方发现问题，或在被人熟知、极为平常的现象中发现新的问题。求知欲和兴趣是人发现问题的内部力量。

(3) 知识经验。丰富的知识经验会使人从不同方向或角度去思考问题，能够使人看到事物的复杂性，从而有利于发现问题。

(二) 分析问题

分析问题就是将问题明确或加以具体化的过程。问题一般包含三个方面：一是问题的初始状态，即问题所给出的条件；二是任务的目标状态，即问题所要达到的目标；三是完成任务的算子，即从条件到目标的转化操作。分析问题是解决问题的基础，它可以使思维活动沿着一个更加具体的方向展开。

(三) 提出假设

找出问题解决的原则、途径和方法是解决问题的关键。如果需要解决的问题比较简单，那么解决它的途径、方法就比较明确。如果所需解决的问题比较复杂或是一些新问题，就需要运用有关方面的知识，对所掌握的材料进行分析、综合、抽象、概括，运用推理的形式提出假设，即提出问题解决的原则、途径和方法。

(四) 检验假设

问题解决的最后阶段是检验假设。检验假设就是将解决问题的方案付诸实施，并把实施的结果与原有解决问题的要求相对照。检验假设的方法有两种：一种是通过实践活动直接进行检验。如果实践成功，问题得到解决，就证明假设是正确的。另一种是凭借已有的知识、经验，在头脑中通过逻辑推理对假设做出合乎规律的检验。

三、问题解决的一般策略

问题解决过程中，问题解决者会使用各种策略，这些策略大致可分为算法式策略和启发式策略。

(一) 算法式策略

算法式策略是一种按逻辑来随机尝试解决问题的策略，即在问题空间内搜索所有可能的解决方法，并逐一尝试，最终使问题得以解决。例如，解一个6个字母的字谜(如source)，假如确实有这样的一个词存在，只要系统地改变这6个字母的次序，每改变一次次序就到词典中去查字母构成的排列，最终就能找到一个匹配的词。采用算法式策略，问题解决者可能需要做出720种排列。因此，算法式策略的最大缺点是费时。

(二) 启发式策略

启发式策略是根据已有的知识经验，在问题空间内进行较少搜索，以达到解决问题的目的。启发式策略不能保证一定解决问题，但一旦解决，就是省时省力的。人们经常使用以下几种启发式策略。

1. 手段—目的分析

手段—目的分析是将所要达到的目标分成若干子目标，通过实现一系列的子目标最终达到总目标。它的基本步骤：首先比较初始状态和目标状态，提出第一个子目标；然后找出完成第一个子目标的方法，并实现它；接着再提出新的子目标，如此直至问题解决。

手段—目的分析是一种不断减小当前状态与目标状态之间的差别而逐步前进的策略，是人类解决问题最常用的一种策略，它对解决复杂问题有重要的应用价值。

2. 逆向工作

逆向工作也称逆向推理，是指从问题的目标状态出发，按照子目标组成的逻辑顺序逐级向当前状态递归的问题解决策略。数学中的反证法就是一种逆向工作。

3. 假设检验

假设检验一般分为两步进行：第一步，产生一个候选答案。第二步，检验它是否是真正的答案。如果被否定，则另外产生一个候选答案，并再度检验，直到找出真正的答案为止。

假设检验这种策略的缺点是：没有提供如何尽快选择候选答案的方法，对答案的选择可能较费时；解决问题的答案要求是完整的，否则难以检验，而要完整列出所有候选答案也较困难。

总之，在问题解决过程中，人们可以选择不同的策略。但人们一般不去寻求最优的策略，而是找到一个较满意的策略。因为即使是解决最简单的问题，要想得到次数最少、效能最高的问题解决策略也是很困难的。同时，期望水平的高低会影响问题解决的满意度。

四、影响问题解决的心理因素

影响问题解决的心理因素是多方面的，它们互相联系、互相影响，综合地影响问题解决的思维过程。

(一) 问题情境

1. 刺激模式

刺激模式即问题呈现时的形态。一般来讲，刺激模式和人的认知结构差异越大，问题就越难解决。例如，已知一个圆的半径是 6 厘米，请问圆的外切正方形的面积是多少？这个问题的知觉呈现方式有两种，如图 6-1 所示。由于图 6-1(a)较难看出圆半径与外切正方形边长之间的关系，而图 6-1(b)较容易看出圆半径与正方形边长之间的关系，所以人们一般在解决图 6-1(a)所示问题时出错多，解决图 6-1(b)所示问题时出错少。

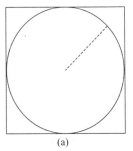 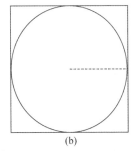

图 6-1　两种圆外切正方形图

2. 信息量

问题情境中所包含的信息量太少或太多都不利于问题解决，太少可能信息不足，太多会造成干扰。例如，抽屉里有黑、白两种颜色的袜子混在一块，黑、白袜的数量之比是 4:5,

那么，为了保证得到一双同色袜子，要从抽屉里取出多少只袜子？其中黑、白袜的数量之比就是个多余信息，会对问题解决造成干扰。

3. 问题的具体化

问题本身是否具体对问题解决有直接影响，尤其是当个体对问题所在领域很陌生时，其影响更为明显。例如，让一些未受逻辑训练的被试解决下面问题：有些 A 是 B，有些 C 是 B，因此有些 A 是 C。对这个结论，许多人认为是正确的，但是如果将这个问题具体化，其错误显而易见：有些香蕉是绿色的，有些橘子是绿色，因此有些香蕉是橘子。

（二）认知因素

1. 思维定式

思维定式是个体先前的思维活动形成的心理准备状态对后继同类思维活动的影响。定式常常是意识不到的，有时有助于问题的解决，有时会妨碍问题的解决。最早研究定式在解决问题中的作用的是梅尔。陆钦斯的量水问题实验是说明定式作用的一个典型实验。在实验中，告诉被试有三个大小不同的杯子，要求利用这三个杯子量出一定量的水，实验序列如表 6-1 所示。实验结果表明，通过序列 1～3 的实验，被试形成了 B-A-2C 这个公式的定式，结果，对序列 4、5 也用同样方式加以解决；对序列 7、8 居然有很多被试束手无策了，虽然这两个序列实际上有显而易见的简单方法(A-C 和 A+C)；序列 6 是一个很有趣的例子，这个序列既可以使用 B-A-2C，也可以使用 A-C，不过，实验中很少有被试发现这一点。陆钦斯的量水问题实验启发我们，如果习题和例题表面相似、本质相同，那么通过做例题而形成的思维定式有利于学生解决习题；如果习题和例题表面相似而本质不同，思维定式就会妨碍问题的解决。

表 6-1 陆钦斯的量水问题实验序列　　　　　　　　　　　　　单位：mL

序列	三个杯的容量			要求量出水的体积
	A	B	C	
1	21	127	3	100
2	14	163	25	99
3	18	43	10	5
4	9	42	6	21
5	20	59	4	31
6	23	49	3	20
7	15	40	3	18
8	28	76	3	25

2. 功能固着

功能固着是德国心理学家东克尔首先提出的，是指人们把某种功能赋予某种物体的倾向，它是一种特殊类型的定式，是思维活动的刻板化。例如衣服好像只有一种用途，很少想到它可用于扑灭火苗。看到某个物品有一种惯常用途后，就很难看出它的其他用途。这类现象使人们趋向于以习惯的方式运用物品，从而妨碍以新的方式去运用它来解决问题。

3. 酝酿效应

当反复探索一个问题的解决而毫无结果时，把问题暂时搁置一段时间，几小时、几天或几个星期后再回过头来解决，反而可能很快找到解决办法，这种现象称为酝酿效应。在酝酿期间，个体虽在意识中终止了解决问题的思维过程，但其思维过程并没有完全终止，而仍然在潜意识中断断续续地进行着。通过酝酿，最近的记忆和已有的记忆被整合在一起，弱化了心理定式的效应，并容易激活比较遥远的思维线索，因而容易重构出新的事物，产生对问题的新看法，使问题得以顺利解决。

4. 知识经验

知识经验对问题解决的影响比较复杂，某方面知识经验越多，就越有可能形成顽固的思维定式或功能固着，遇到新问题时难以打开思路，从而不利于问题解决。但是，如果没有足够数量的知识经验，那么就不可能对问题做准确和全面的把握，也不利于问题的解决。这里，起主要作用的其实是个体对待知识的态度，如果能够灵活运用知识，那么知识经验越丰富就越有利于问题解决；如果知识僵化，运用刻板，那么知识经验越多就越不利于问题解决。

(三) 情绪和动机因素

研究表明，情绪能促进或阻碍问题解决。一般来说，紧张、惶恐、烦躁、压抑等消极情绪会阻碍问题解决，而乐观、平静、积极等情绪有助于问题的解决。

适中的动机水平有利于问题的解决，过强或过弱的动机水平不利于问题的解决。因为太强的动机水平会使人处于高度的紧张状态，因而容易忽视解决问题的重要线索，而动机太弱，个体又容易被无关因素所吸引。

第四节　思维品质和创造思维

不同个体在进行思维活动时，体现出的思维特点也是不相同的。有的人考虑问题十分全面，有的人善于分析利弊，有的人能够抓住事物的根本特征，有的人能够随机应变，有的人喜欢当机立断，这就体现了思维的不同品质。

一、思维的品质

人的思维活动有明显的个体差异，一般来说，良好的思维品质表现在以下几个方面。

(一) 思维的广阔性

思维的广阔性是指能全面而细致地考虑问题。思维广阔的人，不仅考虑问题的整体，还要考虑问题的细节；不仅考虑问题的本身，而且考虑和问题有关的其他条件。思维的广阔性是以丰富的知识为依据的，只有具备大量的知识，才能从事物的不同方面和不同联系等角度考虑问题，从而避免片面性和狭隘性。

(二) 思维的批判性

思维的批判性是指能使自己的思维受到已知客观事物的充分检验，也是指思考问题时能冷静地分析其依据、是非、利弊，不易受别人暗示或自己情绪的左右。思维的批判性是以广阔性为基础的。只有具有广阔的思维，才能提出各种各样的假设，并使这些假设受到充分的客观事实的检验。具有批判性思维的人在处理问题时，能够客观地考虑正、反两个方面的意见，虚心地进行自我检查，坚持正确的观点，放弃错误的观点或想法。这是一种既善于从实际出发，又善于独立思考的思维品质。

缺乏思维批判性的人，往往走两个极端，或者自以为是，或者人云亦云。自以为是的人，常常把第一假设当作最后的真理，主观自恃，骄傲自大；人云亦云的人，常常轻信轻疑，没有主见，容易上当受骗，随波逐流。

(三) 思维的深刻性

思维的深刻性是指思维能深入事物的本质，不满足于表面认识，善于区别本质与非本质特征，善于抓住主要矛盾。思维的深刻性是以批判性为前提的，因为只有通过客观事物的充分检验，丢掉不符合实际的假设，保留符合实际并能真正解决问题的假设，才能为思维的深刻性创造必要的条件。具有思维深刻性的人善于钻研问题，能够抓住事物的本质与核心，并做出正确的预测。他们能从别人看来是简单而普遍的事物中发现复杂而独特的规律。

(四) 思维的灵活性

思维的灵活性是指一个人的思维活动能根据客观情况的变化而变化。也就是说，能够根据所发现的新事物，及时修改自己原有的想法，使思维从成见和教条中解放出来。平时我们说一个人"机智"，即就思维的灵活性而言的。思维的灵活性不是无原则的见风使舵，也不是一会儿想想这，一会儿想想那，碰到问题就打退堂鼓。后者是一种浮躁的表现。有的人在客观情况变化以后，思想一时跟不上；有的人比较固执，爱钻牛角尖，这都是思维缺乏灵活性的表现。

(五) 思维的敏捷性

思维的敏捷性是指能在很快的时间内提出解决问题的正确意见。也就是说，人在解决问题时，能够当机立断，不徘徊，不犹豫。思维的敏捷性是思维其他品质发展的结果，也是所有优良思维品质的集中表现。因为思维的广阔性使人全面、细致地考虑问题，批判性使人丢掉那些与事实不相符合的假设，深刻性使人抓住事物的本质，灵活性使人能够随机应变，这才使敏捷性有了可能。

(六) 思维的逻辑性

思维的逻辑性是指考虑和解决问题时的思路鲜明，条理清楚，严格遵循逻辑规律。具体说，提出问题明确，不模棱两可，推理严谨，层次分明，论证充分，有的放矢，有说服力，论据确凿。

二、创造思维的概念和特点

创造思维是个人在已有知识经验的基础上，发现新事物、创造新方法、解决新问题的思维过程。它是多种思维综合的结果，是人类思维的高级过程。创造思维具有一般思维的特点，又不同于一般思维。

(1) 创造思维在思维方向上具有求异性，能从别人习以为常的地方看出问题。
(2) 创造思维在思维结构上具有灵活性，能在思路上及时转换变通。
(3) 创造思维在思维进程上具有突发性，能在时间上以一种突然降临的情景为突破。
(4) 创造思维在思维效果上具有整体性，能使成果迅速夸大和展开，带来整体价值更新。

从广义上来说，创造思维并不神秘，它不是要么就有，要么就没有，也不是为少数人所具有的心理品质，而是每一个健康的个体都具有的一种普遍的心理能力。个体的创造思维存在程度的差异，但对整个人群而言，它是一个水平从低到高的连续体。

三、创造思维的过程

创造思维伴随着创造过程。了解创造思维的过程有助于理解人类的创造性成果是怎样产生的，影响因素有哪些，怎样培养学生的创造思维能力。而对创造过程的分析，最有影响且广为流传的理论是英国心理学家沃拉斯提出的四阶段理论。

(一) 准备阶段

准备阶段是指创造思维形成之前，对问题相关知识的理解与累积阶段。

创造思维是从发现问题、提出问题开始的。"问题意识"是创造思维的关键，提出问题后必须为着手解决问题做充分的准备，包括必要的事实和资料的收集、必需的知识和经验的储备、技术和设备的筹集，以及其他条件的提供等。同时，必须对前人在同一问题上所积累的经验有所了解，对前人在该问题尚未解决的领域做深入的分析。这样既可以避免重复前人的劳动，又可以使自己站在新的起点从事创造工作，还可以帮助自己从旧问题中发现新问题，从前人的经验中获得有益的启示。准备阶段常常要经历相当长的时间，有时会埋头于大量的事实经验和文献资料中理不出头绪，找不到问题的特点，不能进入创造活动的下一个阶段。

(二) 酝酿阶段

在酝酿阶段，要对前一阶段所获得的各种资料和事实进行消化、吸收，从而明确问题的关键所在，并提出解决问题的各种假设和方案。此时，有些问题虽然经过反复思考、酝酿，但仍未获得完美的解决，思维常常出现"中断"、想不下去的现象。在这种情形下，问题引起的创造思维表面来看似乎停止了，但事实上它仍在潜意识中酝酿进行。许多人在这一阶段常常表现为狂热和如痴如醉，令常人难以理解。例如牛顿把手表当鸡蛋煮、陈景润在马路上与电线杆相撞……这个阶段可能是短暂的，也可能是漫长的，有时甚至延续好多年。创新者的观念仿佛是在"冬眠"，等待着"复苏"和"醒悟"。

(三) 豁朗阶段

在豁朗阶段，经过酝酿阶段之后，具有创造性的新观念可能突然出现，大有豁然开朗的感觉，"像闪电一样，谜一下解开了"。灵感的来临往往是突然的、不期而至的：它可能产生在半睡半醒中，可能产生在沐浴时，也可能产生在旅途中。总之，灵感多半是在与创造无直接关系的活动中产生的。灵感可遇而不可求，它是创造思维导向创造结果的关键。

(四)验证期

思路豁然贯通以后，灵感产生的新观念并不一定是正确的，所得到的解决问题的构想和方案还必须在理论上和实践上进行论证与试验，验证其可行性。经验证后，有时方案得到确认，有时方案得到改进，有时方案完全被否定，需要重新酝酿。直到方案被反复验证无误，创造思维的历程才算结束。

四、影响创造思维的因素

(一) 社会文化

社会文化因素与人的创造思维有密切的关系。例如某些种族，特别是犹太人和亚洲人，以杰出的创造才能而闻名。在诺贝尔奖获得者中，犹太人和亚洲人占有很大的比例，他们的文化具有以下共同特点：热爱文学，重视教育，家庭结构稳定，对抽象概念(如抽象的上帝、宗教规则)有较深刻的领悟并以此来传递文化。托兰斯研究了美国、澳大利亚、印度、德国等国的文化与儿童创造思维的关系，他发现在这些国家里，文化发展有高潮和低潮，儿童的创造思维相应地也有高潮期和低潮期。而西萨摩亚群岛的文化发展缓慢而稳定，儿童创造思维的发展虽然缓慢，但却连续上升而无下降期。另外一些比较研究也发现，在鼓励独立性、创造精神，主张男女平等的开放性社会中，儿童的创造思维水平普遍较高，男女差异也较小；而在强调专制、服从，男女地位悬殊的封闭性社会中，儿童的创造思维水平普遍较低，男女差异也较大。

(二) 学校教育

教育对培养创造思维有巨大的作用。只有头脑里装有知识、经验、事实，个体才可能运用它们来进行创造，否则就没有思维的基础。

教育除了传授知识外，更重要的作用是培养思维的能力。五六岁的儿童在游戏、绘画、手工、编故事、记数等活动中都已明显出现了构思新形象、寻求新办法、解决新问题的创新精神，这时的教育就是要发现、挖掘和引导。尊重学生意见，允许大胆思考，鼓励学生提问，注意因材施教，对于学生创造思维能力的培养有很大帮助。心理学研究发现，如果强调勤勉、礼让、循规蹈矩、自谦、服从，学生的创造思维能力就低，如果强调独立思考、好奇心、冒险性、尝试探奇、自信、果断，学生的创造思维能力就高。同样，具有创造性的教学方法，如发现法、自学法、研究法、类比法等对于创造思维能力的培养也大有益处。

(三) 家庭

家庭因素对于培养创造思维也有很大作用。曾有人对创造力强的儿童的父母进行测验和面谈，结果证实，这些父母具有这样一些共同的特点：富有表达性，独立性强，主张地位平等，强调个人观念，允许儿童自由表现，鼓励孩子动手实践。韦斯伯格等人的大量研究表明，父亲和母亲在儿童创造力发展上起的作用有所不同。母亲的强制行为与儿童的创造思维能力有负相关性，创造思维能力高的儿童与父亲接触较多，父子关系与儿童的创造思维能力有较高的正相关性，父亲对儿童的创造思维发展的影响比母亲的影响大得多。

(四) 个性

个性因素与创造思维的密切关系是很明显的。很多个性特点，如坚持性、好奇心、自信心、恒心、不落俗套等，本身就是创造力的组成因素。另外，个体不按常规进行的与众不同的思维探索往往不能顺利进行，势必要遇到困难，甚至可能要失败。所以个体还需要有敢于冒险、不怕失败的精神。

另外，健康的心理状态也在很大程度上影响创造思维的活力，过分紧张或过分松弛都不利于创造思维的发挥。

五、创造思维的培养

创造思维在人类的创造活动中起着重要作用，培养创新型人才是教育工作的一项重要任务。

(一) 保护好奇心，激发求知欲

好奇心是人对新异事物产生诧异并进行探究的一种心理倾向。求知欲又称认识兴趣，它是好奇心的升华，是人渴望获得知识的一种心理状态。好奇心和求知欲是人们主动、积极地观察世界、进行创造思维的内部动因。具有强烈好奇心和求知欲的人，对事物有着执着的追求与迷恋，不会感到学习和创造是一种负担，而会在活动中获得极大的精神鼓舞和情感满足。在教学中，教师应该进行启发式教学或创设问题情境，使学生对疑难产生求知的需要和探索的欲望，主动提问和质疑。要有意识地强化他们对一切事物的兴趣，以保护好奇心，激发求知欲。

(二) 加强发散思维的训练

发散思维是创造思维的主要成分，因此发展发散思维对培养创造思维有重要作用。科学实验证明，有目的、有意识的训练，可以发展学生思维的流畅性、变通性、独特性。例如，通过一题多解和一题多变的练习，培养学生思维的灵活性和变通性，鼓励学生自编习题，以发展学生思维的独特性和新颖性。通过课外活动也可以培养学生的发散思维。例如，可以给学生提供某些原材料和配件，鼓励他们按自己的设计进行组装活动，也可以在课外文学小组活动中鼓励学生进行填对联和猜谜语的活动。

(三) 丰富学生的知识经验和想象力

丰富的知识经验和想象力是产生创造思维的重要条件。各种新异念头从头脑中涌现出来，绝非无中生有，创造思维过程是对头脑中已有知识经验的重组过程，有时以从未有的组合形式表现出来，但任何形式的组合都不会脱离一个人已有的知识经验的范围。

并不是有知识经验的人就一定有创造力，对于一个不善于调用和重组头脑中储存的材料，也缺乏高水平的表象建造能力的人来说，即使有丰富的知识，也不能表现出创造思维，因此想象力是创造活动中不可缺少的心理因素。教学中，教师应该在丰富学生知识经验的基础上，加强想象力的训练，使其大胆想象，敢于"异想天开"，创新进取。

(四) 培养优良个性

创造思维也与非智力因素有关。实验研究发现，有创造力的儿童富有责任感、热情、有毅力、勤奋、依赖性小、勇于克服困难、冒险、有较强的独立性等，因此要培养学生的创造力,应结合教学实际,加强对学生的独立性、勤奋、自信和坚持性等优良个性的培养。

第五节 想象

我们没有去过南极,当听到南极科学考察团做有关南极的介绍时,头脑中想象出一幅幅南极风光的画面。想象也可能是在现实中尚未有过或根本不可能有的、纯属创造的事物形象,例如《西游记》中的孙悟空、猪八戒,《聊斋志异》中的狐仙鬼怪等。而想象的形象又不是凭空产生的,而是通过对过去的感知得来并对记忆保持下来的表象进行加工、改造的结果。发明创造如此,艺术创作也是如此。每一首新歌、新曲,每一幅图画及每一个人物的创作,无一不是创作者利用他们过去感知的记忆表象,在头脑中加工改造、重新组成新表象的结果。

一、想象概述

(一)想象的概念

想象是人脑对已储存的表象加工改造形成新形象的过程。这是一种高级、复杂的认识活动,想象是一种特殊形式的思维过程。例如,人们在听广播、看小说时在头脑中呈现的各种各样的情景、人物形象,文学家根据生活经验创造出的各种人物形象,这些都是想象。

(二)想象的特点

1. 形象性

想象是在丰富的感知觉与记忆表象的基础上,通过人脑的加工改造而形成新形象,具有鲜明的形象性。想象的形象不是凭空产生的,它来自客观现实中的形象性材料。想象主要处理图形信息,而不是语词和符号。

2. 新颖性

想象的形象不同于简单再现于人脑的记忆表象,是经过加工改造而形成的新颖的形象,它可以是个体从未感知过的、现实中尚未存在或者根本不可能存在的事物的形象,只不过这类形象不管如何荒诞古怪,都能在现实生活中找到它的原型,都有其现实的依据。

二、想象的功能

(一)预见功能

想象具有预见作用,能预见活动的结果,并指导、调节人们活动进行的方向,实现预定的目的和计划。科学家的发明创造、工程师的工程设计、作家的人物塑造、学生的学习,这些活动都离不开人们的想象活动。因而,爱因斯坦说:"想象力比知识更重要。"

(二)补充功能

想象具有补充知识经验的作用。由于时空限制以及人们认识的局限性,人们对于原始社会的生活情境、千百万年的地壳运动和历史变迁、各种宏观和微观世界的结构与运动状况等无法直接感知到，只能借助想象予以弥补，以此超越狭隘的经验范围，对世界进行更充分、更全面、更深刻的了解。

(三) 代替功能

想象也有代替功能。当人们的某些需要得不到满足时，可以利用想象的方式得到满足或替代。例如中国戏曲中的骑马、过河、摆渡、开门、关门等动作都是通过演员形象化的表演来唤起观众的想象而获得理解的。幼儿想当一名汽车司机，由于能力所限不能实现，就把排列起来的小板凳假想为小汽车，以游戏的形式获得满足。

三、想象的综合过程

想象是从旧表象中经过分析与综合，找出必要的元素，并按照新构思进行重新组合，从而形成新形象。

(一) 黏合

黏合就是把客观事物中从未结合过的属性、特征、部分在头脑中结合在一起而形成新形象。神话、童话中的许多人物形象，如美人鱼、孙悟空、猪八戒等，都是把客观事物的某些特征分析出来，重新配置组合，构成人们渴求的形象，以满足人们的需要。生活中的许多发明创造是通过黏合方式完成的，例如，鲁班把荷叶与凉亭的特征结合起来，创造出世界上第一把伞，水陆两用坦克就是坦克和船的某些功能的黏合。

(二) 夸张

夸张又可称为强调，是故意夸大或缩小客观事物的正常特征，使它们变形，或者突出某些特点而省略另一些特点在头脑中形成新的形象。例如，人们创造的千手佛、九头鸟、大人国、小人国等，都是采用夸张的方式进行综合。

(三) 典型化

典型化就是根据一类事物的共同特征来创造新形象，是作家、艺术家创作的重要方式。作家赵树理笔下的农民形象不是某一个具体农民的真实写照，而是综合了中国几百个、几千个甚至几万个农民所具有的典型的、共同的特征而创造出来的。

(四) 联想

由一个事物想到另一个事物，也可以创造新形象。联想的活动方向很多时候服从于创作者创作时占优势的情绪、思想和意图，比如，一位诗人在某种情绪状态下看到"修理钟表"几个字，马上联想到了"修理时间"，继而又联想出"请替我修理一下年代吧，它已经不能按时间度过"的妙句来。

四、想象的种类

根据想象活动是否有自觉的目的性，可以把想象分为无意想象和有意想象两类。

(一) 无意想象

无意想象是没有预定目的，在一定刺激作用下，自然而然产生的想象。

无意想象是日常生活中经常发生的心理现象。例如，当我们抬头仰望天空变幻莫测的浮云时，脑中就产生起伏的山峦、柔软的棉花、活动的羊群、嘶鸣的奔马等形象；当我们看到北方冬季玻璃上的冰花时，就会觉得这像梅花，那像树叶等。

梦和幻觉均属特殊情况下产生的无意想象。

梦是无意想象的极端形式，是在睡眠状态下产生的一种正常的心理现象。巴甫洛夫认为，人在睡眠时，整个大脑皮层处于一种弥散性的抑制状态，但仍有少部分神经细胞处于兴奋、活跃状态，由于意识控制力减弱，这些记载着往日经验的细胞便随意地、不规则地结合在一起，形成了一个个离奇古怪、荒诞绝伦的梦境。

幻觉是一种异常精神状态下产生的无意想象，是由意识的病理紊乱引起或在某些药物作用下形成的脱离现实的、不能自己的想象，例如精神分裂病人可能产生幻觉。

(二) 有意想象

有意想象是根据一定的目的，在意识的控制下，自觉进行的想象。科学家提出的各种假说，文学家、艺术家在头脑中构思的人物形象等都是有意想象的结晶。

有意想象是人们从事实践活动的主要想象形式。按新颖性、创造性程度的不同，有意想象又可分为再造想象和创造想象。

1. 再造想象

再造想象是根据语言描述或图样示意，在头脑中产生有关形象的想象。再造想象也动用了自己的大脑和已有的知识经验，因而也有一定的创造性。比如，读者阅读鲁迅先生的《孔乙己》时，头脑中出现穿长衫、站着喝酒的人物形象；建筑工人根据建筑蓝图想象出建筑物的形象；机械制造工人根据图纸想象出机器的主要结构等，都属于再造想象。由于每个人的知识经验、个性特征等主观因素的不同，再造想象的内容必然有一定的差异。

顺利进行再造想象有赖于两个条件：一是理解语词、图样和符号的意义。不懂外语的人，无法在头脑中形成外语作品中描绘的人物、场景的形象。二是丰富的表象储备。表象是想象的基本材料，缺乏相应的表象储备，就难以进行想象。先天性盲人，不管如何向他描述朝霞的美丽，他也很难想象出来。

2. 创造想象

创造想象是根据一定的目的、任务，运用自己以往积累的表象，在头脑中独立地创造出事物新形象的过程。飞机设计师在头脑中构造一架新型飞机的形象，作家在头脑中构造新的典型人物形象等都属于创造想象。这些形象不是根据别人的描述，而是想象者根据生活提供的素材，在头脑中进行创造性的综合，从而构造了前所未有的新形象。创造想象具有独立性、首创性、新颖性的特点，创造的形象越新颖，它的创造性水平也就越高。

创造想象的产生依赖以下几个条件。

(1) 创造动机。社会生活本身不断提出创造新事物、解决新问题的要求，这种要求在人的头脑中得到反映，成为创造新事物的需要和动机，人们就获得了创造想象的动力。文艺创作中强烈的创作动机是很重要的，例如《红日》的作者吴强说："许许多多英雄人物崇高的形象激动着我的心,他们在我的脑子里活动、翻腾,我产生了要表现他们的欲望。孟良崮战役以后,这种欲望更加迫切、强烈了,而且也似乎成了一项不可推卸的责任。"

(2) 丰富的表象储备和必要的知识积累。想象受已有表象材料的数量和质量的影响,表象材料越丰富,质量越高,人的想象就会越广、越深,其形象也越逼真;表象材料越贫乏,想象越狭窄、越肤浅,有时甚至完全失真。要进行创造想象,还必须对相关领域进行深入的研究,掌握必要的知识,一个没有建筑学知识的人,即使头脑里储存了世界各地各式各样的建筑表象,也不会设计出一座实用、新颖的建筑。

(3) 积极的思维。创造想象受思维的调节。一方面,思维支配着创造想象的方向;另一方面,思维能够及时捕捉生活中的原型,以便快捷地形成新形象。例如在写作前,要严密地考虑文章的主题及所写的人物和事件等,才可能产生活生生的形象,如果不假思索,就不会有创造性成果。

(4) 灵感和艰巨劳动。创造过程中,新形象的产生带有突然性,常常被称为灵感。例如有些诗人在构思时,虽经长期酝酿,仍理不出思路,但偶然受到某个启发,豁然开朗,诗句像潮水般涌来,一挥而就。灵感不是天上掉下来的,也不是头脑中固有的,而是长期艰苦劳动的产物,列宾说:"灵感是对艰苦劳动的奖赏。"曹雪芹"披阅十载,增删五次",终成名著《红楼梦》。

3. 幻想

幻想是一种与个人愿望相联系,并指向未来的创造想象。

幻想是创造想象的一种特殊形式,它不同于一般的创造想象,区别有以下两点。

(1) 幻想中所创造的形象总是体现着个人的愿望,是人们所追求、憧憬和向往的事物,如幻想自己成为一个科学家和艺术家。而创造想象中的形象不一定是个人所期望的形象,如作家创造的反面人物形象。

(2) 幻想不与目前的行动直接联系,不一定产生现实的创造性成果,而是对未来活动的设想。

根据幻想的社会价值和有无实现的可能性,可以把幻想分为理想和空想。

理想是符合事物的发展规律,并具有一定的社会价值和实现可能的幻想。它能使人展望到未来美好的前景,激发人的信心和斗志,鼓舞人顽强地去克服困难。理想有以下三个特点:一是指向未来,体现人们对未来美好生活的追求;二是符合事物发展的规律,经过人们的努力,会取得最终的成功和胜利;三是体现着个体发展的成熟性,是经过认真思考后提出和形成的,体现了一定的世界观、人生观及价值观。

空想是违背客观事物发展规律,且无实现可能的幻想。它会使人脱离现实,想入非非,逃避困难,以无益的想象代替实际行动,害怕艰苦的劳动。

知识链接

知识链接 6-1

有利于问题解决的 10 种方法

Ashcraft(1998)总结前人的研究成果,提出了有利于问题解决的 10 种方法。

(1) 增加相关领域的知识。
(2) 使问题解决中的一些成分自动化。
(3) 制订比较详细的计划。
(4) 做出推论。在解决问题之前，要根据问题中给定的条件做出适当的推论。这样既可避免使问题走入死胡同，又可消除对问题的错误表征。
(5) 建立子目标。
(6) 有工作的意愿。
(7) 寻找矛盾点。在回答"有可能……"或"有什么办法……"这类问题时，可采用寻找矛盾点的方法。
(8) 寻找当前问题与过去相关问题的联系性。解决问题时，要积极考虑当前问题与曾经解决的问题或者熟悉的问题有哪些相似点，然后利用类似的方法解决目前的问题。
(9) 发现问题的多种表征。当问题解决遇到障碍时，回到问题的初始状态，重新形成问题的表征。
(10) 多多练习。解决代数、物理和写作等课堂中遇到的问题，多练是一种良好的方法。

知识链接 6-2

创造思维的训练

一、扩散思维训练

扩散思维是培养创造思维的重要途径，通过以下扩散训练，有利于培养创造思维能力。

1. 材料扩散

以某个物品为材料作为扩散点，设想它的各种用途。例如说出回形针的用途：把纸或文件别在一起，做发夹……

2. 功能扩散

以某种事物的功能作为扩散点，设想出获得该功能的各种可能性。例如怎样达到照明的目的：点油灯，开电灯，点火把……

3. 结构扩散

以某种事物的结构作为扩散点，设想利用该结构的各种可能性。例如尽可能多地说明含圆形结构的事物：太阳，乌龟，酒杯……

4. 特征扩散

以某种事物的特征作为扩散点，设想出利用某种特征的各种可能性。例如利用红色可以做什么：禁止通行的交通信号，红印泥……

5. 方法扩散

以人们解决问题或制造物品的某种方法作为扩散点，设想出利用该种方法的各种可能性。例如说出用"吹"的方法可能做的事情或解决的问题：吹气球，吹口哨……

6. 组合扩散

从某一事物出发，以此作为扩散点，尽可能多地设想与另一事物连接成新事物的各种可能性。例如尽可能多地说出钥匙圈可以与哪些东西组合在一起：与小刀组合，与指甲剪组合，与小剪刀组合……

7. 因果扩散

以某种事物发展结果的起因作为扩散点，设想出这一结果的原因或这一原因可能产生的结果。例如推测"玻璃杯碎了"的原因：手没抓住，掉落在地上摔碎了；被某物砸碎了……

8. 语词扩散

以某个词为基础连接或组成更多的词或句子。例如学生—生活—活力—力量—量表—表扬……

二、缺点列举训练

对某事物存在的某个或某些缺点产生不满，往往是创造发明的先导，只要把列举出的缺点想办法加以克服，就会有新发明创造。例如尽可能多地列举玻璃杯的缺点：易碎，较滑，盛热水后很烫，有小缺口会划破手……

三、愿望列举训练

人们对美好愿望的追求，往往成为创造发明的强大动力。例如人们希望饭锅能自动烧饭，结果就发明了电饭煲。愿望列举就是把"如果是……该多好"之类的想法列举出来。提出积极的希望比仅仅克服缺点更有助于产生更好的创意。例如什么样的电视机是理想的电视机：看起来像立体的；具有每个人都可以分开看的装置；想看的频道节目会自动出现；能看到全世界的节目……

心理测试

一种创造能力的集体训练法——头脑风暴

头脑风暴又称智力激励法、自由思考法，是由美国创造学家奥斯本于1939年首次提出，并于1953年正式发表的一种激发思维的方法。就某一个议题，参加者不应该受任何条条框框的限制，放松思想，让思维自由驰骋，从不同角度、不同层次、不同方位，大胆地展开想象，尽可能地标新立异，提出独创性的想法。

组织头脑风暴的具体环节如下。

1. 确定议题

一个好的头脑风暴从对问题的准确阐明开始。因此，必须在会前确定一个目标，使参会者明确通过这次会议需要解决什么问题，同时不要限制可能的解决方案的范围。一般而言，比较具体的议题能使与会者较快产生设想，主持人也较容易掌握节奏；比较抽象和宏观的议题引发设想的时间较长，但设想的创造性也可能较强。

2. 会前准备

为了使头脑风暴的效率较高，效果较好，可在会前做一点准备工作。例如收集一些资料预先给大家参考，以便与会者了解与议题有关的背景材料和外界动态。此外，在头脑风暴正式开始前，还可以提出一些创造力测验题供大家思考，以便活跃气氛，促进思维。

3. 确定人选

一般以8~12人为宜，也可略有增减(5~15人)。参会者人数太少不利于交流信息，也不能更好地激发思维。人数太多则不容易掌握节奏，并且每个人发言的机会相对减少，也会影响会场气氛。

4. 明确分工

要有一名主持人、1~2 名记录员(秘书)。主持人的作用是在头脑风暴开始时声明讨论的议题和纪律,在会议进程中启发引导,掌握进程。

5. 掌握时间

经验表明,创造性较强的设想一般要在头脑风暴开始 10~15 分钟后逐渐产生。美国创造学家帕内斯指出,会议时间最好安排在 30~45 分钟。

【活动要点】

(1) 延迟评判。必须坚持当场不对任何设想做出评价的原则,既不能肯定某个设想,也不能否定某个设想,更不能对某个设想发表评论性的意见。一切评价和判断都要延迟到会议结束以后才能进行。

(2) 禁止批评。禁止批评是头脑风暴应该遵循的一个重要原则。参加头脑风暴的每个人都不得对别人的设想提出批评,因为批评无疑会对创造思维产生抑制作用。

(3) 追求数量。头脑风暴的目标是获得尽可能多的设想,追求数量是它的首要任务。参加会议的每个人都要抓紧时间多思考,多提设想。至于设想的质量问题,可留到会后的设想处理阶段去解决。

复习思考题

1. 什么是思维?思维和感知觉有什么联系与区别?
2. 思维有哪些种类?
3. 举例分析思维的过程。
4. 什么是想象?创造想象的产生需要哪些条件?
5. 问题解决的思维过程与一般策略是怎样的?
6. 影响问题解决的因素有哪些?
7. 创造思维需经过哪些阶段?如何培养创造性思维?

第七章

情绪和情感

案例导入

抑郁的小 A

大三学生小 A 最近总是被抑郁情绪所困扰，从上学期开始，他在一所中学实习，一个人住，慢慢变得闷闷不乐，有时失眠很严重，对什么事情都提不起兴趣，记忆力特别差，不想和别人交流。最近，小 A 在学校学习准备考研，发现自己脑子不好用，老是忘事情，颈椎不好，经常偏头痛，睡眠质量很差，对所有事情都提不起来兴趣，总是不开心，还老是胡思乱想。小 A 考研压力很大，感觉自己一直进入不了状态，记忆力下降，很着急，不知怎么缓解。

本章提示

通过本章的学习，要求学生掌握情绪、情感的概念及情绪、情感与需要的关系，理解情绪和情感的区别与联系，明白三种情绪状态的不同表现，理解情绪的理论，学会调控自己的不良情绪，了解挫折产生的原因、表现及挫折的应对策略等。

心理现象包括心理过程和个性心理，心理过程又包括了认知过程、情感过程和意志过程，而情感过程作为心理过程的重要方面，在我们的生活中扮演着重要的角色。情绪和情感是人对客观事物是否符合自己的需要而产生的主观体验，这种主观体验是以个体的需要为中介的，在认识同样的事物时，主体的情绪和情感体验是不一样的。"感时花溅泪，恨别鸟惊心"反映的就是情绪里的心境体验，这种情绪体验具有弥漫性。情绪体验有三种表现形式，分别是心境、激情和应激；情感体验也有三种表现形式，分别是道德感、理智感和美感。

第一节　情绪和情感概述

人非草木，孰能无情？每个人都切身体验过各种情绪，如喜悦、愤怒、悲哀、恐惧、苦恼、烦闷、赞叹等，这些都是情绪和情感的不同表现形式。

一、情绪和情感的概念

究竟什么是情绪和情感呢？自19世纪以来，心理学家对此进行了深入的研究，但是由于情绪和情感的极端复杂性，至今仍未得到一致的结论。当前较常见的一种观点是，情绪和情感是人对客观事物是否符合自身需要而产生的态度体验及相应的行为反应。

情绪和情感是以个体的需要和愿望为中介的一种心理活动。例如，长期遭受旱灾的地区降了一场大雨，这场雨显然符合人们的主观需要，人们会对之采取肯定的态度，产生满意、愉快等内心体验；相反，已经遭受洪涝灾害的地区仍然降雨不止，造成了更大的损失，降雨显然违背了人们的主观需要，人们对之持否定的态度，产生不满、愤怒甚至憎恶等内心体验。

二、情绪和情感的组成

情绪和情感是由独特的主观体验、外部表现与生理唤醒三种成分组成的。

主观体验是个体的自我感受，如喜、怒、哀、乐、爱、惧、恨等。人们对不同事物会有不同的态度，进而产生不同的体验。例如，对朋友遭遇的同情，对敌人凶暴的仇恨，成功的欢乐，失败的沮丧等。这些主观体验只有个人内心才能真正感受到，例如我知道"我很高兴"，我意识到"我很痛苦"，我感受到"我很内疚"等。

人的许多情绪体验会伴随明显的外部表现，这也是情绪的表达过程。例如人悲伤时会痛哭流涕，激动时会手舞足蹈，高兴时会开怀大笑。伴随情绪出现的这些相应的身体姿态和面部表情，就是情绪的外部行为，它经常成为人们判断和推测情绪的外部指标。由于人类心理的复杂性，有时人们的外部行为会出现与主观体验不一致的现象。特别是由于人通过学习对情绪的表现具有自我控制能力后，许多情绪往往不表现在明显的外部行为上。比如在一大群人面前演讲时，明明心里非常紧张，还要做出镇定自若的样子。

情绪反应常常会伴随一定的生理唤醒。一定的情绪状态总伴有内脏器官、内分泌腺或神经系统的生理变化，如血压升高、心跳加快、面部充血变红、胃肠运动加强或减弱、瞳孔扩大或缩小等。脉搏加快、肌肉紧张、血压升高及血流加快等生理指数，是一种内部的生理反应过程，常常伴随不同的情绪产生。

情绪总是由某种刺激引起的。自然环境、社会环境以及人自身都有可能成为情绪刺激。成为情绪刺激的首要条件是，该刺激必须成为认知的内容。由于认知内容与人的需要具有各种不同的关系，这样就产生了人对认知内容的不同的态度。

因此，我们也可以把情绪定义为人对待认知内容的特殊态度，它包含情绪体验、情绪行为、情绪唤醒和对情绪刺激的认知等复杂成分。情绪体验、情绪行为、情绪唤醒和对情绪刺激的认知也是当代情绪心理学研究的主要课题。

三、情绪、情感、需要三者的关系

(一) 情绪和情感的关系

情绪和情感是既有区别又有联系的两个概念。两者的区别表现在：第一，情绪出现较早，与人的生理性需要相联系；情感出现较晚，与人的社会性需要相联系。情绪是人和动物共有的，但只有人才会有情感。第二，情绪具有情境性、激动性和暂时性；情感则具有稳定性、深刻性和持久性。情绪常由身旁的事物所引起，又常随着场合的改变和人、事的转换而变化。所以，有的人情绪表现常会喜怒无常，很难持久。情感可以说是在多次情绪体验的基础上形成的稳定的态度体验，如对一个人的爱和恨可能是一生不变的。正因如此，情感特征常被作为人的个性和道德品质评价的重要方面。第三，情绪具有冲动性和明显的外部表现；情感则比较内隐。

情绪和情感的联系表现在：一般来说，情感离不开情绪。情感是在多次情绪体验的基础上形成的，并通过情绪表现出来；反过来，情绪也离不开情感，是情感的具体表现。情绪的表现和变化又受已形成的情感的制约。如果人们干一件工作的时候，总是体验到轻松、愉快，时间长了，就会爱上这一行；反过来，在他们对工作建立起深厚的感情之后，会因工作的出色完成而欣喜，也会因为工作中的疏漏而伤心。因此，情绪和情感又是不可分割的。

(二) 需要和情绪、情感的关系

需要是情绪和情感的基础，凡是能满足已激起的需要或能促进这种需要得到满足的事物，便引起肯定的情绪，如满意、愉快、喜爱、赞叹等；相反，凡是妨碍需要满足的事物，便引起否定的情绪，如不满、苦闷、哀伤、憎恨等。

事物总是复杂的，它与人的需要的关系也是复杂的。一种事物可能满足人的某种需要，而不能满足另一种需要，甚至和第三种需要相抵触。因此，不少事物可能引起很复杂的甚至相矛盾的情绪，所谓百感交集、啼笑皆非即是。

在日常生活中，人往往有各种不同的情绪。它们常常不是彼此毫无联系地发生，而是相互影响的。其中有的起着主导作用，有的只具有从属的性质，有的短暂，有的持续时间很长。起主导作用的情绪通常与人的主导需要相联系，当主导需要获得满足或没有满足时，所产生的肯定或否定情绪往往会冲淡甚至抑制与此同时发生的其他情绪。

事物是否符合个人的需要有赖于认知的评估作用。同一事物，由于人们认知上的差异，对它的评估可能不同：如果把它判断为符合自己的需要，就产生肯定的情绪；如果把它判断为不符合自己的需要，就产生否定的情绪。同一个人在不同的时间、地点和条件下，对同一事物的认知可能不同，因而产生的情绪也不同。例如，同是一杯酒，同是一个人，在不同的境遇下，唤起的情感可能不同："呼儿将出换美酒，与尔同销万古愁"表达了愉快的情感；"酒入愁肠，化作相思泪"表达了不愉快的情感。

情绪总是伴随一定的认识过程而产生。有些感觉使人愉快，有些感觉使人不快，这种伴随认识过程产生的情绪称为感觉的情绪色调或情调。"触景生情"是知觉过程中的情绪。"回忆往事，他不会因为虚度年华而悔恨"是记忆中的情绪情感。发现问题时的惊讶，分析问题时的怀疑与坚信，想象到祖国美好前景时的心花怒放等，是思维与想象过程中的情绪和情感。

四、情绪和情感的外部表现

各种情绪和情感都会在机体外部有所表现,情绪和情感表现在有机体身上的外显行为就称作表情,具体区分为面部表情、体态表情、言语表情。在动物群体内部或群体之间,表情往往起着通信的作用,如求偶、顺从、亲密、警告、求救、威胁等。在人与人之间,表情特别是面部表情是人际交往的一种重要工具。

(一) 面部表情

面部表情基本上反映在嘴唇、眉毛以及眼睛的光泽的变化上。例如喜悦、愉快、欢乐时,嘴角向后伸,上唇略提,两眼闪光,两眉舒展,所谓"眉开眼笑";惊奇时,张嘴、瞪眼、两眉竖起,所谓"目瞪口呆"。

(二) 体态表情

体态表情是借全身姿态或四肢活动表达情绪情感。例如欢乐时的手舞足蹈,捧腹大笑;悲痛时的捶胸顿足;痛恨时的咬牙切齿等。

(三) 言语表情

言语表情是指随情感的变化,声带等发音器官的活动和言语的声调变化。例如喜悦时,音调稍高,言语速度快,语言高低差别大;愤怒时,声音高而尖且带颤抖;悲哀时,音调低沉,言语缓慢无力等。人们可以从不同言语声调中辨别和理解别人多种多样的情绪和情感状态。

人的情绪和情感的外部表现是可以控制的,要正确了解人的情感也很不容易,单凭外部表现有时还是很不够的。作为教师,必须长期、全面地了解学生,才能通过表情准确判断他们的内心体验。

五、情绪和情感的功能

(一) 适应功能

积极情绪能够使人增加体能,以乐观的心态对待周围事物,有助于适应环境。消极情绪对于人们适应环境的作用更大,例如,当人产生恐惧时,呼吸加速,能增进体内的氧化作用;心跳加快、血压升高,能加快血液循环,加强输送作用。这时人就会产生较大的力量,去抵抗敌人或逃避危险。

(二) 信号功能

情感和情绪是人的思想意识的自然流露。情绪的各种表现都有一定的信号意义,在彼此言语不通的情况下,凭借表情,彼此也可以相互了解,达到交往的目的。

(三) 感染功能

人的情感和情绪具有感染性。人们之间的感情沟通正是由于情感、情绪的感染功能,才能以情动情。文学、艺术、电影、电视、戏剧、歌曲和音乐等无不是以情感人。法国作家司汤达曾经记录了这样一个故事:一天,巴尔帝莫剧场正在上演《奥赛罗》,当演到第五幕,奥赛罗由于轻信、误会,正要处死苔丝德梦娜时,门口站岗的士兵竟抑制不住愤怒,朝扮演奥赛罗的演员的胳膊开了枪。在我国解放战争期间也发生过类似事情。电影演员陈强说,他扮演《白毛女》中的黄世仁表演时,一个新参军的战士突然举枪瞄准了他,幸亏被班长发现,把枪夺了下来,才使陈强幸免于难。艺术的教育价值正是通过情绪和情感的感染功能来实现的。在教育和教学中,教师要注意运用自己的思想、情感进行教学,去感染学生、教育学生。

(四) 调节功能

情感在人的生活和学习活动中起巨大的调节作用,在一定的条件下甚至可以决定人们的行为。学生的积极情感可以促进学习,消极情感则可能阻碍学习。例如学生钦佩教师,师生关系融洽,便愿意学习教师所授的课程。如果学生在学习中取得了好成绩,体验到学习的愉快时,他便越学越爱学;反之,如果学生在学习中屡遭困难和挫折,又得不到教师和同学的热情关怀与帮助,就会逐渐对学习产生厌倦情绪,以至于导致学习上的失败。

第二节 情绪和情感的种类、培养及调控

情绪对人的机能状态有明显的影响,积极情绪能提高大脑的张力,保持机体内外环境的平衡与协调;而消极情绪则会使人免疫力下降,进而影响人的健康。因此,每个人都要学习如何调节自身情绪。

一、情绪和情感的种类

(一) 基本的情绪体验

我国古代有喜、怒、忧、思、悲、恐、惊的七情说,美国心理学家普拉切克(Plutchik)提出了八种基本情绪:悲痛、恐惧、惊奇、接受、狂喜、狂怒、警惕、憎恨。还有人提出了情绪的九种类别。虽然情绪的分类方法有很多,但一般认为有四种基本情绪,即快乐、愤怒、恐惧和悲哀。

快乐是个体追求的目的实现后产生的情绪体验。快乐在强度上存在着差异,从愉快、兴奋到狂喜,这种差异与目的对自身的意义、目的实现后急迫感和紧张感的解除程度,以及目的实现的难易程度有关。

愤怒是所追求的目的受到阻碍时产生的情绪体验。愤怒时紧张感增加,有时不能自我控制,甚至出现攻击行为。愤怒也有程度上的区别,一般的愿望无法实现时,只会感到不快或生气,但当遇到不合理的阻碍或恶意的破坏时,愤怒会急剧爆发。

恐惧是企图摆脱和逃避某种危险情景而又无力应付时产生的情绪体验。所以,恐惧的产生不仅仅由于危险情景的存在,还与个人排除危险的能力和应付危险的手段有关。一个初次出海的人遇到惊涛骇浪或者鲨鱼袭击会感到极端恐惧,而一个经验丰富的水手对此可能已经司空见惯,泰然自若。婴儿身上的恐惧情绪表现较晚,可能与他对恐惧情景的认知较晚有关。

悲哀是心爱的事物失去时或理想和愿望破灭时产生的情绪体验。悲哀的程度取决于失去的事物对自己的重要性和价值。悲哀时带来的紧张的释放会导致哭泣。当然，悲哀并不总是消极的，它有时能够转化为前进的动力。

人类这些最基本的情绪体验与动物的情绪体验具有本质的不同，因为人的体验会受到社会文化的制约，能够做到"发乎情，止乎礼"，而动物的情绪体验则单纯得多。

(二) 基本的情绪状态

情绪状态是指在一定的生活事件影响下，一段时间内各种情绪体验的一般特征表现。根据情绪状态的强度和持续时间，可分为心境、激情和应激。

1. 心境

心境是一种微弱、持久具有弥散性的情绪状态。"人逢喜事精神爽"，这种"爽"按其强度来说并不强烈，但会持续较长的一段时间。在这段时间里，这种愉快、喜悦的心情仍影响着个体各方面的行为，在个体看来，仿佛周围的一切事物都染上了快乐的色彩。相反，心境忧伤的人所看到的一切都带有忧伤的色彩。心境不同于其他情绪状态的显著特点是：它不具有特定的对象性，即不针对任何特定事物，是一种弥散性的情绪状态。

心境具有弥散性和长期性。心境的弥散性是指当人具有了某种心境时，这种心境表现出的态度体验会朝向周围的一切事物。一个在单位受到表彰的人，觉得心情愉快，回到家里会与家人谈笑风生，遇到邻居会笑脸相迎，走在路上也会觉得天高气爽；而当一个人心情郁闷时，在单位、在家里都会情绪低落，无精打采，甚至会"对花落泪，对月伤情"。古语中说，对同一种事物，"忧者见之而忧，喜者见之而喜"，也是心境弥散性的表现。心境的长期性是指心境产生后会在相当长的时间内影响人的情绪表现，成为一段时间内的主导心境。

心境产生的原因有很多，生活中的顺境和逆境，工作、学习上的成功和失败，人际关系的亲与疏，个人健康的好与坏，自然气候的变化等，都可能引起某种心境。但心境并不完全取决于外部因素，还与人的世界观和人生观有联系。例如有的人一生历尽坎坷，却总是豁达、开朗，以乐观的心境去面对生活；有的人总觉得命运对自己不公平，或觉得别人都对自己不友好，总是保持抑郁、愁闷的心境。

心境对人们的生活、工作和健康都有很大的影响，人们总是在一定的心境中学习、工作和生活。心情有积极和消极之分，积极心境可以提高学习和工作的效率，帮助人们克服困难，保持身心健康；消极心境则会使人意志消沉，悲观绝望，无法正常工作和交往，甚至导致一些身心疾病。所以，保持一种积极健康、乐观向上的心境对每个人都有重要意义。

2. 激情

激情是一种强烈的、爆发性的、为时短促的情绪状态。激情具有爆发性和冲动性，同时伴随明显的生理变化和行为表现。当激情到来的时候，大量能量在短时间内积聚而出，如疾风骤雨，使当事人失去了对自己行为的控制力。《儒林外史》中的范进听到自己金榜题名时，狂喜之下，竟然意识混乱，手舞足蹈，疯疯癫癫。有些人在暴怒之下，双目圆睁，咬牙切齿，甚至拳脚相加。但这些激情在宣泄之后，人又会很快平息下来，甚至出现精力衰竭的状态。

激情常由生活事件所引起，那些对个体有特殊意义的事件会导致激情，如考上大学，找到满意的工作等；出乎意料的突发事件也会引起激情，如多年失去音信的亲人突然回归，常会令人欣喜若狂。另外，违背个体意愿的事件也会引起激情，中国古书中记载，春秋战国时期的伍子胥过昭关，因担心被抓回楚国，父仇不能报，一夜之间竟然愁白了头。可见，不同的生活事件会引起不同的激情。

激情对人的影响有积极和消极两个方面。一方面，激情可以激发内在的心理能量，成为行为的巨大动力，有助于个体提高工作效率并有所创造。例如战士在战场上冲锋陷阵，一往无前；画家在创作中尽情挥洒，浑然忘我；运动员在竞技体育精神的影响下，敢于拼搏，勇夺金牌。另一方面，激情也有很大的破坏性和危害性。激情中的人有时任性而为，不计后果，对人对己都可能造成损失。一些青少年犯罪就是发生在激情状态下，一时冲动，酿成大错。激情有时还会引起强烈的生理变化，使人言语混乱，动作失调，甚至休克。所以，在生活中应该适当地控制激情，多发挥其积极作用。

3. 应激

应激是出乎意料的紧张和危急情况引起的情绪状态，是人对意外的环境刺激做出的适应性反应。人在应激状态下常伴随明显的生理变化，这是因为个体在意外刺激作用下必须调动体内能量以应付紧急事件和重大变故。这个生理反应的具体过程为：紧张刺激作用于大脑，使下丘脑兴奋，肾上腺髓质释放大量肾上腺素和去甲状腺素，从而大大增加通向体内某些器官和肌肉处的血流量，提高机体应付紧张刺激的能力。加拿大心理学家塞里(Seley)把整个应激反应过程分为动员、阻抗和衰竭三个阶段：首先是有机体通过自身生理机能的变化和调整做好防御性的准备；其次是借助呼吸心率变化和血糖增加等调动内在潜能，应对环境变化；最后是刺激不能及时消除，持续的阻抗使内在机能受损，防御能力下降，从而导致疾病。

根据外部表现，应激反应也有积极和消极之分。积极的应激反应表现为沉着冷静、急中生智，全力以赴地排除危险，克服困难；消极的应激反应则表现为惊慌无措、一筹莫展，或者发动错误的行为，加剧了事态的严重性。这两种截然不同的行为表现，既与个人的能力和素质有关，也与平时的训练和经验积累有关。例如，接受过防火演习和救生训练的人，遇到突发事故，能够沉着冷静地逃生和救人；而未受过相应训练的人，则很可能表现出手足无措等。

(三) 高级的社会情感

1. 道德感

道德感是用一定的道德标准去评价自己或他人的思想和言行时产生的情感体验。当自己的某种思想或言行符合自己所掌握的道德标准时，就会感到自尊、自重，产生自豪感；而当自己的所作所为与道德标准相违背时，就会感到痛苦、懊悔，甚至丧失自尊心。显然，这种情感体验具有明显的自觉性，能对自己的行为产生调控和监督作用。同样，他人的言行如果符合自己所掌握的道德标准，就会对其产生好感、欣赏甚至佩服之心；反之，就会产生反感、厌恶甚至仇恨之心。

2. 理智感

理智感是在智力活动中认识和评价事物时所产生的情感体验。例如，人们在探索未知事物时表现出的兴趣、好奇心和求知欲,科学研究中面临新问题时的惊讶、怀疑、困惑和对真理的确信,问题得以解决并有新的发现时的喜悦感和幸福感,这些都是人们在探索活动和求知过程中产生的理智感。人们越积极地参与智力活动,就越能体验到强烈的理智感。

3. 美感

美感是用一定的审美标准来评价事物时所产生的情感体验。在生活中,由于人的价值追求和审美情趣的多样化,对美的见解也多有不同,例如有的人喜欢花好月圆的美,有的人却以丑木、怪石为美;有的人喜欢绚丽和精致的美,有的人却喜欢悲壮和苍凉之美。美感受社会生活条件的限制。不同民族、不同阶层的人们对美的评价标准不尽相同,对美的体验也自然不同。

二、情绪和情感的培养

研究表明,情绪对人体的机能状态有明显的影响。积极的情绪能提高大脑皮层的张力,通过神经生理机制,保持机体内外环境的平衡与协调,消极的情绪则严重干扰心理活动的稳定,导致体液分泌紊乱、免疫功能下降。以羊羔和狼为伍的古老实验为例,有两只同时出生的、体质健康的羊羔,一只与羊群为伍喂养,另一只则与圈在笼中的狼为伍喂养。不久之后,前一只羊羔活泼健壮,后一只羊羔因长期处于紧张、恐惧的环境下,体弱消瘦。

(一)确立情感目标

教育者在强调教学中的认知目标之外,还应强调知识背后的价值准则,不仅使学生认识到知识的含义,而且意识到知识对社会和自身的意义,真正实现知识的内化。如何确定教学中的情感目标以及确定什么样的目标是两个复杂的问题。不同的学科对不同年龄阶段的学生有不同的要求。

卢家楣等人认为,以下几个方面应该包含在情感教学目标体系之中。

(1) 让学生处于愉悦、兴奋、饱满、振奋的情绪状态之中,为认知活动以及情感的陶冶创设良好的情绪背景。

(2) 让学生在接受认知信息的同时获得各种积极情感和高尚情操的陶冶。

(3) 让学生对学习活动本身产生积极的情感体验,形成良好的学习心向——好学、乐学的人格特征。

(二)注重学生的情绪特征和理智感的培养

当一个人处于满意、愉快和兴奋之中,对所从事的活动由衷地喜爱时,常常感知敏锐,思维开阔,并能创造性地解决问题,有良好的记忆效果;反之,当一个人悲伤、抑郁,对学习或工作产生厌倦时,就会反应迟钝,思维狭隘,毫无创造性可言。有人通过实验研究了不同情绪状态对智力操作的影响,发现有愉快情绪体验的一组在操作时间、直接抓取和注视不动这三项指标上都比有痛苦情绪体验的一组效果好,而且有愉快情绪体验的一组更倾向于解决疑难问题。

在耶克斯—多德森定律中,情绪过于放松,动机水平过低,使得问题解决的效率偏低;适度焦虑和紧张,达到中等程度的动机水平,问题解决的效率达到最高水平;而情绪过于高涨,动机水平过高,带来的反而是较低的学习效率。另外,在高级社会性情感中,理智感与学习活动有着密切的联系。学生在学习活动中的理智感表现为对所学课程的兴趣、爱好和好奇心，并能体验到获得知识和追求成功的乐趣。

（三）加强师生的情感交流

"亲其师，信其道"，学生如果在情感上接纳教师，在人格上尊重教师，就能听从他的教诲，模仿他的言行。美国人本主义心理学家罗杰斯(C. Rogers)提出，教学过程实际上是在教师和学生之间建立一种诚实、理解和接受的人际关系的过程。

教师作为教学过程的引导者，也应该是情感交流的主动方。教师应该善于抓住教学中的关键环节和学生学习活动中的有利时机展开情感交流。例如，一位语文教师在讲授朱自清的《背影》一课时，情不自禁地谈起自己对父爱的感受和一些遗憾的经历，在引起同学共鸣的情况下，不失时机地教育学生感恩父母，体会父母对自己无私的爱。这样一来，自然拉近了师生的情感距离，为教学营造了一个很好的氛围。师生的情感交流可以贯穿教学过程的各个环节：上课之初的互致问候，能给双方带来一种期待；课堂上的提问和表扬，会给学生一份鼓励和认可；善意的批评，换来的是学生的悔悟和感激；教师对学生平等相待，一视同仁，得到的是学生的信任和支持。这种平等、信任、愉快的情感联系，使得学生愿意接受教师的谆谆教导，教师也能接受学生的质疑和与众不同的见解，做到教学相长。

三、情绪和情感的调控

在生活中，人们总会遇到令人烦恼、愤恨甚至悲伤的事情。如果长期存在消极的负性情绪，不加以调节，最终会导致心身疾病的发生，因此，应该调节与控制自己的情绪，保持身心健康。

(1) 意识调节。人的意识能够调节情绪的发生和强度，一般来说，思想修养水平较高的人，能更有效地调节自己的情绪，因为他们在遇到问题时，善于明理与宽容。

(2) 语言调节。语言是影响人的情绪体验与表现的强有力工具，通过语言可以引起或抑制情绪反应，例如林则徐在墙上挂有"制怒"二字的条幅，这是用语言来控制与调节情绪的例证。

(3) 注意转移。把注意力从自己的消极情绪上转移到其他方面，俄国文豪屠格涅夫劝告那些刚愎自用、喜欢争吵的人：在发言之前，应把舌头在嘴里转10个圈。这些劝导，对于缓和激情是非常有益的。

(4) 行动转移。把情绪转化为行动的力量，即把怒气转变为从事科学、文化、学习、工作、艺术、体育的力量。

(5) 释放法。让愤怒者把有意见的、不公平的、义愤的事情坦率地说出来，以消怒气，或者面对沙包猛击几拳，可达到松弛神经功能的目的。

(6) 自我控制。按一套特定的程序，以机体的一些随意反应去改善机体的另一些非随意反应，用心理过程来影响生理过程，从而达到松弛入静的效果，以解除紧张和焦虑等不良情绪。

第三节　挫折理论及应用

人的一生在各个年龄阶段都可能遭遇挫折。每个人遇到挫折的时候，都会有不同程度的应激反应。因此，应对挫折也是每个人的重要课题。

一、挫折概述

挫折，《辞海》的解释为失利与挫败。日常生活中，"挫折"一词是指挫败、阻挠、失意。心理学的定义为：挫折是指人们在有目的的活动中，遇到无法克服或自以为无法克服的障碍或干扰，其需要不能得到满足而产生的消极的情绪状态。

从定义可以看出，"挫折"这一概念包括三方面的含义：挫折情境，指需要不能获得满足的内外环境或干扰等情境因素，如考试不及格，比赛未获得所期望的名次，受到同学的讽刺、打击等；挫折反应，指对自己的需要不能满足时产生的情绪和行为的反应，如焦虑、紧张、愤怒、攻击或躲避等；挫折认知，指对挫折情境的知觉、认识和评价。

一般来说，挫折情境越严重，挫折反应就越强烈；反之，挫折反应就轻微。但是，只有当挫折情境被主体所感知时，才会在个体心理上产生挫折反应。如果出现了挫折情境，而个体没有意识到，或者虽然意识到了但并不认为很严重，那么，也不会产生挫折反应，或者只产生轻微的挫折反应。因此，挫折反应的性质、程度主要取决于个体对挫折情境的认知。

在心理学上，挫折与挫折感是不同的，挫折是指挫折情境，而挫折感是个体因挫折情境而产生的消极体验。由于挫折容忍力的不同，面对同一个挫折情境，有的人会产生挫折感，悲观失望甚至痛不欲生；有的人则把挫折情境视为对自己的挑战，屡战屡败却屡败屡战，最终获得成功。正如巴尔扎克所说，"世上的事情，永远不是绝对的，结果完全因人而异。苦难对于天才来说是一块垫脚石或者一笔财富，而对于弱者则是一个万丈深渊"。

导致挫折的原因一般可以区分为外在因素与内在因素。外在因素主要指环境，包括自然条件和社会条件。外在因素常常是个人意志或能力所不能左右的，如个人无法预料的天灾人祸、意外事件、社会动乱等。内在因素则主要指自身条件，包括个人的生活条件、人格特点、心理状态、经济水平等。例如，一个身材矮小的人就很难实现成为职业篮球运动员的愿望，这可能使他体验到挫折感；期望值过高的人，由于目标不现实而难以实现，也容易产生挫折感。

二、挫折的心理防御

人在遭受挫折时往往产生紧张、愤怒、焦虑等情绪，为了缓解或释放这些不良体验，个体发展了心理防御机制来对挫折进行适应。心理防御机制是挫折发生后，为了摆脱心理压力、减少精神痛苦、维护正常情绪、平衡心理而采取的种种自我保护方式。心理防御机制的意义有积极和消极之分，积极意义在于使主体减轻或免除精神压力，恢复心理平衡，甚至激励主体克服困难，战胜挫折；消极意义在于可能使主体因压力的缓解而自足，或出现退缩甚至恐惧而导致心理疾病。

（一）攻击

当个体遭受挫折后，常常引起愤怒的情绪，为了将愤怒情绪发泄出去，便可能出现攻击行为。

1. 直接攻击

直接攻击是指主体遭受挫折后，攻击那些直接导致挫折的人或物，例如学生被教师误解受到批评后,对批评自己的老师恶语相向;幼儿的玩具被抢后对抢玩具者拳打脚踢等。有时,直接攻击也表现为通过讽刺、漫画、造谣等形式侮辱对方人格,发泄自己内心的不满。

2. 转向攻击

《水浒传》中有这样一段描述:林冲听说自己的内室被人欺辱,本想举拳狠狠打那人,但一看调戏良家妇女者乃当今高太尉之子高衙内,便不敢下手,于是只得将一肚子愤怒之情统统发到家具上,打碎茶具,掀翻桌椅。

林冲的行为就属于转向攻击,这种攻击不是攻击造成挫折的事物,而是将其他人或物作为发泄的对象。受挫后之所以出现转向攻击,有的是慑于对方的权势,特别是在权大于法的情况下更是如此;有的是碍于自己的身份,不便直接攻击。此外,长期生活中的诸多细小挫折使一个人的情绪处于低谷状态,以致引起无名之火,由于这种无名之火缺乏具体攻击目标,于是出现了谁碰上谁倒霉的情况。在许多情况下,转向攻击的目标都是无辜的。

(二) 冷漠

有的个体遭遇挫折时表现出无动于衷、漠不关心的态度,似乎毫无情绪反应。其实,冷漠并非不包含愤怒的情绪成分,只是个体把愤怒暂时压抑,以间接方式表现出来而已。个体表面冷漠退让,内心深处则往往隐藏着很深的痛苦,是一种受压抑极深的反应。冷漠是一种极为消极的行为反应,所谓"哀莫大于心死"就是这种行为反应的生动写照。

(三) 退化

退化又叫倒退或回归,指个体遇到挫折时表现出与自己的年龄、身份极不相称的幼稚行为。人们在从儿童到成人的成长过程中,逐渐学会如何控制自己,在适当的时机和场合做出合乎常理的情绪和行为反应,这是日益成熟的表现。但是,当人遇到挫折时,体验到极强烈的情感,可能会失去这种控制,而以简单幼稚的方式应付挫折,以求得别人的同情和照顾。退化是一种由成熟向幼稚倒退的反常现象,其本人并不能意识到。

(四) 幻想

幻想指个体以自己想象的虚幻情境来应付挫折,借以摆脱现实的痛苦,并在此虚幻情境中寻求满足。一个大学生学习困难,考试失败,他可能在幻想中想象自己完成了学业,事业发达如何受人赞誉,受社会传扬,如何面对鲜花、笑脸、地位、待遇等愉快的情境。现实中的挫折越是使他感到痛苦,幻想中的成功越是使他得到畅快和满足,他就越有可能逃避现实而沉溺于幻想。

幻想偶尔为之,并非失常,而且任何人都有幻想,青少年的幻想尤其多。但是,一旦形成了以幻想来对付现实中的挫折,希求从幻想中得到现实中得不到的满足的习惯,将是十分危险的,并可能形成病态的行为反应。

(五) 固着

固着是个体受挫后的又一种表现形式。一般而言,个体受挫后需要有一种随机应变的能力来摆脱所遭遇到的困境。但是有人在重复碰到类似的困境后,依旧盲目地用先前的方法解决已经变化了的问题,"撞到了墙还不知转弯"便是固着的最好注释,这种情形常见于惊慌失措的状态之中,如丢失了重要东西,明知东西是在外面遗失的,仍然不停地在室内翻箱倒柜,不止一次地重复这种无效行为;有人失恋了,明知对方已经无意,却仍然旧地重游,徘徊于往日的场景中。

三、挫折的积极应对策略

人生不如意者十之八九,挫折客观存在,就应该正确对待。每一个人都应该树立辩证的挫折观,提高自己对挫折的容忍力,采取有效的心理防卫机制,走出心理困境。

(一) 调整不合理认知,增强挫折认知水平

根据美国心理学家艾利斯(A. Ellis)在20世纪50年代创立的ABC理论,即合理情绪疗法,人的负性情绪不是由诱发事件本身引起的,而是由人们对诱发事件的评价与解释引起的。

```
A ─────────→ B ─────────→ C
诱发事件      评价和解释      情绪和行为结果
```

因此,解决问题的关键是找出不合理认知,然后与不合理认知辩驳,建立合理认知。例如,一个人在久经磨难疲于奔波之后,可能会产生厌世、逃避现实的想法,这时改变自己的认知,默念"天将降大任于斯人也,必先苦其心志,劳其筋骨,饿其体肤,空乏其身,行拂乱其所为,所以动心忍性,增益其所不能",从而建立合理认知,来鼓励自己继续与命运抗争。

挫折一方面对人有消极影响,如减弱实现目标的积极性,降低个体的创造性思维水平,损害个体的身心健康;另一方面也有积极的作用,能增强个体情绪反应的力量,增强个体的容忍力,提高个体对挫折的认识水平。辩证地看待挫折的两面性,就能够变不利因素为有利因素,化消极为积极,促使挫折向积极方面转化。另外,个体还应学会正确认识挫折情境,例如有的学生因一次考试不及格就悲观失望,甚至自暴自弃,这是由他的错误认知导致的。人生的道路总是崎岖不平、丰富多彩的,一次失败并不能够代表全部,人生成才的道路、成功的机会很多,只要自己努力,就会有一个美好的未来。

(二) 积极行动,自我教育

积极行动是对抗不良情绪的重要环节。遇到问题不是怨天尤人,而是行动起来积极寻求问题解决的途径。有时挫折的产生源于个体的知识经验和能力欠缺,通过积极的行动,就可以弥补自己的缺陷,积累知识,增强才干,从而在以后的追求中取得成功。

真正有效的教育是自我教育,而自我教育离不开自我意识和榜样的确立。自我意识、自我教育和榜样作用三者的关系是:产生自我意识→产生自我发展意识→进行自我设计→寻找自我发展的楷模→自我发展,这是人生发展的正常途径和良性循环。例如,奥运会女子万米冠军邢慧娜,当她拿到金牌时,就说自己一直以王军霞为榜样,要向王军霞学习,因为女子万米纪录还是王军霞的。正是有了榜样,有了明确的目标,奋斗就有了方向,再加上顽强的意志力,不断摸索、总结形成经验和方法,促成了邢慧娜的自我发展。

(三) 规律生活，正确对待压力

首先，面对紧张的学习、生活和工作，如果有一个适合自己的、有规律的生活节奏，有一个适合自己生物钟的作息时间表，对保养身心、消除疾病是大有益处的。其次，脑力劳动与体力劳动有机结合，不但有助于消除精神疲劳，而且会调节心理压力，平衡失调的身心。最后，面对各种心理压力，勇敢面对，泰然处之，保持心态的平衡，遇到问题，不断进行心理调适，始终以乐观、坚强、自信的态度对待生活。这些做法都有助于及时调整心态，走出心理困境。

(四) 积极转移注意力，自我宣泄

转移注意力有助于摆脱心理困境。抑郁时，积极进行户外活动，如打球、散步、找知心朋友谈心等；焦虑时，可练习瑜伽缓解压力，或找一部自己喜爱的休闲文学作品或影视欣赏，有条件的，最好定期安排一些外出旅游，这都是应对挫折的有效策略。一个人一旦离开原来的生活环境，面对新事物，往往会逐步开朗，有利于减轻和消除心理问题，走出心理困境。

个体还应学会自我宣泄。对一些经常产生的不满、愤怒与痛苦积极加以宣泄释放，如进行快跑、拳击等激烈的体育运动，或找知己加以倾诉等，以减轻心理压力，不断加强自身的心理品质，有意识地控制自己波动的情绪，以乐观、坚强的态度去面对所遇到的困境，使自身的心态保持平衡。

(五) 升华与补偿

有时，挫折的产生是因为个人的目标与社会规范相违背，这时宜使用升华或者补偿的策略。升华就是将现实和自己的道德标准不允许的目标转化为建设性的目标，例如，将对他人的嫉妒转化为提升自己的力量，试图在学习或工作中取得比嫉妒对象更好的成绩；补偿是舍弃不合理的、不容易实现的目标，转而追求合理的、容易实现的目标，例如，学生不能在语文测试中取得最佳成绩，可以追求在数学测试中取得好成绩。

(六) 建立和谐的人际关系

研究表明，一个人与他人一起处于挫折压力中，就可以降低消极情绪体验。因此，面对挫折，除了积极改变自我之外，还应学会交往，与他人建立良好的人际关系，这对压力的缓解也是很有帮助的。交往是人们为了交流思想和感情而彼此间相互作用的过程，它使人们在互动过程中互相了解、互相依赖，形成稳定的心理联系，满足人们的情感需要。同时，由交往形成的人际关系还可以满足人的归属、情谊、认可等社会性需要。因此，学会交往，建立良好的人际关系是提高挫折应对能力的有效手段。

为了融洽人际关系，首先，要掌握交往技能，使自己与别人的交往得以顺利进行，例如掌握基本礼节，有良好的口头表达能力等。其次，要养成良好的交往品质，自觉地择友而交，相互理解、相互尊重，对朋友真诚、宽容。最后，要把握各种机会参与交往，并保持沟通畅通，以免被误解，产生不愉快。

人生路途漫漫，顺境时切莫得意忘形，不要被冲昏头脑；逆境时也不要逃避，而应奋起直追，一如既往地驶向彼岸，以自信的灿烂微笑去面对挫折，终将汲取宝贵的营养，获得思维的升华，从而成功地跨越这道障碍。

知识链接

知识链接 7-1

大学生常见的不合理认知

(1) 自己绝对要获得周围的人,尤其是周围重要人物的喜爱和赞许。

(2) 要求自己是全能的,只有在人生的每一个环节都有成就,才能体现自己的人生价值。

(3) 世界上有许多无用的、可憎的、邪恶的坏人,应对他们歧视和排斥,并给予严厉的谴责和惩罚。

(4) 当生活中出现不如意的事情时,就有大难临头的感觉。

(5) 面对人生中的艰难和责任实在不容易,不如逃避来得省事。

(6) 人的不愉快均由外在环境因素造成,因此人是无法克服痛苦和困扰的。

(7) 对危险和可怕的事情应高度警惕,时刻关注,随时预防它们的发生。

(8) 一个人以往的经历决定了现在的行为,而且是永远无法改变的。

(9) 人是需要依赖他人而生活的,因此,总希望有一个强有力的人让自己依附。

(10) 人应十分投入地关心他人,为他人的问题而伤心难过,这样能使自己的情感得到寄托。

(11) 人生中的每一个问题都要有一个精确的答案和完美的解决办法,一旦不能如此,就十分痛苦。

知识链接 7-2

情绪与生死

"生存还是死亡,这是一个问题",问题的症结何在呢?从某种意义上说,在于我们有着怎样的情绪。曹雪芹笔下的林黛玉是一个痴心的姑娘,她钟情于宝玉。一天,她无意中听到丫头雪雁在与紫鹃说悄悄话,雪雁轻轻告诉紫鹃"宝玉定了亲了"。听罢,黛玉便感到一阵头晕,脸色苍白,好像被谁掷在大海里一般,跌跌撞撞回到了潇湘馆,便一病不起,一日重似一日,太医治疗,全无效果。又一天,黛玉在昏睡中又听得雪雁与侍书在闲聊,说的又是宝玉的亲事,她俩说,宝玉没有定亲,老太太心里已经有了人了,这个人是"亲上加亲,就在园中住着"。黛玉心里寻思,这个"亲上加亲,就在园中住着"的人,莫不是自己吧,顿时心神觉得清爽了许多,病竟渐渐地好了。黛玉的病是心病,是心理挫伤引起的病,可见心理对健康的关系有多大。曹雪芹在《红楼梦》中指出:"心病终须心药治,解铃还须系铃人。"

美国耶鲁大学医学院调查就诊病人的致病因素,发现由心理因素致病的占76%。有人调查癌症患者的病因,发现72%的人有情绪危机。有人调查发生离婚、亲人死亡等重大危机后的人群中,在两年中生大病的概率相当高。这一切表明,紧张、苦闷、忧虑、悲伤等心理会严重影响健康。心理因素能直接影响消化系统、心血管系统的运行,长期情绪紧张可引起高血压。悲伤忧虑时,胃壁血流量减少,胃酸分泌反常,会引起消化不良、消化道溃疡等疾病。不良心理也会影响内分泌系统。英国医生发现,考试时情绪紧张,会导致女生月经不正常,这是因为紧张情绪影响了脑垂体的正常功能,进而影响了黄体素的正常产生和释放。不良心理还会影响免疫功能。情绪不良时,肾上腺的功能将失调,抗体的产量降低,免疫功能随之下降,致病因子就会乘虚而入。情绪不良的人易患癌症,就是这个道理。

心理治疗的方法有很多,如森林疗法、花香疗法、音乐疗法……这些疗法的本质都是提供良好的心理环境,以增强抵抗力,调节机体功能。疏导疗法是通过交谈,使个体宣泄心中的压抑。同样的心理刺激,有的人致病,有的人却顽强地挺了过来。一般来说,乐观、幽默、兴趣广泛、思想开阔的人,抵抗不良心理刺激的能力较强。为了健康,每个人都应该做自己情绪的主人。

心理测试

在表 7-1 焦虑自评量表中有 20 个题目,请仔细阅读每一个题目,然后根据你最近一个星期的实际感受,选择合适的答案。

表 7-1 焦虑自评量表

序号	题 目	没有或很少有时间	小部分时间	相当多时间	绝大部分或全部时间
1	觉得比平常容易紧张和着急	1	2	3	4
2	无缘无故地感到害怕	1	2	3	4
3	容易心烦意乱	1	2	3	4
4	觉得可能将要发疯	1	2	3	4
5	觉得一切都很好,也不会发生什么不幸	4	3	2	1
6	手脚发抖	1	2	3	4
7	为头痛、颈痛和背痛而苦恼	1	2	3	4
8	容易乏力和疲惫	1	2	3	4
9	觉得心平气和,并且容易安静地坐着	4	3	2	1
10	觉得心跳很快	1	2	3	4
11	为一阵阵头晕而苦恼	1	2	3	4
12	有晕倒发作,或觉得要晕倒	1	2	3	4
13	吸气、呼气都感到很轻松	4	3	2	1
14	手脚麻木和刺痛	1	2	3	4
15	为胃痛和消化不良而苦恼	1	2	3	4
16	尿频	1	2	3	4
17	手常常是干燥、温暖的	4	3	2	1
18	脸红、发热	1	2	3	4
19	容易入睡并且整夜睡得好	4	3	2	1
20	经常做噩梦	1	2	3	4

解析:将所选答案对应的得分相加为初步得分,把初步得分乘以 1.25,四舍五入取整数,即得到标准分。焦虑评定的分界值是 50 分,分值越高,焦虑倾向越明显。

(资料来源:陈淑平. 大学生心理素质教育教程[M]. 济南:山东人民出版社,2020)

复习思考题

1. 试述情绪与情感的区别和联系。
2. 情绪、情感的作用在实际生活中有哪些应用？如何调控自己的不良情绪？
3. 情绪和情感怎样分类？
4. 结合自己的经历，说明心境、激情和应激在生活中的表现。
5. 评述有关情绪的几种主要理论。
6. 组织一次大学生的主题班会，主题是"谈谈你是如何应对挫折的"，目的是交流彼此应对挫折的经验，以促进共同成长。
7. 小林的爸爸和妈妈又吵架了，他们还喊着要离婚，小林的心情坏透了，小林该怎么办呢？选择一：难过极了，找个地方痛哭一场；选择二：烦透了，不理他们，随他们便吧；选择三：找他们谈谈心，表明自己的痛苦心情。

分析：对做出这三种选择的小林，你会分别做什么指导？

第八章

意 志

案例导入

海伦的意志

海伦·凯勒(Helen Keller),美国盲聋女作家、教育家,幼时患病,两耳失聪,双目失明。凯勒7岁时,安妮·沙利文担任她的家庭教师,从此成了她的良师益友,两人相处达50年。在沙利文帮助之下,凯勒进入大学学习,以优异成绩毕业,在大学期间写了《我生命的故事》,讲述她如何战胜病残,鼓舞了成千上万的残疾人和正常人。这本书被译成50种文字,在世界各国流传。以后,凯勒又写了许多文字和几部自传性小说,表明黑暗与寂静并不存在。后来,凯勒成了卓越的社会改革家,到美国各地,到欧洲、亚洲发表演说,为盲人、聋哑人筹集资金。"二战"期间,凯勒访问多所医院,慰问失明士兵,她的精神受人们崇敬。1964年,凯勒被授予美国公民荣誉总统自由勋章,次年又被推选为世界十名杰出妇女之一。海伦·凯勒能够走出黑暗,达到如此高的成就,与她坚韧的意志力是分不开的。

本章提示

人生的道路并不总是一帆风顺,时常出现磕磕绊绊。有人在逆境中奋力拼搏,勇于挑战自己,以顽强的意志去追求自己的人生目标;有人却因此灰心丧气,一蹶不振。那么,意志过程是如何发生的?不同的人有什么不同的意志体现?在心理学中,意志过程与认知过程、情感过程合称为三大心理过程,其中,意志过程最能体现人的心理的主观能动性。但在西方心理学中,一般不专门研究意志过程,而是把它视为情绪或动机的成分。本章首先讨论意志的实质、特征,以及个人发展的影响;然后介绍意志行动过程;最后介绍青少年的意志品质及其培养。

北宋文学家苏轼曾说,"古之立大事者,不惟有超世之才,亦必有坚忍不拔之志"。不论是创新者的毅力,还是革命者的刚毅气节,这一类的优秀品质和行为都凝结着一个重要成分,即意志。意志是人所特有的心理现象。人在认识客观事物并感到有一定需要的时候,就会组织自己的行动去改变客观现实，以满足自己的需要。就是说，人在活动之前，活动的目的和结果就已经存在于人的头脑之中，人以此为前提，拟定计划，选择方法，调节行动，使之服从于预定目的。动物的行为虽然也作用于环境，但动物行为是无意识发生的，而且对于动物本身来说也是偶然的。动物只能消极地适应环境，而只有人类才能积极、主动地影响环境、改造环境。意志是意识的能动作用，只有人才有意志行动。意志是在人类认识世界和改造世界的需要中产生的，也是在人类不断深入地认识世界和更有效地改造世界的过程中得到发展的。所以，意志是人的主观能动性最突出的表现。

第一节 意志概述

我国有句俗语"有志者，事竟成"，强调了一个人要取得成功需要的条件——意志。人为了达到一定的目的，靠毅力和决心去克服困难，百折不挠地去实现自己的目标，这个过程需要一种促人达标的力量，也就是有目的地、自觉地、能克服困难地达成目标的心理过程。人的这种心理过程具备什么特点、品质，它又是如何产生和发展的呢？

一、意志的实质

(一) 什么是意志

意志是人自觉地确定目的，并根据目的支配、调节行动，克服困难，实现目的的心理过程。例如，学生为了获取知识、发展能力而认真听课，刻苦学习；教师为提高教学质量、促进学生发展而钻研教材，探索教学方式、方法；工人、农民为了提高产量而忘我地劳动；科技人员为了促进科技事业的发展而呕心沥血、刻苦攻关；战士为了保卫国家，不怕牺牲，英勇杀敌等。人在这些活动中按照目的去调节、支配自己的行动，并在行动中克服所遇到的困难，使预定目的得以实现的心理活动，就是意志的表现。

意志是人类特有的心理现象，是人的意识能动性的集中表现。人的意识的能动性表现在两个方面：一是对来自客观现实的信息进行加工改造，以揭示其本质和规律；二是主动调节和支配实践活动，按照人的意志去改造客观世界。所以，恩格斯说："一切动物的一切有计划的行动，都不能在自然界上打下它们意志的印记，这一点只有人才能做到。"

受意志支配的行动叫作意志行动，意志与意志行动是两个既有区别又有联系的概念。首先，意志是在头脑内部进行的心理过程，而意志行动则是显露于外的；其次，意志调节支配意志行动，意志行动必须包含意志因素，没有意志就没有意志行动。同时，意志又必须通过意志行动表现出来，没有意志行动，也就无所谓意志。

(二) 关于"意志自由"问题

长期以来，关于人类究竟有没有所谓的"意志自由"的问题，学术界存在着尖锐的争论。

西方行为主义心理学派完全否认意志的存在，他们把人的行为归结为"刺激—反应"(S-R)的简单公式，认为人的反应是机械地被外界刺激物所决定的。他们不但否认意识，而且否认人的意志自由。

主观唯心主义者片面夸大"意志自由"，把意志看成一种独立于客观现实的、纯粹的"精神力量"，是一种超越物质，不受客观规律制约的"自我"的表现。19世纪的德国哲学家尼采和叔本华就宣扬唯意志论,认为人的自由意志主宰一切。19世纪末和20世纪初的英国心理学家麦独孤断言人的行为是由一种"内驱力"所决定的,而这种"内驱力"是基于肌体的神秘的本能。当代著名的澳大利亚神经生理学家艾尔克斯也把人的意识和大脑看作两个彼此独立的实体,认为意志是"第一性的实在",其他一切是"第二性的实在",否认人的意志对客观规律的依存性。

辩证唯物主义认为人的意志是自由的,又是不自由的。说它是自由的,因为在一定条件下,人可以根据自己的意愿自主地选择目的,发动或制止某种行为,按照某种方式、方法行事;说它是不自由的,因为人的一切愿望,一切行动都必须符合客观规律,否则,将会在实践中碰壁,一事无成。正如恩格斯所说:"自由不在于幻想中摆脱自然规律而独立,而在于认识这些规律,从而能够有计划地使自然规律为一定的目的服务。因此,意志自由只是借助对事物的认识来做出决定的那种能力。"由此可见,意志自由只是人对客观规律的认识和在行动中对客观规律的驾驭,违背客观规律的绝对自由是没有的。

二、意志行动的特征

意志总是表现在人的行动之中,意志支配、调节着行动,并在行动中表现出来。

(一) 自觉的目的性

自觉的目的性是意志行动的主要特征。离开了自觉的目的,就没有意志可言,这也是人的意志行动与动物活动的根本区别。无论动物的动作多么精巧,都不可能在行动之前有明确的目的和意识。动物虽然也有类似目的性的行为,但这种行为都是"无意识地发生的,而且对于动物本身来说是偶然的事情"(马克思)。而人在从事任何活动之前,活动的结果就已经作为行动的目的以观念的形式存在于人的头脑中,并且以此来指引自己的行动,使之达到预期的目的。

(二) 与克服困难相联系

意志行动有自主的目的性,但在实际生活中,并不是人的所有有目的的行动都是意志行动。例如,正常人口渴时端起一杯水喝下以解渴,长时间站着感到疲劳需要坐下休息,这些行动虽然有自觉的目的,但太容易了,所以不能称为意志行动。

克服困难是意志行动的核心特征。在目的确立与实现过程中,往往会遇到各种各样的困难,包括内部困难与外部困难。内部困难是指干扰目的的确立与实现的内在条件,如信念的动摇、情绪的冲动、能力的缺乏、知识经验的不足、相反愿望的干扰、健康状况不佳等;外部困难是指阻碍目的确立与实现的外在条件,如社会生活环境恶劣,缺乏必要的工作条件,人员、设备过少,以及来自他人的讽刺与打击等。意志主要表现在对内部困难的克服上,因为外部困难的克服,往往与个人的能力密切相关。

人的意志行动只有在实现预定目的的过程中,遇到困难而又坚定不移地加以克服时,才能显现出来。意志的强弱是以克服困难的数量和大小来衡量的,克服困难的难度越大,数量越多,人表现出来的意志力越坚强。假如完成一项任务或达到一个目的,不费吹灰之力,那根本没有什么意志可言。只有当一个人内心有了矛盾,外界有了阻力时,他能够控制自己,自觉地调节行动实现预定的目的,才体现出他的意志。因此,意志行动是与克服困难相联系的，那些没有克服困难的行动不是意志行动。

（三）以随意动作为基础

人的行动是由一系列的动作组成的。动作可分为不随意动作和随意动作两种。不随意动作是指不受意识支配的不由自主的动作，例如某些习惯性动作、睡眠状态等，这些动作发生之前没有确定任何目的，也不以人的意志为转移；随意动作是由意识指引的、具有一定目的的动作，例如穿衣、打球、上课记笔记、操作仪器等。

随意动作是意志行动的必要组成部分，如果没有掌握必要的随意动作，意志行动就无法实现，有了随意动作，人就可以根据目的去组织、支配、调节一系列的动作来组成复杂的行动，从而实现预定的目的。随意动作是意志行动的必要条件，这并不是说意志行动不含有相应的自动化动作，自动化动作能使人更好地完成随意动作，实现意志行动。例如短跑运动员的自动化起跑、加速冲刺动作也是实现目的的重要条件。自动化的习惯性动作和意志行动有区别又有联系。两者的区别在于：自动化的习惯性动作可能是不随意动作，而意志行动的动作必定是随意动作。两者的联系在于可以相互转化，自动化的习惯性动作是由随意动作多次重复、逐渐熟练失去其自觉性转化来的；已经形成的自动化动作碰到阻力或干扰时，动作失调，仍然可以转入意识状态，变成随意动作。

三、意志与认知、情感、个性

意志与认知、情感同属于心理过程，它们之间有着密切的联系。个性反映人与人之间的心理差异，与意志的关系也十分密切。

（一）意志与认知

1. 认知是意志的基础

意志行动的一个重要特征是具有自觉的目的性，而任何目的都是在认识活动的基础上产生的。人只有认识了客观现实的要求和规律，认识了自身的需要与客观规律之间的关系，才能提出和确立切合实际的目的。

在实现意志行动时，为了确立目的和选择行动的方法及策略，必须运用已有的知识经验，探索事物的发展规律，分析主客观条件，拟定行动方案，编制行动计划，设想未来后果。这一切都必须通过感知、记忆、思维和想象等认知过程才能实现。

意志行动是与克服困难相联系的，而任何困难的克服都离不开一定的知识经验的指导作用。只有把意志行动建立在深思熟虑的认知基础上，才能有效地克服各种困难，实现预定的目的。因此，意志以认知过程为前提，离开认知过程，意志便不可能产生。

2. 意志反作用于认知

人在进行各种认识活动时，总会遇到一定的困难，要克服这些困难，就需要做出意志努力。例如，观察的组织，有意注意的维持，有意回忆的进行，解决问题时思维活动的展开，以及想象的形象化进程等都需要意志的参与。

认知过程是在实践中进行的，而实践活动也离不开意志的支配。所以，没有意志行动，就不可能有效地进行认识活动和各种实践活动。因此，积极的意志品质能促进一个人认知能力的发展,而消极的意志品质则会阻碍一个人认知能力的发展。

(二) 意志与情感

1. 情感影响意志

当某种情感对人的活动起推动或支持作用时,这种积极的情感就会成为行动的动力。例如一些学生热爱自己所学的专业,在学习专业知识时表现出极大的热情并能克服学习中遇到的各种困难,取得优异成绩。当某种情感对人的活动起阻碍或削弱作用时,这种消极的情感就会成为意志行动的阻力。例如学习中的畏难情绪、骄傲情绪、焦虑情绪等都会妨碍意志行动的执行,动摇或削弱人的意志。

2. 意志影响情感

积极的情感由于意志的支持才能持久和巩固,而消极的情感则要依靠意志来克服和控制。意志坚强者可以克服和消除各种消极情感的干扰,使情感服从于理智,把意志行动贯彻到底;意志薄弱者则可能被消极的情感所压倒,使行动半途而废。例如有些学生在学习中获得优异成绩时,虽然会产生激动的情感,但仍能保持清醒的头脑,找出自己的不足,使自己继续努力;在学习失败时,能找出自己失败的原因,做出意志努力,克服由失败带来的痛苦情绪的干扰,做到胜不骄、败不馁,这就是意志对情感的调节作用。

总之,认知、情感和意志是人在实践活动中对客观现实反映的不同方面,它们之间是密切联系、相互渗透的。意志过程包含认知和情感的成分,认知和情感过程也包含意志的成分。当我们对统一的心理过程进行分析时,必须从具体的人出发,把它们联系起来加以考察。

(三) 意志和个性

理想、信念、价值观、兴趣、爱好等个性倾向制约着人的意志表现。为人民的利益而奋斗的价值观,会使人抵御物质利益的诱惑,克服艰难险阻而无所畏惧;个人主义的价值观,会使人患得患失,在工作中稍遇困难就灰心丧气。对某种活动或事业有了浓厚的兴趣,就会集中精力,千方百计地克服前进道路上的困难和障碍,达到预定的目的。相反,如果对某种活动或事业没兴趣,不乐意去做,即使勉强做了,也会视为负担,遇到挫折便会动摇退缩,使活动半途而废。但是如果一个人意志坚强,即使对某项活动没有兴趣,他也会以坚强的毅力去克服各种困难,完成任务,同时,在克服困难、完成任务的过程中,兴趣和爱好可能逐渐培养起来,可见,意志与个性的关系是十分密切的。

意志对个性的形成和发展具有十分重要的意义。孟子曰:"故天将降大任于斯人也,必先苦其心志,劳其筋骨,饿其体肤,空乏其身,行拂乱其所为,所以动心忍性,增益其所不能。"法国生物学家巴斯德(L. Posteur,1822—1895)有一段名言:"立志、工作、成功,是人类活动的三大要素。立志是事业的大门,工作是登堂入室的旅程。这旅程的尽头就有个成功在等待着。"这些都说明,意志在人的成才、成事过程中具有极为重要的作用。

四、意志对个人发展的影响

(一) 良好的意志品质是心理健康的基本保证

必要强度的意志是一个人适应环境、改造环境,使之符合自身需要的必要条件。一旦意志方面出现问题，就会直接威胁人的正常活动，导致不健康行为出现，进而使人无法适应周围环境。意志方面存在的问题一般被称为意志障碍，主要表现有：意志增强，即意志活动增多，产生病态的固执行为与过分自信，多见于有妄想观念的精神病人；意志减退，意志活动减少，缺乏主动性和进取性；意志缺乏，缺乏要求与打算，生活被动，处处要人督促。例如，抑郁症患者的一个主要表现就是意志减退，这种人往往对周围事物缺乏必要的兴趣，同时也缺乏起码的克服困难的信心与勇气，因而变得非常懒惰，任何事都不愿意做，严重者对生活产生厌烦、无聊、乏味的感觉，甚至会有自杀的念头。

(二) 正确的意志行动是成功的基本条件

尽管不同的人对于成功有不同的理解，但是每一个人都追求自己的成功，这是不言而喻的。人的行为具有高度自主性，面临同样的情境，有的人要采取这样的行动，达到这样的目的，取得这样的成功；有的人要采取那样的行动，达到那样的目的，取得那样的成功。人的行为不仅受外部情境的制约，也受主体内部意识状态的调节，这种调节正是意志活动的证明。意志是决定活动的直接原因，但不是终极原因。意志受目的所指引，受动机所推动，但目的和动机是由人的需要所决定的，而人的需要最终必须受制于物质世界的因果制约性。根据辩证唯物主义关于意志自由的论述，如果人们的目的不符合客观规律，或者尽管目的符合客观规律但为了实现目的采取的行动不符合客观规律，从而导致错误的意志行动，那么将一败涂地，与成功绝缘。

第二节 意志行动过程

意志通过意志行动表现出来，意志行动有其发生、发展和完善的过程，这一过程可以分为两个阶段：采取决定阶段和执行决定阶段。采取决定阶段是意志行动的准备阶段，它决定着行动的方向，规定着意志行动的轨迹，是意志行动的动因；执行决定阶段是意志行动的完成阶段，它使头脑里的意图、内心的愿望、计划和措施付诸实施，以达到预定目的。所以，执行决定阶段是意志行动的中心环节。

一、采取决定阶段

采取决定阶段一般包含动机斗争、确定目的、选择行动方法和制订行动计划等环节。

(一) 动机斗争

人的意志行动是由一定的动机引起的，动机是推动和指引人的行动的内在原因。人的动机是在需要的基础上产生的。由于人的需要多种多样并且不断发展，所以在同一时间内往往存在多种动机。有时，几种动机相互矛盾，就形成了动机斗争。

1. 根据形式分类

根据形式的不同，动机斗争可分为三类。

(1) 双趋式动机斗争。双趋式动机斗争是指同时存在两种能满足需要的目标，它们具有同等的吸引力，但只能选择其中之一时所产生的动机冲突。例如周末的晚上放映两部有同样吸引力的影片而只能看一部时的心理矛盾，就属于双趋式动机斗争。"鱼，我所欲也；熊掌，亦我所欲也，二者不可得兼，舍鱼而取熊掌者也；生，亦吾所欲也，义，亦吾所欲也，二者不可得兼，舍生而取义者也。"这里的取舍就是双趋式动机斗争。

(2) 双避式动机斗争。双避式动机斗争是指同时遇到两个需要力图回避的威胁性目标，但只能回避其一时所产生的动机冲突。例如工人在做自己厌烦的工作时，既不想做但又怕失业，其中干工作和失业对他都是一种威胁，但他必须选择其一，这时的心理矛盾就是双避式动机斗争。

(3) 趋避式动机斗争。趋避式动机斗争是指同一目标既有吸引力，又有排斥力，个体既希望接近，同时又不得不回避，从而引起的动机冲突。例如有些学生想当班干部为同学服务，又怕耽误时间影响自己的学习成绩；有些学生暑假想参加实践活动培养能力，又怕耗费时间和钱财而产生的矛盾心理等，都属于趋避式动机斗争。

2. 根据内容分类

根据内容的不同，动机斗争可分为两类。

(1) 非原则性动机斗争。非原则性动机斗争是指与社会道德关系不大的动机斗争，如周末晚上是去看电影还是在家看小说。非原则性动机斗争仅来源于个人的兴趣、爱好，一般来说内心斗争不那么强烈，持续时间也不长，这些动机之间没有根本对立关系。

(2) 原则性动机斗争。原则性动机斗争是指与社会道德准则相关的动机斗争。例如教育类专业的学生在毕业分配时，是考虑国家教育的需要，到艰苦的乡村中学去，还是单纯从个人愿望出发，到条件优越的大城市去。在原则性动机斗争中，涉及个人和集体、公与私之间的矛盾，往往引起激烈的内心冲突。

在动机斗争中，怎样衡量一个人的意志水平呢？对于原则性动机斗争，意志坚强者能坚定不移地使自己的行动服从社会道德标准，服从集体和国家的需要；而对于非原则性动机斗争，他们也能根据当时需要，毅然决定取舍。倘若一个人遇到原则性动机斗争时不能使自己的行动服从社会道德标准，或者对待非原则性动机斗争经常犹豫不决、摇摆不定，则是意志薄弱的表现。

(二) 确定目的

目的是指意志行动所要达到的目标或结果。每个人的意志行动首先以他最终要达到的目的为前提，目的越明确，人的行动越自觉；目的越远大，它对行动的动力作用越大；目的的社会意义越深刻，则这一目的所引起的意志力也越大，也就越容易制订出达到目的的计划，意志行动也就越能顺利进行。

在意志行动过程中，一个人通常有许多目的，这时必然要按照自己的世界观、理想、信念、愿望以及达到目的的客观条件进行权衡和比较，从而确定自己认为合适的、最需要的目的。如果每一种目的各有吸引人之处，或者它们都是必要的，在这种情况下，要选择并确定目的就比较困难。不同的目的越是有同等重要性，人对于两种目的所抱的态度越是接近，确定目的的困难就越大。

确定目的和动机斗争是两个既有区别又有联系的过程，在确定目的之前往往要经过动机斗争，克服内心的矛盾；而在目的逐渐确定的过程中也会进一步引起动机斗争，随后两者逐渐趋于统一。

(三)选择行动方法和制订行动计划

目的确立之后,必须考虑如何实现这个目的。为了实现目的,必须选择正确的行动方法和制订合适的行动计划。行动方法的选择和行动计划的制订对行动目的的顺利实现影响极大。切实可行的方法、策略及行动计划,能使意志行动事半功倍;不好的方法、策略及行动计划则使意志行动事倍功半,甚至可能导致行动的失败。

行动方法的选择有不同情况。在有些场合下,只要一提出行动目的,便立刻意识到实现这种目的的方法或策略,而且对所采用的方法或策略也不会产生任何怀疑。这种情况通常发生在较熟悉的行动中。但是在许多情况下,达到同一个目的的方法可能不止一种。有时某种方法符合自己愿望,但却是不应当采取的;而另一种方法是必要的,却又违背了自己的愿望。有时所要选择的方法很容易做到,但与道德准则不相容;另一些方法不容易做到,但与道德准则相符合。这就需要分析、比较各种方法的有效性和合理性,进行周密思考,权衡利弊后加以选择。行动方法的选择受一个人的道德观念和品德修养所制约,道德高尚的人会采取正当的、符合社会道德准则的方法或策略;道德低劣的人则可能采取不正当的、违背社会道德准则的方法或策略。

在复杂的意志行动中,为了达到预定的目的,还需要制订行动计划,详细地规划意志行动的步骤,确定每一步骤的目的、要求以及所应采取的具体措施,以便按步骤进行活动。意志行动的采取决定阶段以计划的制订而告终。

二、执行决定阶段

执行决定阶段是实施所做出的决定,实际去完成意志行动的阶段。意志行动只有经过执行决定阶段,才能达到预定的目的。如果不执行所做出的决定,即使行动的动机再高尚,目的再美好,行动的方法再完善,行动计划再周详,也是毫无意义的。所以执行决定阶段是意志行动的关键环节。

从采取决定到执行决定有两种情况:一种情况是在行动的目的已经确立,行动的方法已经选定,实现意志行动的主、客观条件都已具备时,就要不失时机地立即执行;另一种情况是做出的决定是长期的任务或未来行动的纲领,此项决定并不立即付诸行动,而要间隔一定的时间再执行,这就需要坚韧的意志,等待条件许可时再立即执行已经采取的决定。

在执行决定的过程中,意志对行动的调节表现在两个方面:一方面是采取积极的行动来达到目的;另一方面是制止那些不利于达到目的的行动。这两个方面的活动是对立统一的,如果一个人只善于做出决定,而不采取积极行动将决定付诸实施,或者在执行决定的过程中不制止那些不利于达到目的的活动,他的目的就永远不会实现。即使做出的决定再完善,也没有什么意义。例如学生在上课时,一方面要积极组织自己的认识活动,注意听,认真记,仔细看,使注意力集中到课堂上;另一方面还要抑制各种分心因素和干扰课堂教学正常进行的举动。

执行决定是在实际活动中完成的,所以往往会遇到更多、更复杂的困难。例如由于工作条件差、环境复杂而引起的信心不足;由于长期忍受巨大的智力或体力紧张而产生的精力缺乏;由于新情况、新问题的出现使人措手不及而产生的惊慌、彷徨等消极情绪;已经放弃的动机、目的重新出现而产生新的诱因;不健康舆论的讥讽,等等。在这些情况下,就必须有面对困难的勇气和智慧,迅速分析、判断困难的性质,确定克服困难的方法和策略,从而实现所做出的决定。

要想实现所做出的决定，除了克服所遇到的困难外，有时还需要改变原来的决定，修正原来的行动计划，根据新的决定采取行动。意志不仅表现在善于坚决贯彻既定的决定，也表现在善于果断地放弃原来不符合客观情况的决定，采取新的决定，或者当机立断，调整计划，继续前进。在执行决定的过程中，不管是遇到困难和挫折，还是获得成功和荣誉，都需要意志的努力。意志坚强者会胜不骄，败不馁，不断进行目标定向；而意志薄弱者则会在成功面前骄傲自满，在失败面前垂头丧气，甚至发生意志的动摇，轻易改变原来的决定。

意志行动的两个阶段虽然都有自己的心理构成因素，但两者并不是孤立的，而是一环连着一环的统一结构。在实践中，这两个阶段常常是彼此紧密联系和反复交织的。在采取决定阶段中就有局部的执行决定活动，执行决定阶段中也有某些采取决定的意志心理活动。

第三节 青少年的意志品质及其培养

青少年时期已经发展出了责任感、义务感等高级情感，使他们能够坚持完成比较困难的任务，坚持达到比较遥远的目的。青少年意志的培养应当结合青少年意志发展的特点和规律，有针对性地进行。在培养过程中，应当注意结合每个青少年的实际情况，既要运用心理学的理论，又不可完全照搬理论。

一、意志品质

意志品质是构成一个人行为特点的稳定因素的总和，主要包括自觉性、坚韧性、果断性和自制力。有人能独立地采取决定，而有人则易受暗示；有人处事果断，有人则优柔寡断，这些都体现着意志品质的差异。意志品质在人的意志行动中贯彻始终，并构成人的意志的性格特征。

(一) 自觉性

自觉性是深刻地认识到行动目的的正确性和重要性，并主动地支配自己的行动使之符合目的的意志品质。具有高度自觉性的人能够按照自然界和社会的发展规律提出自己的行动目的，经常主动地使自己的行动服从于该目的，既不会鲁莽行动也不会盲目附和。

与自觉性相反的品质是盲从和独断。盲从就是盲目地受他人的暗示或影响，高度盲从的人没有主见，不了解自己行为的意义，因而极易受他人的影响和怂恿，极易轻信他人。独断就是盲目地拒绝他人的意见或劝告，不论正确、合理与否，一概顽固地拒绝，对于自己的决定总是自信不疑、一意孤行而不顾主、客观条件的变化。盲从和独断表面上不同，实质上都是缺乏自觉性的表现。

(二) 坚韧性

坚韧性是完成艰巨任务时坚持不懈地克服困难的意志品质。具有高度坚韧性的人，有顽强的毅力，充满信心地为正确的目的而奋斗，不怕困难，不怕挫折，善于总结经验和教训，既不为无效的愿望所驱使，也不被预想的方法所束缚，为了达到目的，百折不回。

与坚韧性相反的品质是动摇性和刚愎、执拗。动摇性是遇到困难便怀疑预定目的，不加分析地放弃对预定目的的追求。这种人不善于督促自己去达到预定目的，偶遇挫折便望而却步，做事见异思迁，虎头蛇尾。刚愎、执拗是对自己的行为不做理智的评价，总是独行其是。这种人不能客观地认识形势，尽管事实证明他的行动是错误的，但仍然一成不变，自以为是。动摇性和刚愎、执拗表面上不同，实质上都是对待困难的错误态度，是消极的意志品质。

（三）果断性

果断性是善于迅速地明辨是非，坚决地采取决定和执行决定的意志品质。果断不同于轻率，它是以周密思考和勇气为前提的。果断的人对自己的行动目的、行动方向和可能后果，都有深刻的认识和清醒的估计，所以当事态发展到最紧急的关头时，往往能当机立断，及时行动，毫不动摇、毫不退缩。

与果断性相反的品质是优柔寡断。优柔寡断者的显著特点是无休止的动机冲突：在采取决定时，迟疑不决，三心二意；到了紧急关头，只好不假思索、仓促决定；做出决定后又后悔，甚至开始行动之后，还怀疑自己决定的正确性。优柔寡断就是缺乏勇气、缺乏主见，是意志薄弱的表现。

（四）自制力

自制力是善于控制和支配自己行动的品质。自制力强的人，在任何情况下都能保持清醒的头脑，控制自己的情感不受外界干扰的影响，坚持完成意志行动；善于约束自己的言论，能有分寸地考虑各种影响，不信口开河；能克制自己的行为，三思而后行，坚持执行已经采取的决定。"富贵不能淫，贫贱不能移，威武不能屈"，就是意志自制力的表现。

与自制力相反的品质是任性和怯懦。任性的人不能约束自己的言论和行动，不能控制自己的情绪，行为常常被情绪所支配；怯懦的人胆小怕事，遇到困难时惊慌失措，畏缩不前。任性和怯懦的共同特点是不能有效地调节、控制自己，自我约束力差，这也是意志薄弱的表现。

二、青少年意志品质的特点

意志品质的发展，既有个体差异，也有年龄特征。

（一）自觉性与易受暗示性并存

意志的自觉性从小学三四年级开始发展，这时，学生一般都能够自觉遵守纪律，自觉地、独立地学习和参加集体劳动，但受暗示性严重。到了初中阶段，青少年的自觉性有了较大发展，但仍有较大的受暗示性，其行为易受到家长、班主任、校风、班风、同学、伙伴的影响。例如，林崇德等曾调查了北京市一些"流行性"活动，如玩弹弓、练飞镖等，往往是"一处点火，四处蔓延"。10%～20%的男生相互"启示"，很快流传起来，而且不计后果，常造成不良行为。又如，中学生对歌星、偶像的追逐，也是同学间相互鼓动的结果。

初中三年级之后，这种受暗示性逐步减少，意志的自觉性不断发展，但高中阶段意志的自觉性品质容易出现独断性，突出地表现为喜欢争论、争强好胜，而往往是在理由不足的情况下坚持错误意见，却不能自制。

(二) 果断性与踌躇性并存

果断性在四年级的小学生身上就开始有所表现,但在整个小学阶段和初中阶段,果断性的水平都不高,即在必要时能排除一切不必要的疑惑或踌躇做出决断的能力还是较低的。同时,轻率和优柔寡断在初中生的意志行动中都有表现,而且轻率比优柔寡断更为突出。轻率从事,不仅是初中生学习的障碍,而且也常常导致中学生的品德不良。

高中阶段的学生由于认识能力得到发展并趋于成熟,生活经验不断丰富,同时又面临着未来的生活压力,他们逐渐能够按照一定观点、原则,经过深思熟虑后去抉择并处理一些充满矛盾的问题,果断性的意志品质才真正培养起来。

(三) 坚韧性相对稳定

研究表明,三年级的小学生的坚韧性已经是比较稳定的意志品质了。但是,到了中学阶段,青少年之间在坚韧性方面明显地表现出个体差异。青少年坚韧性的好坏取决于两个方面的因素:客观上,坚韧性是由所执行的任务要求是否合理而决定的,同时还取决于任务的难度。当然,难度又包括很多因素,其中一个重要的因素是时间因素。观察表明,执行相同性质的任务,所坚持的时间往往与年龄有关,一般来说,年龄越大,年级越高,所坚持的时间就越长。主观上,坚韧性取决于以下因素:兴趣和需要的程度、动机和目的的水平、对所执行任务的意义的理解程度、习惯的稳定水平。

(四) 自制力逐渐成熟

小学生具有初步的自制力,往往易兴奋,带有一定程度的冲动性;初中生的自制力仍较差,行为举止较难控制;高中生自制能力则较强,自我控制与自我调节行为的表现也比较突出。这个发展过程与情感稳定性的发展是相一致的。学生在初中阶段所表现出的青春期的激情比高中阶段要强烈得多,使意志力难以控制。随着感情稳定性的逐步发展,初中三年级至高中一年级这一阶段,学生的意志行动和自制力也逐步加强。因此,为什么初一、初二年级容易出现"乱班",为什么高中生的自觉性较强,为什么学生在初三第二学期至高一年级品德会趋于初步成熟,其中一个较突出的原因就是自制力获得了迅速发展。

三、青少年良好意志品质的培养

人的意志品质不是天生的,而是在后天生活实践中逐步形成的。

(一) 加强正确的世界观教育

世界观是人的认识活动的定向工具和行为的最高调节器。用科学的思想武装青少年是培养他们良好意志品质的基础条件,只有树立了科学的世界观,才能使青少年确立正确的行动目的,并对一切个人的、团体的思想和行为做出实事求是的正确评价,明辨是非、善恶和荣辱。只有树立了科学的世界观,才能使青少年具有高度的责任感、明确的生活目的和崇高的理想。

在对青少年进行共产主义世界观教育、意志品质培养时,教师应当教育学生把崇高的理想同眼前的学习、工作、生活结合起来,用理想来指导自己的行动。只有把崇高的理想融于行动中,渗透在日常生活中,成为行动的目标,才有助于学生意志品质的培养。为了提高学生行为的自觉性，教师还应根据不同基础、不同年级的学生的实际情况，设法帮助学生克服受暗示性和独断性，在学习、作业、劳动过程中，多启发他们自觉制订计划并独立完成任务，不要过多地加以"督促"或"帮助"。

(二) 进行实践锻炼

"百炼成钢"，坚强的意志是在克服困难的实践活动中发展起来的。教师除结合教学内容或通过主题班会等方式向学生讲述意志锻炼的意义、方法之外，还应当组织学生参加各种实践活动。

在实践活动中，教师要向学生提出有一定难度，同时又是他们力所能及的任务要求。例如，要求他们坚持独立完成各种作业，坚持参加科技小组的活动，坚持各种体育锻炼，坚持为集体做好事等。对青少年来说，这些要求都有一定的难度，但又是他们能够做到的，因而对于培养他们意志力的坚韧性和自觉性很有好处。

教师要根据学生意志品质上的差异，采取不同的锻炼措施。例如，对于容易盲从、轻率行事的学生，教师应当多启发他们的自觉性，培养他们对社会、集体和劳动的义务感和责任感；对于怯懦的学生，则应多鼓励他们克服困难的信心和勇气，并对克服困难的方法和技术给予指导；对于依赖性强的学生，则应多鼓励他们独立完成任务，不要越俎代庖；对于自制力差的学生，则要引导他们善于调节和控制情感，要让学生逐步学会预料挫折和失败带来的后果，使他们有足够的受挫折和失败的思想准备，从而减弱激情反应，同时，鼓励他们的勇敢行为，克制冒险和蛮干的行动。

(三) 发挥班集体和榜样的模范作用

在具有良好班风的集体里，学生之间团结互助，每个人都珍惜自己所属的集体，尊重集体的意见，执行班委委派的任务，努力为集体争光而不损害集体的荣誉。学生对集体的义务感和荣誉感有助于自制、刚毅、勇敢等意志品质的形成。集体有严格的纪律，学生严守纪律，坚决不做违反纪律的事，这本身就是最好的意志锻炼。因此，教师应当努力使自己的班级形成良好班风，充分发挥集体的作用，帮助学生养成良好的意志品质。

在培养学生良好意志品质的过程中，榜样始终发挥了特殊的重要作用。教师除了要用科学家、发明家、劳动模范、革命先烈以及文艺作品中的优秀人物来陶冶学生的意志，还要善于从学生的生活中，从学生熟悉的人中，特别是从他们的同龄人中选取典型，为他们树立坚强意志的榜样。在这样的榜样面前，因心理距离小，学生感到亲切，榜样的作用更容易发挥。教师自身的榜样作用也很重要，教师如果只是要求学生有坚强的意志，而自己却经常优柔寡断，做事虎头蛇尾，就难以保证教育的效果。

(四) 启发学生加强自我锻炼

在培养学生良好意志品质的过程中，周围人的影响、集体的荣誉感、榜样的教育等，都必须通过学生的自我锻炼才能真正起作用。青少年的自我意识已经逐步形成，他们已能够认识自我，评价自己的个性品质，这就为他们意志的自我锻炼提供了前提条件。研究表明，学生能够进行意志的自我锻炼。例如，学生在自觉性、坚持性方面的自我锻炼通常采取下列方法：用名言、格言、榜样来对照自己、检查自己、督促自己；经常与身边一些比自己学习强的人比较，找出差距，奋力追赶，直到赶上或超过为止；坚持制订学习计划(包括学期、月、周的计划及每天的安排),严格执行计划,无论遇到什么情况,都强迫自己去完成;每天坚持日记,检查当天的活动,发现缺点立即改正等。所以,教师应当教育学生加强意志的自我锻炼,使他们养成自我检查、自我监督、自我鼓励等习惯。

知识链接

意志的生理机制

意志过程是大脑的机能。由于意志活动的复杂性,其具体的生理机制至今尚未探明,我们可以从下列几个方面来理解。

意志行动是通过一系列随意运动来实现的。控制机体运动的最主要皮层是中央前回的4区和6区,4区是四肢远端肌肉的代表区,6区是躯体和四肢近端肌肉的代表区。运动区对一定部位肌肉的支配具有精细的机能定位。大脑皮层运动区由许多呈纵向柱状排列的多细胞单元(运动柱)组成。运动区的细胞与皮层的其他部位有广泛的神经联系;来自皮肤、肌肉和关节的冲动,以及来自额叶和颞叶等部位的信息,为运动区调节运动提供了所需的信息;运动柱内细胞之间的环路使不同层次的细胞广泛作用,最后离开皮层的锥体细胞和非锥体细胞对输入信息和指令信息的总和发生反应。大脑皮层的随意运动是通过锥体系和锥体外系的协同活动完成的。其中锥体系的机能是对敏捷灵活活动进行精细调节,而锥体外系的机能则主要与调节肌肉紧张、肌群的协调性运动有关。

大脑额叶在意志行动中具有非常重要的意义。大脑额叶是形成意志行动的目的的器官,它随时将活动的结果与预先拟定的计划目的进行校核。鲁利亚等人的研究表明,额叶损伤的患者丧失了形成行动的愿望,不能独立地产生行动计划,行动的意识调节受到严重的破坏。患者不能借助语言所形成的动机而产生某种行动。例如,用言语指示要求额叶受伤的患者抬起手来,如果这时患者的手放在被子下面,他只能模仿地重复着"抬起手……"但却不会先从被子下面把手抽出来再抬起来,不能对自己的动作进行调节。额叶严重损伤时,随意运动程序的机制遭到破坏,这与运动区损伤时,运动的执行环节遭到破坏是不同的。

此外,网状结构在行为的意志调节过程中也有重要的意义。因为行为的意志调节必须以大脑皮层的优势兴奋中心为前提,要使大脑皮层建立优势兴奋中心必须使动力供应高于正常需要,而网状结构则是皮层动力供应的特殊"电池"和"操纵台"。

总之,意志行动是大脑的许多复杂的神经过程相互作用的结果,其中中央前回运动区和额叶起着十分重要的作用。

心理测试

看看你的意志是否坚定

对于以下26道题目,每个人根据自己的实际情况做出选择:A. 很符合自己的情况;B. 比较符合自己的情况;C. 介于符合与不符合之间;D. 不大符合自己的情况;E. 很不符合自己的情况。

1. 我很喜爱长跑、远足、爬山等体育运动,但并不是因为我的身体条件适合这些项目,而是因为这些运动能够锻炼我的体质和毅力。

2. 我给自己制订的计划，常常因为主观原因不能如期完成。

3. 如果没有特殊原因，我每天都按时起床，从不睡懒觉。

4. 我的作息没有什么规律性，经常随自己的情绪和兴致而变化。

5. 我信奉"凡事不干则已，干则必成"的格言，并身体力行。

6. 我认为做事情不必太认真，做得成就做，做不成便罢。

7. 我做一件事情的积极性主要取决于这件事的重要性，即该不该做，而不在于做这件事的兴趣，即想不想做。

8. 有时我躺在床上，下决心第二天要干一件重要事情，但到第二天这种劲头又消失了。

9. 当学习和娱乐发生冲突的时候，即使这种娱乐很有吸引力，我也会马上决定去学习。

10. 我常因读一本引人入胜的小说或看一出精彩的电视节目，而不能按时入睡。

11. 我下决心办成的事情(如练长跑)，不论遇到什么困难(如腰酸腿疼)，都会坚持下去。

12. 我在学习和工作中遇到了困难，首先想到的就是问问别人有什么办法。

13. 我能长时间做一件重要而枯燥无味的工作。

14. 我的兴趣多变，做事情常常是"这山望见那山高"。

15. 我决定做一件事时，常常说干就干，绝不拖延或让它落空。

16. 我办事喜欢拣容易的先做，难的能拖则拖，实在不能拖时，就赶时间做完算数，所以别人不大放心让我干难度大的工作。

17. 对于别人的意见，我从不盲从，总喜欢分析、鉴别一下。

18. 凡是比我能干的人，我不怀疑他们的看法。

19. 遇事我喜欢自己拿主意，当然也不排斥听取别人的建议。

20. 生活中遇到复杂情况时，我常常举棋不定，拿不了主意。

21. 我不怕做我从来没有做过的事情，也不怕一个人独立负责重要的工作，我认为这是对自己很好的锻炼。

22. 我生来胆怯，没有十二分把握的事情，我从来不敢去做。

23. 我和同事、朋友、家人相处时，很有克制能力，从不无缘无故发脾气。

24. 在和别人争吵时，我有时虽明知自己不对，却忍不住要说一些过头话，甚至骂对方几句。

25. 我希望做一个坚强的、有毅力的人，因为我深信"有志者事竟成"。

26. 我相信机遇，很多事实证明，机遇的作用有时大大超过个人的努力。

评分原则：在上述26道题目中，凡单数的题目(1、3、5、7、9……)，A、B、C、D、E依次为5、4、3、2、1分；凡双数的题目(2、4、6、8、10……)，A、B、C、D、E依次为1、2、3、4、5分。

总分如果在110分以上，说明意志很坚定；91～110分，说明意志较坚定；71～90分，说明意志一般；51～70分，说明意志比较薄弱；50分以下，说明意志很薄弱。

(资料来源：作者归纳整理)

复习思考题

1. 什么是意志？如何理解"意志自由"？
2. 简述意志行动的特征。
3. 分析意志和认知、情感、个性的关系。
4. 意志对个人发展有什么影响？
5. 简述意志行动的过程。
6. 分析意志行动中的动机斗争。
7. 分析意志品质。
8. 青少年的意志品质有何特点？
9. 如何培养青少年良好的意志品质？

第九章

个性倾向性

案例导入

坚强的张海迪

张海迪，1955年秋天在济南出生，5岁患脊髓病，胸以下全部瘫痪，从那时起，张海迪开始了她独到的人生。她无法上学，便在家自学完中学课程。15岁时，张海迪跟随父母下放到山东聊城的农村，当起教书先生。后来，张海迪自学多门外语，还当过无线电修理工。在残酷的命运挑战面前，张海迪没有沮丧和沉沦，她以顽强的毅力和恒心与疾病作斗争，经受了严峻的考验，对人生充满了信心。她虽然没有机会走进校门，却发愤学习，不仅自学了小学、中学全部课程，还自学了大学英语、日语、德语和世界语，并攻读了大学和硕士研究生的课程。1983年，张海迪开始从事文学创作，先后翻译了《海边诊所》等数十万字的英文小说，编著了《向天空敞开的窗口》《生命的追问》《轮椅上的梦》等书籍。其中《轮椅上的梦》在日本和韩国出版，而《生命的追问》出版不到半年，已重印3次，获得了全国"五个一工程"图书奖。在《生命的追问》出版之前，这个奖项从没颁发给过散文作品。2002年，一部长达30万字的长篇小说《绝顶》问世。从1983年开始，张海迪创作和翻译的作品超过100万字。为了对社会做出更大的贡献，她先后自学了十几种医学专著，同时向有经验的医生请教，学会了针灸等医术，为群众无偿治疗达1万多人次。

本章提示

个性倾向性包括需要、动机、兴趣、理想、信念、世界观、价值观、人生观等，本章首先讨论需要理论及应用，重点介绍马斯洛的需要层次理论；其次介绍动机，动机是需要的变形，是推动个体从事某种活动的动力，在讨论动机的含义与功能的基础上，介绍几种动机理论；最后讨论兴趣，说明兴趣的含义、品质和功能，并且联系教学实际，对培养学生的学习兴趣提出一些行之有效的建议。

心理现象包括心理过程和个性心理，个性凸显了人与人之间精神面貌的差异。一个人就某一方面来说，可能像其他所有人，也可能像其他某些人，还可能不像其他任何人，也就是说，个性是共同性和独特性的统一。个性是稳定的，也是可变的，只有稳定，才能说某人形成了他独特的个性；只有可变，才能保证个性的发展和完善。个性也称人格，是指一个人的整个精神面貌，即具有一定倾向性的心理特征的总和，也就是说，个性包括个性倾向性和个性心理特征两个方面，个性倾向性是决定人对事物的态度和行为的动力系统，是对一个人心理面貌的动态考察，包括需要、动机、兴趣等。

第一节 需要理论及应用

需要是个性倾向性的核心，是个体动机、兴趣、理想、信念、世界观、价值观、人生观的基石。

一、需要的含义

需要是个体和社会的客观需求在人脑中的反映，是个体心理和行为的基本动力。从产生根源来看，需要源于有机体内部的某种不平衡状态；从外部表现来看，需要表现为有机体生存和发展对客观条件的依赖。

有机体内部的不平衡状态包括生理的不平衡和心理的不平衡。例如，血液中水分缺乏，会产生饮水的需要；生活中亲人的离去，会产生爱的需要。当有机体内部不平衡状态消除时，需要就得到了满足。当有机体内部出现新的某种缺乏或不平衡时，则产生新的需要。

有机体为了生存和发展，对于外部环境必定有一定的需求。例如，食物、衣服、婚配、育幼等，是维持个体生存和延续种族发展所必需的；从事劳动，在劳动中结成不同的社会关系，人们之间的交往活动等是维持人类社会生存和发展所必需的。这种需求反映在人脑中就会产生某种需要。

需要是有机体心理和行为的基本动力。人的各种心理和行为的终极目标都是追求需要的满足。

二、需要的特点

1. 对象性与依赖性

需要产生以后，总是以获得或者摆脱某种具体事物来满足的。也就是说，需要是对一定对象的需要，这就是需要的对象性。有的需要指向获得某种具体事物，例如饥饿时需要食物，口渴时需要饮料；有的需要指向摆脱某种具体事物，例如体内代谢废物过多时需要排泄，被野兽追逐时需要奔跑以便远离危险。

需要的依赖性表现为两个方面：一方面，需要的产生要依赖身心不平衡状态的出现，如果身心各方面均处于平衡状态，个体就会心满意足，不会产生任何需要；另一方面，需要的满足要依赖周围环境，例如一个人产生了对食物的需要，吃什么要看所处环境能够提供什么，如何吃要看所处环境的礼仪规范。

2. 紧张性与驱动性

需要的出现会使人感到某种欠缺，人在需要产生之后、满足之前，会由于这种欠缺而体验到紧张感，这是需要的紧张性。

个体体验到紧张感后，这种紧张感会驱动个体采取某种具体可行的行动去消除这种不适感，这是需要的驱动性。

3. 起伏性与渐进性

需要产生之后、满足之前，总是时隐时现地出现，有时呈现活跃的动态，有时转入潜伏的静态，这是需要的起伏性。

个体旧的需要满足后，就会产生新的需要，这是需要的渐进性。需要的渐进性是一个人不断获得发展的重要保证。

4. 社会性与历史性

人具有社会性，所以人的需要必然也有社会性，从需要的产生到需要的满足方式，无不反映个体所处环境的人文特点。学生会产生对知识的需要，满足方式就是读书、思考、讨论；工人会产生提高收入的需要，满足方式就是努力工作从而涨工资。

需要的历史性表现为两个方面：一方面，随着社会的发展，每个人的需要和需要的满足方式也会随之变化，例如原始社会茹毛饮血，现代社会有精致小吃；另一方面，随着个体的成长，需要和需要的满足方式也会随之变化，例如幼儿要买玩具，学生要买书籍。

三、需要的种类

人的需要多种多样，按照不同的分类标准，有不同的分类方法。

（一）生理需要和社会需要

按照起源，可以把需要分为生理需要和社会需要。

人既有生物属性，也有社会属性。生理需要也称自然需要，起源于人的生物属性，是有机体为了维持生命存在和种族延续而产生的需要。这些需要主要由有机体内部某些生理的不平衡状态所引起的，包括呼吸、饮食、居住、穿用、安全等需要。人和动物都有生理需要，但是，两者需要的具体内容不同，并且满足需要的手段也不一样。与动物相比，人的生理需要还要受到社会需要的调节，具有明显的社会性。例如，人在宾朋满座的情况下进食时，不仅要受机体内部饥饿状态的支配，还要考虑礼仪和社会习俗。

社会需要起源于人的社会属性，是与人的社会生活相联系的一些需要，主要包括劳动的需要、交往的需要、成就的需要、求知的需要等。社会需要反映了人类社会的要求，是在一定的社会经济、政治、文化等因素的影响和制约下形成的，有利于维系人类社会生活，推动社会进步。

（二）物质需要和精神需要

按照指向对象，可以把需要分为物质需要和精神需要。

物质需要指向社会的物质生活条件，例如对衣食住行等生活必需品的需要。物质需要是人生存、生活和发展的基础需要，它随着社会的发展而发展。

精神需要指向社会的精神产品，例如审美的需要、团体归属的需要、人际交往的需要等。精神需要是人类特有的需要。

物质需要和精神需要密切相关。人在追求物质生活条件时，也伴随着某种精神需要。例如，对于住房，人们不仅要求基本的遮风避雨的物质条件，还追求美观的室内设计。同时，精神需要的满足也离不开一定的物质产品。例如，求知的需要不能没有书籍、报纸、网络等物质条件。

四、马斯洛的需要层次理论及应用

每个人的内心都有多种多样的需要，这些需要统一地存在于有机体内部，彼此之间既相联系又有对立，有时满足这种需要的同时也能满足那种需要，而有时在满足这种需要的时候就不得不放弃那种需要的满足。也就是说，一个人内心的多种需要之间，通过一定的作用方式，构成了一个需要的结构或系统。关于需要的结构，心理学家们由于知识背景、价值取向、研究视角的不同，提出了各自不同的理论。其中，马斯洛的需要层次理论具有很大的影响。

亚伯拉罕·马斯洛(Abraham Harold Maslow，1908—1970)是美国社会心理学家、人格理论家和比较心理学家，人本主义心理学的主要发起者和理论家，心理学第三势力的领导人。他认为，随着成长和旧需要的满足，个体会不断地产生新的需要，人的多种多样的需要组成了一个有层次的系统(见图9-1)。

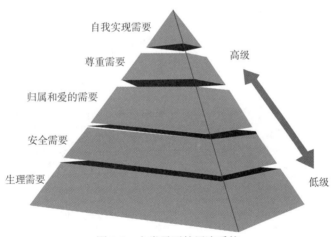

图9-1 人类需要的层次系统

生理需要，如对氧气、水分、食物和休息等的需要。生理需要在需要层次系统中处在低层次，但它是人类最基本的需要，在所有需要中占绝对优势。

安全需要，如对稳定、免除恐吓、有秩序、受到保护等的需要。生理需要获得一定程度满足后，才会出现安全需要。

归属和爱的需要，如需要爱人，渴望在所属团体中被接纳等，就是归属和爱的需要。归属和爱的需要是在生理需要和安全需要相对满足的基础上产生的。

尊重需要包括自尊的需要和希望受到别人的尊重的需要，既希望自己有信心、有成就、有自由等，又希望自己能受到他人的赏识和较高评价等。尊重需要在以上三个层次的需要获得相对满足的基础上才会充分地发展起来。

自我实现需要是个体挖掘和发挥潜能，力求完全实现自身价值的需要。通俗地说，自我实现是指一个人在不侵犯他人的原则下，努力充实自己、发挥自己，达到尽善尽美，最终使自己成为自己想要成为的那种人。自我实现需要是在前四种层次的需要都得到一定程度满足的基础上产生的，是个体最高层次的需要。自我实现需要满足的途径因人而异，同时，正是由于人有自我实现的需要，才使得人的潜能得以实现、保持和增强。

人的需要按照层次构成了不同的水平或等级，并成为激励和指引个体行为的力量。需要的层次越低，它的力量越强，潜力越大；随着需要层次的上升，需要的力量相应减弱。按照马斯洛的观点，人类的需要可以分为低级需要和高级需要。在高级需要出现之前，必须先满足低级需要。低级需要没有得到满足时，它就会支配着人的意识；只有当低级需要得到适当的满足时，高级需要才能引起人的注意。有个笑话，说的是热恋中的人会幻想全世界只有三个人，他们两个，还有一个卖大饼的。这虽然是一个笑话，但也从侧面说明了高级需要的产生与满足，必须以低级需要的相对满足为基础。马斯洛把生理需要、安全需要、归属与爱的需要和尊重需要归为低级需要，这些需要直接关系个体的生存，因而也称作匮乏性需要。自我实现需要属于高级需要，是一种使人的生命更积极、更有价值的发展动力，因而也称作成长性需要。人的成长正是源于个体自我实现的需要，自我实现的需要是人格形成、发展、扩充、成熟的驱动力。

马斯洛的需要层次理论对于启发后人构建更合理、更科学的需要结构理论具有重要的借鉴意义，对于调动学生的学习积极性和员工的工作热情也具有参考价值，但是，这一理论缺乏实证支持，也没有清晰地阐明各种需要之间的内在联系，这也是毋庸讳言的缺陷。

第二节　动机理论及应用

人的行为是由什么来推动的？人为什么会做出各种各样的行为？人为什么会有不同的情绪？这是因为人有各自的基本心理需求，心理需求引发了动机。那么，到底什么是动机呢？请看本节内容。

一、动机的含义及功能

(一) 动机的含义

任何活动都受到活动背后的动机的调节和支配，读书有读书的动机，购物有购物的动机，吃饭有吃饭的动机，动机就是激发和维持个体的活动，并使该活动朝向某一目标的心理倾向或内部动力。

动机和活动的关系是复杂的，一方面，同一活动可能有不同的动机，例如，有的学生为了得到表扬而学习，有的学生为了满足好奇心而学习；另一方面，不同的活动也可能存在相同的动机，例如操场上，有人打球，有人跑步，动机可能同样都是锻炼身体。

动机和活动效果的关系也是复杂的。良好的愿望可能导致恶劣的结果，即所谓好心办坏事，同样，不良的动机也可能产生良好的效果，即所谓坏心办好事。

(二) 动机的功能

一般认为，动机具有以下三种功能。

1. 激发功能

动机推动个体产生某种活动,使个体从静止状态转向活动状态。例如,员工为了取得好的业绩而勤奋地工作。动机强度影响活动效率。美国心理学家耶克斯和多德森发现,工作效率与动机强度和任务难度有关,困难的任务往往在较低强度的动机水平时效率最高,容易的任务往往在较高强度的动机水平时效率最高,而中等难度的任务往往需要中等强度的动机水平,这种现象称作耶克斯-多德森定律(见图9-2)。

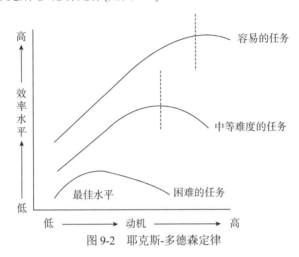

图9-2 耶克斯-多德森定律

2. 指向功能

动机使个体的活动针对一定的目标或对象,对活动起着定向作用。动机不同,活动的方向和所追求的目标也不同。例如,周末,在学习动机的指向下,学生可能到图书馆读书;在休息动机的指向下,学生可能到剧场看电影。

3. 维持和调节功能

当活动产生以后,动机会保证这种活动一直持续到目标实现为止,同时,动机也调节着活动的节奏和强度等。

(三) 动机的产生

1. 需要是动机产生的基础

动机是在需要的基础上产生的。一旦有了需要,人们就会在某种情境下采取行动去设法满足这个需要,这时,需要就转化为动机。但是,并非任何需要都可以转化为动机。只有达到一定强度的需要,才有可能转化为相应的动机。当需要的强度较弱时,人们只能模糊地意识到,甚至不能意识到它的存在,这种需要叫意向。由于意向不能为人们清晰地意识到,因而难以推动人们的活动。当需要的强度达到一定程度时,就能为人们清晰地意识到,这种需要叫愿望。只有当人们具有一定的愿望时,才能形成动机。

2. 诱因是动机产生的外部条件

需要以愿望的形式存在,当个体发现外界提供了能够满足需要的客观刺激物的时候,需要就转化为动机,这个能够满足个体需要的客观刺激物就称作诱因。例如,想买衣服的人看到商场陈列的服装，就可能产生购买的动机。商场里的服装就是购买活动的诱因。诱因使个体的需要指向具体的目标，从而引发个体的活动。因此，诱因是引起相应动机的外部条件。

诱因分为正诱因和负诱因。正诱因是指能使个体因趋近它而满足需要的刺激物。例如，儿童被同伴群体接纳，可以满足其归属与爱的需要。在这里，同伴群体就是一种正诱因。负诱因是指能使个体因回避它而满足需要的刺激物。例如，考试对一个成绩不好的学生往往意味着自尊心的伤害，因此，他往往采取种种方式逃避考试，以维护自己的自尊心。在这里，考试就成了负诱因。

二、动机的种类

人的动机及其表现复杂多样，一种活动可能受多个动机支配，一个动机可能激起多种活动。在分析活动的真实动机时，要根据活动的方向、内容、持久性等做长期的观察分析和间接推断。根据不同的标准，动机可有不同的分类方式。

(一) 内在动机与外在动机

根据起源，动机可分为内在动机与外在动机。

内在动机起源于个体的内部身心状态。例如，由于饥饿而进食，这个进食动机起源于个体的生理不平衡，属于内在动机；学生为了满足自己的好奇心和求知欲而努力学习，这个学习动机起源于学生个人的内部心理需求，也属于内在动机。

外在动机起源于外部环境。例如，个体虽然不饿，但是由于贪恋美食的色香味而进食，这个进食动机起源于外界美食的诱惑，属于外在动机；学生为了避免父母或老师的惩罚而努力学习，这个学习动机起源于外界的压力，也属于外在动机。

(二) 生物性动机与社会性动机

动机由需要转化而来，根据转化为动机的需要的性质，可把动机分为生物性动机与社会性动机。

生物性动机由生理需要转化而来。例如，为满足饥渴、疼痛、睡眠等需要而进行活动的动机，属于生物性动机。

社会性动机由社会需要转化而来，如交往动机、成就动机、权力动机等。交往动机是一种基本的社会动机，主要包括群体感、熟识感、友谊感和亲属感等；成就动机是指个体追求自己认为的有意义、有价值的工作，并希望取得一定成就的动机；权力动机是指个体希望影响和控制他人的心理倾向。

(三) 近景性直接动机与远景性间接动机

根据动机与目标的关系，可把动机分为近景性直接动机与远景性间接动机。

近景性直接动机是指与目标直接联系并在短时间内即可达成目标的动机。这类动机比较具体且有实效，但起作用的时间较短暂且不稳定，具有较大的情境性，容易因情境的改变而改变。例如，为应付考试而努力学习，这种动机是短暂的、具体的和直接的，属于近景性直接动机。

远景性间接动机是指与目标间接联系而且需要一段较长的时间之后才能达成目标的动

机。这类动机具有相对稳定性，表现出持久地推动活动的一种力量，而且不易为情境中的偶然因素所改变。例如，为建设国家而努力学习，这种动机是长远的、概括的和间接的，属于远景性间接动机。如果个体在从事一项活动时，既有近景性直接动机的参与，又有远景性间接动机的参与，那么，这项活动的进行就会高效而持久。

另外，根据动机的意识水平，可把动机分为有意识的动机与无意识的动机；根据动机内容的社会意义，可把动机分为高尚的动机与卑劣的动机；根据动机在活动中的地位和所起作用的大小，可把动机分为主导动机与辅助动机。

三、动机理论

动机是一个历史悠久的研究课题，多年来人们对动机的根源和实质从不同的角度进行了深入的探讨，形成了不同的理论。

(一) 本能理论

19世纪末20世纪初，在达尔文进化论的影响下，许多心理学家相信，本能构成了动物行为的动机，例如蜘蛛织网、老鼠打洞、候鸟迁徙等都是本能行为，人由动物进化而来，人的各种思想和行为也是由本能驱动的。

美国心理学家麦独孤提出了动机的本能理论，认为本能是人类一切思想和行为的基本源泉和动力，本能具有能量、行为和目标指向三个成分，个人和民族的性格与意志也是由本能逐渐发展而成的，人类具有逃避、好奇、合群等18种本能。

奥地利精神分析学家弗洛伊德也持本能论观点，认为人具有生本能和死本能。生本能使人采取行动来维持生命存在和种族延续，如饮食和性活动；死本能使人采取行动让生命回归无机状态，如自杀和攻击行为，这两种本能错综复杂的矛盾和斗争使不同的人在不同的场合表现出不同的活动。

本能理论的显著缺陷是循环论证，例如，为什么人有攻击行为？因为人有攻击本能；为什么说人有攻击本能？因为他表现了攻击行为。

(二) 唤醒理论

为了解释人的竞技和探险等行为，美国心理学家赫布和柏林提出了动机的唤醒理论。

这一理论认为，个体总是追求最佳的唤醒水平，如果外界刺激过强，引起过高的唤醒水平，人们就会采取行动降低唤醒水平，例如一个人紧张地忙碌了一段时间后，就希望安静地听轻音乐；如果外界刺激过弱，引起较低的唤醒水平，人们就会采取行动提高唤醒水平，例如一个人享受了一段时间的安逸生活之后，就想去从事某种有挑战性的或激烈对抗的工作。也就是说，人们总是偏好中等强度的刺激。

赫布和柏林提出，刺激强度取决于刺激本身和个人经验。一方面，一个中等强度的刺激，起初能够使个体处于最佳的唤醒水平。但是，如果这一刺激重复多次，那么个体的唤醒水平就会下降，也就是说，相对于个体的感受，刺激强度下降了。这种重复刺激能够降低唤醒水平的现象，称作简化原理。在这种情况下，人们要么追求越来越强烈的刺激，要么远离这一刺激一段时间，以便逐渐恢复对这一刺激的敏感。

另一方面，刺激强度也和个人经验有关。同样的刺激，经验丰富者会无动于衷，而经验贫乏者则可能受到很大震撼。例如，围棋比赛中两人对局，同样的一个应招，专业棋手可能觉得平淡无奇，而初学者则可能觉得妙不可言。所以，在同一领域中，专家总是致力于不断地发现和解决新问题，而新手则满足于重复性的验证工作。

(三) 认知理论

现代认知理论认为，个体对刺激事件的认知不同，在头脑中形成的观念就不同，这些观念在刺激和行为之间起中介作用，既能引起行为，也能改变行为。所以，认知具有动机功能。

美国心理学家托尔曼提出的期待价值理论认为，行为的产生源于个体对某个目标的期待，也就是说，个体之所以做出某种行为，是为了获得特定期待的满足。德韦克的成就目标理论可以视为期待价值理论的发展，德韦克认为，人们对能力持有两种不同的内隐观念：有的人认为能力是可以发展的，他倾向于从事中等难度的活动任务以便锻炼自己的能力；有的人认为能力是一成不变的，他倾向于从事特别容易或特别困难的活动任务以便显示自己的能力。

海德和维纳的归因理论认为，人们总是要寻找行为成败的原因，而这个原因会影响他的后续行为。

班杜拉的自我效能感理论认为，个体在从事一项活动之前，会首先评价自己有没有完成该活动的能力，如果认为自己缺乏能力，就会放弃该活动。只有他认为自己有足够的能力，才会开始行动。

人类的动机是很复杂的，各种动机理论既有合理性，又有局限性。除以上理论之外，心理学家们还提出了驱力理论、诱因理论、激励理论等来解释人们的动机。

四、学生学习动机的结构

学生的学习受多方面因素影响，其中，学习动机是一个重要条件。所谓学习动机，就是推动学生从事学习活动的内部动力。

一般认为，学生的学习动机包括求知动机、成就动机、交往动机、胜任动机、获得奖励的动机及理想信念动机等。

有的学生求知欲旺盛，遇到新问题就喜欢一探究竟，这是求知动机激起了他的学习活动；有的学生之所以努力学习，是因为他希望通过学习使自己获得一定的成就，这是成就动机的作用；有的学生为了让老师或者同学喜欢自己而努力学习，这是交往动机的作用；有的学生为了向周围人证明自己有学好功课的能力而努力学习，这是胜任动机的作用；有的学生为了得到老师或者家长的表扬而努力学习，这就是获得奖励的动机的作用；有的学生为了履行自己作为学生的职责和将来建设国家而努力学习，这是理想信念动机的作用。

当然，更常见的情况是一个学生的学习动机中混杂了各种各样不同的动机成分，例如，学生的学习既是为了满足自己的求知欲，也是为了获得奖励，还希望借此与同学搞好人际关系等。

第三节 兴趣理论及应用

需要既可以转化为动机，也可以转化为兴趣。如果一个人为了满足自己的某种需要而经常从事某种活动，并且在活动过程中得到了愉悦的体验，这时，需要就可能转化成兴趣，以后，兴趣也可以作为动机来推动个体继续从事这种活动。

一、兴趣概述

兴趣是个体力求认识某种事物或从事某种活动的内在倾向性，与肯定情绪相联系，表现为个体对某种事物或活动的积极态度和反应。如果一个人对某事感兴趣，他就会忘我地投入，并且长时间地乐此不疲。例如，对美术感兴趣的人会热心参观画展、摄影展并积极从事绘画或摄影活动；对舞蹈感兴趣的人既乐于观看舞蹈比赛，也会主动寻找机会参加舞会，并且在跳舞时感到愉悦和放松。

兴趣以需要为基础，而需要包括物质需要和精神需要，因此人的兴趣也同样表现在这两个方面。物质需要一般来说是暂时的、容易满足的。例如对某种食物、衣服的兴趣，吃到了、穿上了也就满足了；精神需要却是持久的、不易满足的，例如人对人际交往、文学艺术的兴趣往往终生存在并且不断追求。

兴趣是在需要的基础上产生的，也在需要的基础上进行发展。幼儿对游戏、玩具感兴趣，中小学生则对学习、文具感兴趣，这是因为幼儿和中小学生的需要不同。

正如需要具有社会性与历史性，兴趣同样也要受到社会的制约，也存在发展变化的历程。首先，一个人对什么事物感兴趣，与他所处的环境密切相关，例如，父母的兴趣往往会潜移默化地影响儿童，使儿童也产生与父母一样的兴趣；其次，随着社会的进步，社会文化的发展也会导致人们兴趣的转移或发展，例如在古代社会的农业文明中，人们只是喜欢花草树木、琴棋书画，在现代社会的信息文明中，很多青少年学生开始对计算机产生浓厚的兴趣；再次，随着个体的成长，兴趣也会发生转移，例如，少儿时期往往对图画、歌舞感兴趣，青年时期对文学、艺术感兴趣，成年时期往往对某种职业、某种工作感兴趣。

二、兴趣的品质

眼睛是心灵的窗户，同样，兴趣也从一个侧面展示了一个人的内心世界。通过分析一个人的兴趣，就可以在某种程度上了解他的内心。人们一般从四个方面来分析个体的兴趣，这就构成了兴趣的品质。

(一) 指向性

需要具有对象性，所以兴趣具有指向性。兴趣的指向性是指兴趣所指向的具体事物或内容。不同的个体会对不同的事物感兴趣，例如有人对文学感兴趣，有人对音乐感兴趣。

兴趣的指向性可以在一定程度上反映一个人的知识水平和品德修养。一般来说，一个人对哪一方面感兴趣，那么该方面的知识就会比较丰富，喜欢文学的就有较丰富的文学知识，喜欢军事的就有较丰富的军事知识。根据兴趣所指向的具体事物，可以把兴趣分为物质兴趣和精神兴趣，物质兴趣指向物质产品，例如有人喜欢车，有人喜欢表；精神兴趣指向精神产品，例如有人喜欢科学，有人喜欢艺术。

兴趣的指向性还表现在活动之中。在从事某项活动时，有的人在活动过程中就能获得快感，这种指向活动过程本身的兴趣称作直接兴趣；有的人只有在活动取得了一定的成效之后才能获得快感，这种指向活动结果的兴趣称作间接兴趣。当然，不同的人有不同的直接兴趣和间接兴趣，例如，有的学生一做数学题就快乐，而对于语文课，只有取得好成绩才快乐，这说明该学生对数学有直接兴趣,对语文只有间接兴趣;相反的,另一个学生一上语文课就快乐,而对于数学课,只有取得好成绩才感到快乐,这说明该学生对语文有直接兴趣,对数学只有间接兴趣。

(二) 持久性

兴趣的持久性也称兴趣的稳定性,是指兴趣在某种对象或活动上保持时间的长短。

根据持久性的不同,可以把兴趣分为短暂兴趣和稳定兴趣。短暂兴趣是一种迅速产生而又迅速消失的兴趣,一般来说,短暂兴趣由于保持时间短,对个人的成长影响不大。

稳定兴趣是个体长时间保持的兴趣,它会极大地影响个人的发展。例如,爱因斯坦四十年如一日地思考相对论,结果成为伟大的物理学家。

(三) 效能性

兴趣的效能性即兴趣的力量,是指兴趣对个体活动激发力量的大小。

根据效能性的不同,可以把兴趣分为积极兴趣和消极兴趣。积极兴趣是一种动态的兴趣,具有极大的激发力量,可以推动个体针对某一对象采取积极的行动,例如喜欢京剧的票友经常三五成群地聚在一起唱念做打一番,这种兴趣就是积极兴趣。

消极兴趣是一种静态的兴趣,只能推动个体去感知或欣赏某一对象,而不能激发个体去积极地从事这一活动,例如有的球迷只喜欢观看球赛,却不愿意以球员的身份亲自上场参与竞技,这种兴趣就是消极兴趣。

(四) 广阔性

兴趣的广阔性是指个体兴趣范围的大小。有的人兴趣广泛,对很多事物都喜欢探索;有的人则兴趣单一,把自己局限于一个狭小的圈子里。

兴趣单一的人只是在某一方面具有深刻的体验,对其他事物一知半解甚至一无所知,这不利于他的成才。但是,有的人即使兴趣广泛,如果在各方面都是浅尝辄止,只有很肤浅的体验,那么也难以取得较大成就。

兴趣广泛是个人取得成就的必要条件,并非充分条件,一个人具有广泛的兴趣,同时,这些兴趣还必须紧紧地围绕着一个中心兴趣,只有这样才能取得重大成就。

有人在评论《红楼梦》时指出,曹雪芹在写大观园的建筑时,表现出他是一名精通建筑学的建筑师;在写大观园的花草树木时,又像一名颇有研究的植物学家;从给病人开的药方中,又显示出他是一个高明的医生;在对人物内心冲突刻画和对人物典型性格的描绘方面,他又像是一位造诣很深的心理学家。正是因为曹雪芹对建筑学、植物学、医学、心理学等具有广泛的兴趣,同时又具有文学这一中心兴趣,才成就了这部伟大的著作。

三、兴趣的功能

兴趣对个人的生活和活动都具有巨大的作用。

(一) 适应环境,热爱生活

一个兴趣广泛的人会对社会生活的方方面面进行探究,从而对社会上的各种人和各种事都有所了解,这能帮助他适应环境,使他善于应付环境中不同的人和不同的事。例如,一个学生不仅喜欢学习各门功课，也热心于班级集体活动和服务同学，那么他在知识得到增长的同时，也获得了同学和老师的好感，在班级里就会如鱼得水，适应自如。

兴趣总是伴随肯定的情绪体验，一个人的兴趣越广泛，在生活中获得的乐趣就越多，从而更加热爱生活，对生活充满热情，经常处于积极的情绪情感状态之下，还有利于维护和促进他的身心健康。

(二) 为未来活动奠定基础

兴趣推动个体去认识自己感兴趣的事物，从事自己感兴趣的活动，从而积累相应的知识和能力，为自己未来从事这一领域的活动奠定坚实的基础。例如，对于一名中学生来说，对化学感兴趣，就可能激励他积累各种化学知识，研究各种化学现象，为将来做研究和从事化学方面的工作打基础、做准备。

(三) 推动正在进行的活动

兴趣可以使人集中精力完成当前的活动。美国著名华人学者丁肇中就曾经深有感触地说："任何科学研究，最重要的是要看对自己所从事的工作有没有兴趣，换句话说，也就是有没有事业心，这不能有任何强迫。……比如搞物理实验，因为我有兴趣，我可以两天两夜甚至三天三夜在实验室里，守在仪器旁，我急切地希望发现我所要探索的东西。"正是兴趣推动了他的科研工作，最终使他获得了巨大的成功。

(四) 促进学生的学习

俄国教育家乌申斯基说过："没有丝毫兴趣的强制性学习，将会扼杀学生探求真理的欲望。"

有人研究了兴趣对学生学习的影响，他在高中语文教学中把学生分成智能组和兴趣组，智能组的学生平均智商为120，但对语文不感兴趣；兴趣组的平均智商为107，不过都喜欢语文课。两组学生在同一学期开设同样的语文课程，接受同样的测验，学期结束时进行检查，结果发现，兴趣比智能更能促进学生的学习(见表9-1)。

表9-1 兴趣对学习的影响

组别	读书册数/册	作文篇数/篇
兴趣组	20.7	14.8
智能组	5.5	3.2

(五) 促进创造性

对某一领域充满浓厚兴趣的人，不会满足于常规思路，而更愿意深入钻研、从事创造性的工作和学习。就中学生来说，对一门课程感兴趣，会促使他刻苦钻研、进行创造性的思维，不仅会使他的学习成绩大大提高，而且有助于他改善学习方法，提高学习效率。

总之，兴趣是认识某种活动和从事某项活动的巨大动力，它可以使智力得到开发，知识得以丰富，眼界得到开阔，并会使人善于适应环境，对生活充满热情。

四、学生学习兴趣的培养

学生学习兴趣的发展一般要历经有趣、乐趣、志趣三个逐步深化的阶段，起初是受到学科知识的吸引而感到有趣，然后通过一定的学习得到了愉悦的体验而形成稳定的兴趣，即感受到乐趣，在不断的学习和钻研过程中，这个乐趣逐渐与学生个人的理想结合起来，从而转化为具有社会性、自觉性和持久性的志趣。

(一) 教学内容趣味化

培养学习兴趣，关键是要让学生感到学科知识的趣味性，使学生不由自主地受到课堂内容的吸引，这就要求教师必须将抽象的知识通俗化、形象化和趣味化。

例如，教师在讲解作用力和反作用力时，联系人际交往："人与人之间讲究礼尚往来，物与物之间也是如此，你瞪我一眼，我就反方向瞪你一眼。"

在讲解单词"change"(改变)时，联系神话传说："嫦娥为什么善变？因为她的名字是cháng é 。"

在讲解光合作用时，联系生活实际："绿色植物和人一样，必须吃饭，叶绿体就是负责做饭的厨房和厨师，厨房里有炉灶，叫作类囊体，炒菜做饭所需要的原料都放在架子上，这个架子称作基质，叶绿素负责采购阳光，阳光一来，炉灶开火，放油、放盐、放青菜，做好饭后，绿色植物各个部分就可以大快朵颐了。"

(二) 增强学生的自我体验

如果学生在学习过程中经常体验到成功和欢乐，那么他的学习兴趣就会越来越浓厚；相反的，如果经常体验到失败和悲哀，那么他对学习就会越来越没有兴趣。

在教学过程中，教师须通过多种途径增强学生的自我体验，例如表扬任何一点哪怕极其微小的进步，组织趣味性知识竞赛，多了解学生内心，用最契合学生心理特点的方式进行讲解，让学生参与课堂讲授等。

(三) 积累知识和发展智力相结合

培养学习兴趣是为了让学生更多、更好、更深入、更牢固地掌握知识和发展智力，而知识的大量积累和智力的高度发展，又可以强化学生的学习兴趣。

在教学过程中，教师须注意做到让学生用知识来发展智力，用智力来驾驭知识，知识积累与智力发展相结合。这就要求，学生不能仅仅记忆和理解知识，更重要的是运用知识。

"学而时习之，不亦乐乎？"意思就是学生掌握了知识以后，经常把所学知识运用于实践当中，就能得到愉悦的体验，也更能体会知识的价值。

(四) 搞好理想和目标教育

间接兴趣指向活动的结果，如果借助理想目标教育，使学生有理想，学习有目标，即使对待抽象的、枯燥的知识，学生也能付出较大的意志努力去克服各种困难，争取掌握、理解和运用它。

通过教育，要让学生深刻地明白知识改变命运。熟练地掌握和运用知识，既可以改变自己的命运，使自己有一个光辉灿烂的前途，也可以改变国家和民族的命运，使我们的国家和民族永远屹立于世界民族之林。

教育学生将自己的个人利益和国家利益相结合，为了民族，也为了自己的前途，努力学习是不二的选择，这样，就可以把学生的学习乐趣逐渐转化为志趣。

知识链接

需要层次理论在我国古代已具雏形

美国当代人本主义心理学家马斯洛于1943年在《人类动机理论》一文中首次提出了需要层次理论，而我国的一首古老的民谣反映了中国式的"需要层次理论"。民谣是我国文化宝库中的一颗璀璨的明珠。在中国五千年的历史文化上，民谣的内容包括政治的、经济的、文化的、民风民俗的等方面，几乎包罗万象。这首民谣为："忙碌为充肚子饥，刚得饭饱又思衣。恰得衣食两分足，家中缺少美貌妻。家娶三妻和两妾，出门走路少马骑。骡马成群任驱使，身无官职被人欺。七品、六品官太小，四品、三品官亦低。朝中一品当宰相，又想面南坐皇帝。"笔者无法考证民谣问世的具体年代，但从内容来看，肯定是中国封建社会的产物。若如此，笔者认为需要层次理论的雏形在中国封建社会早已形成，只是没有人明确提出来加以研究、总结、宣传罢了。

心理测试

心理测试 9-1

测测自己的成就动机

成就动机量表(Achievement Motivation Scale，AMS)由挪威心理学家 Gjesme T.和 Nygard R. 于1970年编制，并几经修订，渐趋完善。中文版本为我国研究者叶仁敏和挪威 Hegtvet K. A. 于1988年合作译制，并于1992年在大学生和中学生样本中进行了修订。前15个题目是取得成功维度，后15个题目是避免失败维度。每个题目有5个选项：①非常不符合；②有些不符合；③不能确定；④有些符合；⑤非常符合，分别对应1、2、3、4、5分，最后的得分结果是把30道题目的得分相加。

【指导语】

请认真阅读下面的每个句子，判断句中的描述符合自己的情况的程度。请选择①～⑤来表示你认为的符合程度，数字越大表示越符合：①表示非常不符合；②表示有些不符合；③表示不能确定；④表示有些符合；⑤表示非常符合。

1. 我喜欢新奇的、有困难的任务，甚至不惜冒风险。
2. 我讨厌在完全不能确定会不会失败的情境中工作。
3. 我在完成有困难的任务时，感到快乐。
4. 在结果不明的情况下，我担心失败。
5. 我会被那些能了解自己有多大才智的工作所吸引。

6. 在完成我认为是困难的任务时，我担心失败。
7. 我喜欢尽了最大努力能完成的工作。
8. 一想到要去做那些新奇的、有困难的工作，我就感到不安。
9. 我喜欢对我没有把握解决的问题坚持不懈地努力。
10. 我不喜欢那些测量我能力的场面。
11. 对于困难的任务，即使没有什么意义，我也很容易卷进去。
12. 我对那些没有把握能胜任的工作感到忧虑。
13. 面对能测量能力的机会，我感到是一种鞭策和挑战。
14. 我不喜欢做我不知道能否完成的事，即使别人不知道也一样。
15. 我会被有困难的任务所吸引。
16. 在那些测量能力的情境中，我感到不安。
17. 那些我不能确定是否能成功的工作，最能吸引我。
18. 对需要有特定机会才能解决的事，我会害怕失败。
19. 给我的任务即使有充裕的时间，我也喜欢立即开始工作。
20. 我做那些看起来相当困难的事时总是很担心。
21. 能够测量能力的机会，对我是有吸引力的。
22. 我不喜欢在不熟悉的环境下工作，即使无人知道也一样。
23. 面对没有把握克服的难题时，我会非常兴奋、快乐。
24. 如果有困难的工作要做，我希望不要分配给我。
25. 如果有些事不能立刻理解，我会很快对它产生兴趣。
26. 我不希望做那些需要发挥自己能力的工作。
27. 对我来说，重要的是做有困难的事，即使无人知道也无关紧要。
28. 我不喜欢做那些我不知道自己能否胜任的事。
29. 我希望把有困难的工作分配给我。
30. 当我遇到我不能立即弄懂的问题，我会焦虑不安。

(资料来源：https://wenku.baidu.com/view/c5cca8ddfad6195f312ba6f9.html)

心理测试 9-2

人格简易测验（关于自我实现的测验）

对下面的陈述，按以下标准选择你最符合的选项：①表示不同意；②表示比较不同意；③表示比较同意；④表示同意。

1. 我不为自己的情绪特征感到丢脸。
2. 我觉得我必须做别人期望我做的事情。
3. 我相信人的本质是善良、可信的。
4. 我觉得可以对我爱的人发脾气。
5. 别人应该赞赏我做的事情。
6. 我不能接受自己的弱点。
7. 我能够赞许、喜欢他人。
8. 我害怕失败。

9. 我不愿意分析那些复杂问题并将其简化。
10. 做一个自己想做的人比做一个从众的人更好。
11. 在生活中，我没有明确的要为之献身的目标。
12. 我由着自己的想法表达情绪，不管后果如何。
13. 我没有帮助别人的责任。
14. 我总是害怕自己不够完美。
15. 我被别人爱是因为我对别人付出了爱。

【测验结果说明】

计分时，2、5、6、8、11、13、14各题的计分规则为：①计4分，②计3分，③计1分，④计1分；其他各题的计分规则为：①计1分，②计2分，③计3分，④计4分。把15道题的得分相加即为总分。

这项测验是琼斯和克兰戴尔(1986)编制的一项关于自我实现的简短测试。可以把自己的得分和大学生的常模进行比较：男生平均分45.02，标准差4.95；女生平均分46.07，标准差4.79。

得分越高，说明在人生的某个阶段，越有可能达到自我实现。

(资料来源：http://www.360doc.com/content/11/0506/18/3767901_114863783.shtml)

复习思考题

1. 什么是需要？需要有哪些特点？
2. 简述需要的种类。
3. 结合马斯洛的需要层次理论，分析自己的行为受哪个层次需要的影响最大？或者说，自己的大部分时间和精力用来满足哪些需要？
4. 什么是动机？动机有哪些功能？
5. 简述动机的种类。
6. 选择一种动机理论，分析自己的学习动机。
7. 什么是兴趣？兴趣有哪些品质？
8. 简述兴趣的功能。
9. 如何培养学生的学习兴趣？

第十章

个性心理特征

> **案例导入**

看上去挺机灵

离你面试开始的时间还有 30 分钟，你又把自己的发型检查了两次，吃了一颗薄荷糖以确保口气清新，再次浏览了你的简历以确保没有错别字，然后又演练了一遍应对所有常规问题的答案。现在你要做的就是用你的智力打动面试官，无论你的智力是不是真的很不错。由于智力是一个人所拥有的最为可贵的特质，所以，无论是否真的聪明伶俐，我们都会努力尝试给别人留下很聪明的印象。因此，我们会说一些很精巧的笑话，谈及一些我们阅读过的书籍名称，希望以此打动我们潜在的雇主、潜在的约会对象、潜在的客户，以及潜在的岳父、岳母/公公、婆婆。但是，我们这么做是不是正确的？如果这样做是正确的，那么我们是否能够获得应得的称赞？研究表明，事实上，我们每一个普通人都能够对他人的智力做出良好的判断。人们对他人智力水平的判断是基于各种线索的，从生理特征(身高和外形吸引力)到衣着(头发是否被打理得很好以及是不是戴眼镜)，再到行为举止(走路的步速和说话的语速)。但是，所有这些线索没有一个是真正对一个人智力水平做出可靠预测的指标。一个人能够对他人智力水平做出良好判断的原因是，除去所有这些无用的线索，人们同时还会考虑另一条非常有用的线索：眼睛的注视方向。结果发现，高智商的人在自己说话和倾听他人讲话的时候都会注视自己的谈话对象，观察者了解这一点，并且能够利用这一点来准确估计一个人的智力水平，而不是那些场景中的神秘信息或者一个人带什么领结所传递出的信号。以上这些在观察者是女性(她们能够更好地对他人智力水平做出判断)而被观察者是男性(他们的智力水平更容易被准确估计)的时候尤为正确。那么，重要的事情是什么？重要的是当你参加面试的时候，别忘了注视对方！智力作为个性心理特征中的重要组成部分，一直以来也是研究者重点关注的研究领域。研究人员对上百万人进行了长达数十年的追踪研究，结果发现智力与健康、长寿存在显著相关。高智商人群吸烟和酒精摄入的可能性更低，同时参与身体锻炼和健康饮食的可能性更高。

(资料来源：Daniel Schacter, Daniel Gilbert, Daniel Wegner, Matthew Nock. 心理学[M]. 傅小兰，等译. 上海：华东师范大学出版社，2019)

第十章 个性心理特征

本章提示

日常生活中，我们经常能发现身边有一些现象，例如，有的人在年幼时表现得比同龄人更聪慧一些，长大后的表现与同龄人相比却没有明显差异，而有的人则表现出大器晚成的特点，究竟是什么因素导致这些现象的发生？人们经常会用"江山易改，本性难移"来形容个性的稳定性，那么"江山易改，本性难移"具有什么心理学含义呢？本章将详细介绍个性心理特征的内容，并从心理学的角度对上述问题做出解答。个性心理特征是在个人身上经常表现出来的本质的、稳定的心理特性，是对个性心理的静态考察，包括能力、气质和性格。本章首先讨论能力的含义、种类和影响因素，介绍了解能力差异的方法和具有较大影响力的能力结构理论；然后讨论气质的含义与类型，并且对气质理论和气质的意义进行较为深入的剖析；最后讨论性格的含义，重点介绍性格理论和性格的测量，并对良好性格的培养提出一些建议。

第一节 能力

人进行活动都需要有相应的能力。科学家要认识未知事物需要有良好的观察能力和探究能力，学生要完成作业需要有良好的记忆能力和思维能力，教师要完成教学任务需要有良好的语言表达能力，文学家要进行文学创作需要有丰富的想象力等。

一、能力概述

(一) 能力的含义

一般认为，能力是直接影响活动效率，保证个体顺利完成某种活动的个性心理特征。能力强，则效率高；能力弱，则效率低。有能力，则活动就能进行；缺乏能力，则活动就不能进行。

能力只有通过活动才能表现出来，并在活动中得到发展。例如，一个具有绘画能力的人，只有在绘画活动中才能施展自己的能力；一个有组织管理能力的人，也只有在领导一个组织(如企业或学校)的活动中才能显现出来。

能力的产生和发展与社会生活分不开。以人类早期的抽象思维能力的形成为例，原始人在实践活动中，一方面把各种物体分解为它们的组成部分，一方面又把它们联合成同一整体。人们在这个过程中逐渐学会了在头脑中的分析和综合，这种思维的分析和综合能力是在历史发展的基础上、在实际的分析和综合物体特征的基础上发展起来的。

(二) 能力与知识、技能

能力与知识、技能既有区别又有联系。能力是稳定的个性心理特征，是顺利完成某种活动的心理条件。而知识是人脑对客观事物的主观表征，有两种表现形式：一种是陈述性知识，如西安是世界历史文化名城，金字塔在埃及等；另一种是程序性知识，如游泳的知识、骑自行车的知识等。总之，知识是人类认识客观事物和从事实践活动的经验的结晶。技能则是人们通过练习而形成的熟练化的动作方式和动作系统，包括操作技能和心智技能。操作技能通过外显的机体运动来实现，动作对象是物质；心智技能通常借助内在的智力操作来实现，动作对象是观念。因此，能力、知识、技能分属不同的范畴。而且，能力与知识、技能的发展也不是同步的。能力的发展并不是随着年龄的增长而不断加强和丰富的，它的发展的关键期只是在人生的某一特定阶段，这与知识和技能是大不相同的。

能力与知识、技能又是密切联系的。知识和技能是能力进一步发展的基础，在某种意义上，人在掌握知识、技能的同时，也就发展了自己的能力。而且根据知识、技能掌握的速度与质量，才能鉴别人的能力的大小、强弱。如果脱离了掌握知识、技能的具体活动，就无法对能力做出客观评价。总之，能力的形成与发展依赖知识、技能的获得，随着人类知识、技能的积累，人的能力也得到相应的提高；能力的高低又会影响知识、技能的掌握水平，通过一个人掌握知识和技能的速度与质量就可以看出一个人的能力高低。能力与知识、技能存在相互作用的关系。

（三）能力、才能和天才

一般情况下，人的活动都比较复杂，仅凭一种能力是无法胜任的，有赖于多种能力的有机结合，多种能力的独特结合，称为才能。例如，教师要有敏锐的观察力、流畅的语言表达力、严谨的逻辑思维能力和优秀的组织管理能力，这些能力的结合构成了教学才能。

能力的高度发展称为天才，天才是能力的独特结合，它使人能顺利、独立、创新性地完成某些复杂的活动。天才往往结合着多种高度发展的能力，一个天才人物往往同时是文学家、历史学家、诗人、政治家等。天才的形成既需要良好的天赋，也离不开个人的勤奋和努力。

二、能力的种类

依照能力的特征和功能，可以从不同的角度把能力划分为许多种类。

（一）根据能力的范围分类

根据能力的范围，可以将能力划分为一般能力和特殊能力。一般能力也称为智力，是指在不同实践活动中表现出来的能力。智力能够指引人们思考，让人们适应环境，并且从经验中学习。思维力、想象力、记忆力、观察力、创造力等都属于一般能力。特殊能力只在特定的专业活动中发挥作用，是顺利完成某种专业或特殊活动所必需的能力，如音乐能力、艺术能力、运动能力、绘画能力等。

一般能力与特殊能力紧密联系：一方面，一般能力是特殊能力的重要组成部分，人的一般听觉能力既存在于音乐能力中，也存在于言语能力中，没有听觉一般能力的发展，就不可能发展音乐和言语的听觉能力；另一方面，特殊能力的发展有助于一般能力的发展。例如，音乐能力的发展会提高一般的听觉能力，并进而影响言语听觉能力的发展。

（二）根据能力的形成方式分类

根据能力的形成方式，可以将能力划分为模仿能力和创造能力。模仿能力是通过长期观察他人行为而逐渐形成的对事物做出类似反应的能力。例如，子女模仿父母，学生模仿教师，影迷模仿演员等。创造能力是利用已知信息，产生某种新颖、独特、有社会或个人价值的产品的能力。创造能力的核心是创造性思维能力，也包括创造性想象能力。尽管模仿能力和创造能力的形成方式不同，但两者有一定的内在联系。一般来说，模仿在前，创造在后，因而模仿能力是创造能力形成的前提和基础。

(三) 根据能力的特殊功能分类

根据能力的特殊功能，可以将能力划分为认知能力、操作能力和社交能力。认知能力是接收、加工、储存与应用信息的能力，反映在认知活动中，是获取各种知识的心理潜能；操作能力指操纵、制作能力，以具体的操作实践为基础，是顺利掌握操作技能的重要条件；社交能力反映在人际交往中，是加强人际沟通、正确处理人际关系的能力，言语表达能力、组织管理能力、判断决策能力等都是社交能力的重要组成部分。

(四) 根据能力的发展趋势分类

美国心理学家卡特尔(R. B. Cattell)根据能力的发展趋势，将能力划分为流体能力和晶体能力。流体能力是在信息加工和问题解决过程中所表现的能力，如逻辑推理能力、形成抽象概念的能力等。流体能力较少地依赖文化和知识的内容，主要取决于个人的禀赋。流体能力的发展与年龄有密切关系，一般人在 20 岁左右，流体能力的发展达到顶峰；30 岁以后，流体能力会随着年龄的增长而降低。流体能力属于人类的基本能力，受教育、文化的影响较少。晶体能力是指获得语言、数学知识的能力，取决于后天的学习，与社会文化有密切关系。晶体能力在一生中持续发展，25 岁后，发展速度渐趋平缓。晶体能力依赖于流体能力，如果两个人具有相同的经历，其中一个有较强的流体能力，那么他将发展出较强的晶体能力；一个有较高流体能力的人如果生活在贫乏环境中，那么他的晶体能力的发展将是低下的或一般的。

三、能力的形成与发展

人与人之间在能力上存在水平差异、类型差异和时间差异。一般认为，能力的个体差异是多种因素交互作用的结果。

(一) 生物因素

遗传特质直接影响个体对外界反应的速度、强度、精度和灵活度，成为能力形成与发展的先天条件。目前发现，血缘关系密切的人(如同卵双生子)即使生活在不同的环境中，他们的能力水平仍能保持一定的相关性；反之，在同一环境中长大的无血缘关系的人在能力上表现出较大的差异性。这说明遗传特质对能力的形成与发展有一定程度的影响，当然，这种影响仅仅是一种可能性，因为遗传特质并不等于能力本身。

胎儿的生长环境对个体能力的形成与发展也有较大影响。母亲的怀孕年龄和孕期的营养状况、心理状态、工作环境、服药与患病情况等都会在一定程度上影响胎儿的生长发育，进而对胎儿出生后的智力发展产生深刻影响。例如，强磁场、射线及某些药物会使胎儿细胞中的染色体受损，或发生基因突变，致使遗传基础发生改变。

(二) 教育因素

教育在儿童能力形成与发展中起主导作用。对儿童的教育主要是家庭教育和学校教育。学龄前儿童的教育主要依靠家庭。6 岁前是儿童智力发展的关键时期，对以后能力的发展具有深刻影响,因此儿童早期教育已为越来越多的人所重视。家长经常给儿童讲故事、玩游戏、带儿童参观访问等,使儿童广泛地接触丰富多彩的事物,激发儿童的言语交往、学习兴趣与探索热情,有利于儿童的智力发展。

学校教育对人的能力的发展更具推动作用。学校教育对人进行的是有目的、有计划、有系统的教育,这种教育使人在掌握丰富知识技能的同时,也发展能力和其他心理品质。成年人所具有的观察力、记忆力、逻辑思维能力、言语表达能力、分析决策能力、创造发明能力等都与学校教育紧密相关。所以,学校教育能够深刻影响人的能力的全面发展。

(三) 个人实践

生物因素是能力发展的潜在可能,教育因素是能力发展的外部条件,潜在可能与外部条件只有通过个体自身的实践活动才能转化为现实的能力特征。因此,实践是各种能力得以形成与发展的关键。对同卵双生子进行的追踪研究表明,尽管两者的能力存在相关性,但差异性也是客观存在的。由于两者的生物因素与教育条件比较相近,因而这种差异只能归因于个体的实践因素,而特殊的实践经历所造就的特殊能力更能说明能力的形成与发展必须依附于实践活动。一个有经验的飞机检修师能敏锐地分辨发动机发出的声音之间的极细微的差别,并根据这种细微差别来判断发动机的工作状况,但一般人总感到发动机的声音是永远不变的。

(四) 主观能动性对能力发展的作用

能力的提高离不开人的自觉能动性,一个人刻苦努力,积极向上,具有广泛的兴趣和强烈的求知欲,他的能力就可能得到良好的发展;相反,一个人不努力,无上进心,对周围事物态度冷淡,缺乏兴趣,他的能力就不可能得到良好发展。能力的发展还依赖于自我认知,比如一个善于自我分析和自我评价的人,能够及时发现自己的优点和缺点,并通过努力加以提高,使能力朝确定的目标发展;反之,自我认知能力相对较弱的人,由于无法认识自我的优点和缺点,从而无法及时调整自己的不良行为,也就不可能使能力向着确定的目标发展。

四、能力的测量

一个人在自身生物因素的基础上,通过教育与实践,逐渐形成了自己特有的能力类型及相应的能力发展水平。要了解一个人的能力发展状况,可通过能力测量来实现。

能力测量凭借的是由一系列能引起个体反应的项目所组成的标准化量表,通过给个体的每一个反应项目评分,并与经过大量取样而获得的常模加以比较来间接推定个体的某种能力水平。能力测量具有三个特征:①定量化,量的存在是能力测量的前提,测量所追求的是对被试的心理反应进行数量的评定,不同项目的得分也反映了他的能力特性;②间接性,测量是以被测试的项目为中介来反映被试的能力特点,由于量表的被测试项目是经过选择、组织的刺激,足以反映人一定能力特点,因而被测试项目的得分与被试的能力特点有某种函数关系,利用这种关系就能间接地对被试的能力特点做出一定程度的推断;③代表性,对被试的某一能力特征进行测量时,只需测定具有代表性的方面,而不必也不可能测其全部外部表现。

按能力种类,能力测量可以分为一般能力测验、特殊能力测验和创造力测验,下文重点介绍这3种测验;按测验方式,能力测量可以分为个人测验和团体测验;按测验内容的表述形式,能力测量可以分为非文字测验和文字测验。

(一) 一般能力测验

一般能力测验即智力测验，是衡量人的智力水平的方法。通过智力测验，能把人的智力用数量形式较为精确地表示出来，为职业选择与指导、工作配置、职业开发、职业再设计等提供依据。此外，智力测验也具有诊断和预测功能，能对改进人事管理等起到积极作用。

最早采用科学方法把测验编制成量表来测量人的智力的学者是法国心理学家比奈。1905年，他和西蒙合作，完成了世界上第一个智力测验量表，即比奈-西蒙量表。目前国际上常用的智力测验有斯坦福-比奈智力量表和韦克斯勒智力量表。

1. 斯坦福-比奈智力量表

比奈-西蒙量表发表后，引起了许多心理学家的关注，各种文字的翻译本和修订本相继出现，其中最负盛名的是美国斯坦福大学心理学家推孟的修订本，称斯坦福-比奈智力量表。该量表于1916年出版，又经1937年、1960年、1972年三次修订，成为国际上最有影响的智力测验量表之一。1916年出版的斯坦福-比奈智力量表共有90个项目，并首次采用了智商的概念，用于表示智力的水平。智商是通过测验所得到的儿童心理年龄(智力年龄)与实际年龄的比率，又叫比率智商，为了避免计算中的小数，将商数乘以100，其公式为

$$智商(IQ) = [智力年龄(MA) / 实际年龄(CA)] \times 100$$

一般来说，智商为100者，其智力相当于同龄儿童的一般水平，表明智力中等；智商高于100，表明智力较高；智商低于100，则表明智力较低。经过几次修订，斯坦福-比奈智力量表在测量项目、所测年龄范围上都有所增加和扩大，而且选择样本的代表性不断完善，使量表的信度和效度更为稳定。在我国，陆志韦和吴天敏曾对斯坦福-比奈智力量表进行多次修订。1982年，吴天敏先生对"第二次订正中国比奈西蒙测验"进行再修订，修订后的测验称为"中国比奈测验"。

2. 韦克斯勒智力量表

韦克斯勒(D. Wechsler)从1934年开始，为编制智力量表做出了贡献。韦克斯勒智力量表是西方国家最常用的智力量表，该量表有以下特点。

(1) 适用范围广。韦克斯勒智力量表主要包括三套量表，包括：韦克斯勒学龄前儿童和学龄初期儿童智力量表(WPPSI)，适用于4～6.5岁的儿童；韦克斯勒儿童和少年智力量表(WISC)，适用于6～16岁的儿童和少年；韦克斯勒成人智力量表(WAIS)，适用于16～75岁的成人。

(2) 每套量表包括言语量表和操作量表，设立了几个分测验。通过施测，不仅可以测出全量表智商，还可以测出言语智商、操作智商及各种分测验的量表分。不仅可以对一个人智力结构的各种因素进行分析和比较，还可在人与人之间进行具体的比较。在韦克斯勒智力量表中有相当比重的操作测验，对于非英语和文盲的被试也是适用的。表10-1展示了部分韦克斯勒成人智力测验表中的分项测验和核心主题。这些测验可能更像有趣的游戏，但是几十年来的研究显示，一个人在这类测验中的表现确实能够对他在重要领域所能取得的成果做出预测(例如Der、Batty和Deary，2009)。研究发现，智商是更好的受教育程度预测指标(Deary，2012)。高智商人群待在学校的时间更长，在学校的表现也更好，智商和学业表现之间的相关系数大约是$r = 0.50$，这个数据具有跨群体和跨情境的稳定性。在离开学校之后，情况依旧如此。高智商人群在工作岗位上的表现也更加出色(Hunter，1984)。

表 10-1　韦克斯勒成人智力量表中的分项测验和核心主题(部分)

WAIS-IV	核心主题	问题与任务
言语理解测验	词汇	这个测验要求被试向施测者说明特定词汇的意义,例如椅子(简单)、踌躇的(中等)和自以为是(高难)
	相似性	这个测验要求被试向施测者回答 19 个词语对中,每两个词语之间有什么相似之处,例如,一个苹果和一个梨子在哪些方面具有相似性?一幅油画和一首交响乐之间有什么相似之处
	信息	这个测验要求被试向施测者回答若干涉及通用知识的问题,这些问题囊括了人物、地点和事件,例如,一星期有几天?法国的首都是哪里?说出地球三个大洋的名称
知觉推理测验	木块图	这个测验中,被试会看到一些由红色和白色的正方形与三角形组成的图形,被试需要使用带有红色面和白色面的立方体把刚才看到的图形复制出来
	矩阵推理	这个测验要求被试补全一个模式图形中缺失的部分,从而使整个模式图形符合某种逻辑
	视觉谜题	这个测验要求被试完成视觉谜题,例如,在这些图形中选三张放在一起能够组成这个谜题
工作记忆测验	数字广度	这个测试要求被试复述一串数字,这串数字的长度为 2~9 个不等。在数字广度测验的第二部分,被试复述这串数字的时候,要以反向复述的方式完成。一个简单的例子如 3、7、4。一个复杂的例子如 3、9、1、7、4、5、3、9
	算术	这个测试要求被试解决一些算术题,这些题目包括简单的和复杂的条目
加工速度测验	符号搜索	这个测试要求被试判断一对抽象符号中是否包含某个清单中的抽象符号。这样的清单数量很多,被试需要在 2 分钟内尽可能地完成尽量多的搜索判断
	编码	这个测试要求被试根据特定的编码规则在一系列给定的符号(例如叉子、圆圈或者上下颠倒的 T)下面写上相应的数字,被试要在 90 秒的时间内尽可能写出更多的数字

(3) 首创了离差智商,用于代替比率智商。离差智商实质上就是一个人的成绩和同年龄组被试的平均成绩比较而得出的相对分数,用于确定被试的智力在同龄人中的相对位置。韦克斯勒提出,可以假定人们的智商是平均数 100,标准差 15 的正态分布。离差智商的计算公式为

$$离差智商=100+15Z$$
$$Z=(X-M)/S$$

式中,Z 代表标准分数,X 代表个体测验得分,M 代表团体的平均分数,S 代表团体分数的标准差。

(二) 特殊能力测验

特殊能力测验是对运动能力、机械能力、音乐能力等专业能力的测定。该类测验有助于发现个体的特殊才能,便于因材施教,使人尽其才,才尽其用。特殊能力测验针对性强,测验项目要进行专门设计。首先,必须对该种能力的结构成分做出正确分析,找出它所要求的心理特征,列出测验项目。例如,音乐能力测验须列出音高、音强、节律等项目;体育运动

能力的测验须列出灵活性、爆发力、肌力、耐力、柔韧性等项目。然后，进行测验设计，并采取适当的手段进行度量。不过，特殊能力测验发展较慢，因而测验的标准化问题尚未得到满意解决。

(三) 创造能力测验

创造能力测验不同于智力测验。智力测验的内容一般为常识，测验项目是有固定答案的问题，测量结果主要反映个人的记忆力、理解力和推理能力等。而创造能力测验的内容不强调对现成知识的记忆与理解，亦无统一、固定的答案，测量结果所反映的是思维的流畅性、变通性与独特性，要根据被试回答的数目多寡、恰当性、复杂性和创造性来评定分数。

由于创造能力测验的历史较短，测验的标准化程度不够高，因此该类测验虽然取得了一些有价值的测试资料，但离实际运用，即预测和控制人的创造行为还有相当距离。更值得注意的是，创造能力测验的科学性一直受到人们的怀疑。

五、能力结构理论

每个人都有多种能力，个体的多种能力组成了一个完整的结构。现代心理学对能力的结构进行了多种探索，提出了不同的能力结构理论。

(一) 二因素说

斯皮尔曼(C. Spearman)认为，人的能力由一般因素(G因素)和特殊因素(S因素)构成(见图10-1)，一般因素是完成各项活动所需的首要因素，是基本的心理潜能，决定一个人的能力高低；特殊因素是完成某种特定活动所需的因素，主要包括口语表达力、数学计算力、机械能力、注意力、想象力和智力速度等。不同个体所具有的一般因素和特殊因素不尽相同，即使同一种特殊因素，其程度也各有差异。

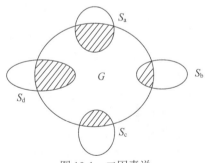

图 10-1 二因素说

斯皮尔曼的二因素说将人的能力区分为一般因素和特殊因素是有道理的，但是，这一理论未看到两种因素之间的内在联系，实际上，两者是相互渗透、彼此促进的，一般因素的发展必然为特殊因素的发展创造条件，而特殊因素的发展也在一定程度上影响一般因素。

(二) 三维模型

1967年，吉尔福特(J. P. Guilford)提出了智力结构的"三维模型"(见图10-2)。吉尔福特认为,智力结构可区分为三个维度,即内容、操作和产品。内容是智力活动的材料,包括听觉、视觉、符号、语义和行为;操作是针对材料的智力活动过程,包括认知、记忆、发散思维、聚合思维、评价;产品是通过操作所得到的结果,即单元、分类、关系、转换、系统和应用。因此,智力在理论上区分为 5×5×6=150(种)。

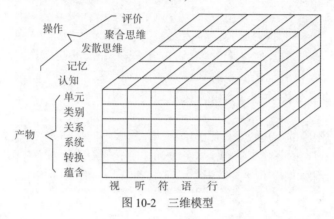

图 10-2 三维模型

三维模型对智力测验工作起了重要的推动作用,也使原本抽象、无形的智力以直观、清晰的模型展示于人们面前,使人们对智力的认识变得更具体和全面。

(三) 层次结构说

1971 年,阜南(P. E. Vernon)将能力概括为一种由上下 4 个层面组合而成的结构(见图 10-3):最高层次为一般因素;第二层次为大因素群,包括言语和教育、操作和机械因素;第三层次为小因素群,包括言语、数量及操作信息、空间信息等方面的能力;第四层次为各种特殊因素。能力的层次结构说可以视为斯皮尔曼二因素说的发展。

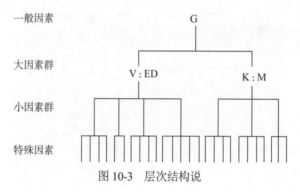

图 10-3 层次结构说

第二节 气质

在日常生活中,有人性情急躁,易发脾气,遇事鲁莽冲动;有人说话做事总是慢条斯理,不轻易动肝火,遇事犹豫不决;有人活泼好动、善交朋友、易适应环境;有人则喜欢独处安静,少言寡语等,这些心理活动的差别是人们不同气质的表现。

一、气质概述

所谓气质,是指个体不以活动目的和内容为转移的典型的、稳定的心理活动的动力特性,是一个人心理活动在发生速度、灵活性、强度和指向性等方面特征的综合。心理活动的发生速度和灵活性主要指知觉的速度、思维的灵活程度、注意集中时间的长短等;强度主要指情绪的强弱、意志努力的程度等;指向性即个体的心理活动是倾向于外部现实还是倾向于自己的内心世界。

气质是个体心理活动的动力特性,影响个体活动的一切方面,仿佛给个人的所有活动表现都涂上了独特的色彩。具有某些气质特征的人,常常在不同的活动中显示出同样性质的动力特点。例如,有些学生上课时总是坐立不安、考试总是十分慌张、遇事总是沉不住气,等等。

气质是相当稳定的,如"江山易改,秉性难移"所说。有人曾对同卵双生子进行14年的追踪研究,发现他们的气质几乎没有什么变化。当然,气质并不是完全不变,在生活条件和教育的影响下,它可以被掩盖并缓慢地发生变化,使之符合社会实践的要求,但其稳定性是主要的。

气质受遗传影响较大,主要取决于个体的生物学因素,这也正是气质具有很强稳定性的原因。研究表明,新生儿已具有气质差异。在医院婴儿室,可以看到有些新生儿很爱哭,哭起来也很厉害,而有些新生儿则文静一些。盖赛尔(Gesell)、斯卡尔(Scull)及我国心理学家林崇德(1982)等对同卵、异卵双生子的研究,均证实了气质的天赋性及个体间的差异性。

二、气质理论

(一) 气质的早期探索

气质是一个古老的概念。早在古希腊时代,著名医生希波克拉底(Hippocrates,公元前460—前370)在其所著的《论人的本性》一书中就论及气质的问题。他认为人体内有四种液体,即生于脑的黏液、生于肝的黄胆汁、生于胃的黑胆汁、生于心脏的血液,这四种体液的不同组合就形成了人体的特质,即血液占优势为多血质,黏液占优势为黏液质,黄胆汁占优势为胆汁质,黑胆汁占优势为抑郁质。具有不同特质的人有着不同的行事风格。后来,罗马医生盖伦(Galen,130—200)用拉丁语"temperamentum"一词来表示这种人体特质,这就是英语中气质(temperament)的最初来源。

在我国也有对气质的早期探索,如《内经》根据人体阴阳之气,禀赋不同,将人的气质分为太阴之人、少阴之人、少阳之人、阴阳和平之人,还有运用五行学说将人的气质分为木、土、水、火、金五类,孔子也把人分为狂、狷、中行之类,等等。

这些早期探索虽然缺乏科学根据,但由于在人们的日常生活中确实存在气质差异和这些气质现象,因此多血质、胆汁质等名称一直被众多学者沿用至今。

(二) 气质的体质分类研究

科学心理学建立以来,学者们对气质进行了大量研究,形成了许多有关气质的体质分类学说。

1. 气质的体型说

1921年,德国著名精神病学家和心理学家克雷奇默(Kretshmer E. 1888—1964)在《体型与性格》一书中提出了气质的体型学说。书中基于对精神病人的研究，将人的体型分为三类：肥胖型、细长型和结实型。肥胖型的人具有躁狂气质，善交际，表情活泼，亲切热情；细长型的人具有分裂气质，不善交际、孤僻、神经质、多思虑；体形匀称、结实的人，谓之结实型，这类人具有黏着气质，固执、认真，理解缓慢，具有冲动性。

  美国心理学家谢尔顿(Sheldon，1899—1977)也是气质体型说的代表人物。为了对人的体质进行分类，谢尔顿从正面、侧面、背面拍摄了 4000 名大学男生的裸体照片，通过对这些照片的分析发现人的体型主要有三大类，即内胚层体型、中胚层体型和外胚层体型。这三种体质类型相当于克雷奇默所说的肥胖型、结实型和细长型。谢尔顿在对 2000 名被试进行体型与气质的研究后发现，体型与气质关系密切。

  克雷奇默和谢尔顿的体型说对后人研究气质具有一定的启发作用。但后来研究表明，体型与气质之间虽然有某种相关性，但相关性并不高。

2. 气质的血型说

  气质血型说是由日本学者古川竹二于 1927 年最先提出，后经西冈一义等人加以发展。该学说提出以后，在日本、中国及西方都得到广泛传播。目前，一些日本和西方学者仍在进行所谓的"血型气质判断"。这种学说认为血型和性格(日本学者一般不区分气质与性格)之间有着密切的关系，血型有 A 型、B 型、AB 型和 O 型，相应的气质也有这些类型，可以根据人的血型判断人的气质，例如 A 型保守，B 型进取，AB 型则内心保守外表进取，O 型霸道等。学术界普遍认为，凭人的血型来判定人的气质类型是没有科学根据的。

3. 气质的激素说

  生理学家柏尔曼(Berman)提出，人的气质是由某种内分泌腺的活动所决定的。他以某种腺体特别发达或不发达为标准，将人分为六种类型：肾上腺型、垂体型、甲状腺型、副甲状腺型、性腺型和胸腺型。甲状腺发达者，感知灵敏，精神饱满，意志力强；肾上腺发达者皮肤浓黑，干燥，精神旺盛，好斗等。研究表明，激素的缺乏或过剩对人的情绪和行为确有影响，但激素说过于强调激素的重要性，忽视了神经系统对人气质的重要影响。

4. 气质的高级神经活动类型学说

  巴甫洛夫用高级神经活动来解释气质。他认为，神经过程有三个基本特征：一是强度，即大脑皮层细胞经受强烈刺激或持久工作的能力；二是平衡性，即兴奋和抑制的强度对比程度，若强弱相似为平衡，强弱不相似(一强一弱)为不平衡；三是灵活性，即兴奋与抑制过程相互转变的速度。由此，巴甫洛夫确定了神经活动的四种类型及其外部特征，并认为高级神经活动类型是气质类型的生理基础(见表 10-2)。

表 10-2   高级神经活动类型说

高级神经活动类型			气质类型
强	不平衡	不可遏止型	胆汁质
强	平衡 灵活	活泼型	多血质
强	平衡 不灵活	安静型	黏液质
弱	弱型		抑郁质

巴甫洛夫的学说为气质提供了自然科学基础,对后来人们研究气质的生物学性质具有很多启示。但是,许多学者的研究也发现神经活动类型并不总是和气质类型相吻合,个体的身体组织、所处的社会环境等其他因素对其气质也有重要影响。

(三) 现代气质理论

20世纪50年代中后期是现代气质理论研究的开端,人们开始用心理测量等方法来研究气质的结构和特质,并重视气质与个体活动及行为的关系。

1. 气质调节理论

20世纪80年代,波兰华沙大学心理学系教授简·斯特里劳(J. Strelau)在巴甫洛夫学说的基础上经过25年的实验研究,提出了气质调节说。他认为气质是生物进化的产物,也受环境的影响而发生变化,在人的整个心理活动,以及在人与环境关系中起着调节作用。气质可以在行为能量水平(反应性与活动性)和行为时间特点(反应速度、灵活性、节奏性等)中表现出来。此外,他还提出了一系列气质的心理测量法,并探讨了气质与性格、气质与活动的关系。斯特里劳的理论虽然是现代气质研究史上的一个重要理论成就,但并没有脱离巴甫洛夫学说的基本思想。

2. 气质的EAS理论

1975年,美国心理学家巴斯(A. H. Buss)与普朗明(R. Plomin)提出了气质的EAS理论,他们认为,气质是那些在生命第一年就出现、持续终生并得益于遗传的人格特点。根据反应活动的特性,把人分为四种气质类型:①活动性的人,爱活动,总是抢先接受新任务,不知疲倦,婴儿期表现为手脚不停地动,儿童期在教室里闲坐不住,成年时有强烈的事业心;②社交性的人,渴望与别人建立亲密的联系,爱好社交,婴儿期要求其保护人在其身边,孤单时大哭大闹,儿童期容易受环境的影响,容易接受教育,成年时与他人很融洽;③情绪性的人,觉醒程度和反应强度都大,婴儿期经常哭闹,儿童期容易激动,成年时喜怒无常,难以合作相处;④冲动性的人,缺乏控制能力,婴儿期等不得成人喂饭、换尿布等,儿童期注意容易分散,常常坐立不安,成年时行动带有冲动性。

EAS理论是当代气质理论中的典型代表,它所提出的几种气质特质及其测量方法为绝大多数气质研究者所接受和支持,所论及的气质的性别差异,气质与学习、环境的关系,以及问题行为,都是气质研究中值得重视的问题。

3. 托马斯、蔡斯的气质发展理论

1977年,美国纽约大学医学中心教授托马斯(A. Thomas)和蔡斯(S. Chess)通过对婴儿大量的调查、测验发现,1~3个月的婴儿存在明显的、持久的气质特征,这些特征不容易改变,一直持续到成年。由此,他们把婴儿的气质分为容易型、困难型、缓慢型。

容易型的婴儿生理机能有规律,愉快情绪多,情绪强度适中,容易适应环境;困难型的婴儿生理机能不规律,消极情绪多,情绪反应强烈,难以适应环境;缓慢型的婴儿生理机能介于有规律和没有规律之间,消极情绪多,但情绪反应微弱,适应环境缓慢。他们的研究被称为"世界上最过硬的心理学研究"。此外,现代气质理论还包括杰罗姆·凯根(Jerome Kagan)的气质行为抑郁性理论等。

三、气质的类型

一般依据气质差异将人分为四种类型。

(一) 多血质

多血质类型的人活泼好动,反应迅速,动作敏捷,思维灵活,但往往不求甚解,注意力易转移,情绪不稳定,感情易表露且体验不深,易适应环境,喜欢交往,做事粗枝大叶,具有外倾性。

(二) 胆汁质

胆汁质类型的人精力旺盛,反应迅速,智力活动具有极大灵活性,直率热情,表里如一,情绪体验强烈,易冲动,有顽强拼劲和果敢性,但缺乏耐心,整体心理活动笼罩着迅速而突发的色彩,具有外倾性。

(三) 黏液质

黏液质类型的人安静沉稳,喜欢沉思,反应缓慢,灵活性不足,比较刻板,注意稳定,不易习惯新环境、新工作,情绪不易外露,善于忍耐,坚韧执拗,具有内倾性。

(四) 抑郁质

抑郁质类型的人敏锐稳重,情感体验深刻、持久、少外露,行动缓慢,胆小、孤僻、不善交往,遇困难或挫折易畏缩,有较强的敏感性,容易体察到一般人不易觉察的事件,具有内倾性。

值得指出的是,人的气质特征千差万别,上述四种气质类型的分类只是相对的,实际生活中纯属某一典型气质类型的人很少见,大多数人属于不同气质类型的混合型,或近似于某种类型,或介于某些类型之间。

四、气质的意义

气质是重要的个性心理特征,它不仅与人的其他心理现象有密切关系,还在个体活动中发挥着十分重要的作用。

(一) 气质与智力活动

气质虽然不能决定一个人的智力发展水平,但是苏联心理学家列伊切斯的一项研究表明,气质对智力活动特点和方式有明显影响。某班有两位学生 A 和 B,A 具有明显的多血质和胆汁质的特征,B 有明显的抑郁质特征。学生 A 在学习时表现出精力充沛,在紧张的学习和工作后,只需短时间休息就能恢复精力,很少见他疲劳和有较长的学习间歇;他能同时关心很多事物,复杂情况和变化不会降低他的精力;他对了解新教材特别感兴趣,新的知识信息使他精神焕发、兴奋,且感到满足,但对于复习旧教材缺乏兴趣。学生 B 经过一段时间学习后,很容易感到疲劳,需要休息或睡一会儿才能恢复精力;对简单作业要进行准备和沉思;学习新教材时常感到困难和疲惫,对复习旧教材表现出主动性,思维有着惊人的准确性和明晰性,抑郁质并没有妨碍他成为一个优秀的学生,也不妨碍他的智力发展和毕业时获得金质奖章,其思维的深刻性和细致性补偿了他在智力活动方面的困难。

国内外研究表明,在中小学时期,学生的不同气质类型会影响其学业成绩,特别是气质中的情绪性与活动性对学业成绩有一定影响,但对大学生的研究没有发现气质类型对学业成绩有影响(朱琼瑶,1999)。

(二) 气质与职业活动

气质作为人行为方式的影响因素,虽对活动效果不起决定作用,但对职业活动,尤其是一些特殊职业活动来说却具有重要作用。

不同的职业对从业者有不同的要求。有些职业需要从业者有较强的耐受性,注意力能长时间集中,而有些则要求从业者反应敏捷、动作灵活。例如,对于从事纺织工作的纺织女工,要求具有注意稳定且善于转移、动作敏捷等品质;对医务人员则要求具有反应灵敏、耐心、细致等品质。一般来说,要求速度的工作,多血质和胆汁质特征的人更适合;要求稳定、持久性的工作,黏液质特征的人更适合;要求精细、敏锐的工作,抑郁质特征的人更能胜任等。在一般性的学习和工作中,这种影响并不显著,这是由于气质的积极方面对其消极方面有补偿作用。例如多血质的人注意转移灵活可弥补其注意不稳定的特点;黏液质的人细致、耐心可适当补偿其速度的不足。

不同气质特质的人,对不同类型职业活动的偏爱也有所不同。研究发现,在律师、办公室人员及图书管理员这三种具有不同刺激负荷的职业中,高、低反应性被试的分布不同:在19名喜爱律师职业的被试中,14人为低反应性的;在23名喜欢图书管理员职业的被试中,15人为高反应性个体。这说明气质特征与个体活动爱好有关。

有些特殊职业如宇航员、运动员、雷达观察员等对从业人员气质特征的要求较为严格,从事这些职业的人必须经过气质特质的测定,进行严格地选择和培训,才能胜任这类活动。比如,一级方程式赛车手,其气质特质对职业运动成绩起着非常重要的作用。苏联宇航员加加林在起飞前7分钟还能睡得很好,情绪稳定性是他成为宇航员的重要条件。英国学者艾森克(H. J. Eysenck)指出,外向的人不能很好地担任警戒任务,据此雷达管理员应该由内向的人来担任。

当然,气质对职业的影响并不是绝对的,它不能决定一个人的社会价值和职业成就,任何气质类型的人,都可以在各自的专业中发挥重要作用,成为出类拔萃的人。在同一职业领域内,人们可以找出不同气质类型的代表;在不同领域的有突出成就的人员中,也可以找出同一气质类型的代表。例如,俄国四位著名文学家中,普希金属于胆汁质,赫尔岑属于多血质,克雷洛夫属于黏液质,果戈里属于抑郁质,他们分属不同气质类型,但在文学领域内都取得了突出成就。

(三) 气质与心理健康

气质并无好坏之分,但每种气质都有其有利或不利于心理健康的一面。例如,多血质的人情绪丰富,容易适应新环境,但注意力不稳定,兴趣容易转移。抑郁质的人工作中耐受力较差,易感到疲劳,但感情比较细腻,做事审慎。比较而言,在环境不良的情况下,那些典型或较典型的胆汁质或抑郁质的人,尤其是胆汁质—抑郁质混合型的人较容易产生心理问题,进而影响学习、生活和成功。从神经类型的角度来看,神经系统弱的人承受外界刺激的能力较低，容易在不良因素的刺激下产生心理障碍或心身疾病，如神经衰弱、抑郁症或胃溃疡。而神经系统强而不均衡的人经常处于兴奋、紧张和压力之下，容易患心血管疾病，属于这些气质类型的人应注意扬长避短，维护自身的心理健康。

第三节 性格

本节主要介绍性格的含义、性格特征、性格理论、性格的测量以及良好性格的培养方法。

一、性格概述

(一) 性格的含义

性格是表现在人对现实的稳定态度和习惯化了的行为方式中的独特的心理特征的总和。偶然的、不稳定的态度和行为方式不能看成一个人的性格特征。比如某一位学生在众人面前通常健谈、热情、乐观、大方，但偶然一次或几次表现得沉默寡言、拘谨不安，这种偶然的表现不能视为他的性格特征。

性格是人的现实态度和行为习惯的统一体。在现实生活中，每个人的性格都由定向性主导性格和弱向性派生性格组成，前者是一个人的基本性格，也就是其鲜明的个性特征，后者则具有从属性。

(二) 性格与气质

性格与气质同属于个性心理特征，但它们之间有着严格的区别。首先，两者的表现范围不同，性格是从个体对待现实的态度和行为方式方面来表现其个性特征，而气质则是从心理活动的速度、稳定性与灵活性、强度与平衡性，以及趋向性来表现个性差异的；其次，两者的可塑性程度不同，气质较多地受制于生物学因素，体现高级神经活动类型的自然表现，可塑性较小，变化较缓慢，而性格是后天形成的，由现实生活经历与个人实践决定，可塑性较大，虽然相对稳定，但较易改变；最后，两者的社会意义不同，气质所表现的只是心理活动特征，无好坏之分，而性格则直接体现于社会生活之中，具有社会内容与社会意义。

气质与性格又相互制约，相互影响，有着密切的联系。一方面，气质影响性格的形成和表现，在性格特征形成的快慢速度和表现方面，无不明显带着各自气质类型的特点；另一方面，性格对气质也产生一定的影响，它在一定程度上掩盖和影响着气质，也可渐渐影响一个人某方面气质特征的改变。人为了适应社会，发展自我，往往学会了控制自己，在现实生活中形成对社会的态度和习惯化了的行为方式，这种性格自我塑造的过程，往往也是对气质产生反作用的过程。

(三) 性格的形成

早期心理学家中，有的认为性格完全由遗传因素决定，有的认为性格完全是在后天环境中受社会文化的影响而形成。现代心理学在这个问题上已初步取得共识，即性格的形成是在遗传与环境两种因素交互作用之下，逐渐发展形成的。

首先，人的生理遗传因素为性格的形成和发展提供了前提条件，它能影响性格发展的方式和表现状况。巴甫洛夫认为性格的生理基础是神经类型和动力定型的"合金"。人在现实生活中，神经系统的特性影响着人对客观现实信号的加工和处理。

其次，性格是社会实践的产物，是人们在能动地认识世界和改造世界的过程中逐渐形成的。在社会客观条件的影响和制约下，人们自觉或不自觉地改造着自己的性格，增强个人对生活环境的适应性与耐受性，久而久之，就会形成一套稳定的态度与行为方式，即性格特征。

在性格的诸多要素中，与生理有关的部分，如自我概念中有关身体意象、动机与情绪等受遗传因素的影响较大，而较复杂的人格特质，如兴趣、态度、价值观的形成则受环境影响较大。

二、性格特征

性格是复杂的，应该从多个角度来分析一个人的性格。一般来说，性格特征既表现在个体对待现实的态度上，也表现在他的认知过程、情感过程和意志过程之中。

（一）态度特征

态度是主体对特定对象的较持久的反应倾向，对某一事物的理智评价、情感好恶和行为趋避都表现了一个人的态度。根据态度的指向对象，性格的态度特征包括三个方面：对他人、集体、社会的态度，例如待人诚恳或者虚伪、对集体社会关心或者不关心等；对劳动的态度，例如勤奋或者懒惰等；对自己的态度，例如自信或者自卑等。

性格的态度特征是一个人的道德品质，是性格的核心，其他的性格特征都会受态度的影响。

（二）理智特征

性格的理智特征是性格在认知过程中的表现，包括在感知、记忆、思维、想象等方面的个人特点。例如，在感知上，有的人观察事物细致入微，不放过任何一个细节，有的人则只注意事物的大体轮廓；在记忆上，有的人相信自己的记忆能力，有的人总是怀疑自己是否记错；在思维上，有的人偏好分析，有的人偏好综合；在想象上，有的人是理想型的，有的人是空想型的。

（三）情绪特征

性格的情绪特征是性格在情感过程中的表现，主要包括人与人之间情绪的强度、稳定性，以及主导心境的差异。在情绪强度上，有的人情绪兴奋性高，微弱的刺激就能引起强烈的情绪反应，有的人情绪兴奋性低，除非发生重大事件，否则很难观察到他喜怒哀乐的表情；在情绪的稳定性上，有人总是心平气和、不骄不躁，有的人则朝三暮四、喜怒无常；在主导心境上，有的人经常是欢乐、愉快的，有的人总是抑郁、低沉的。

（四）意志特征

性格的意志特征是性格在意志过程中的表现，主要包括自觉性、果断性、自制力和坚持性。在自觉性上，有的人能够自觉地调控自己的行为，克服困难以便实现自己的追求，有的人则随波逐流，举止草率；在果断性上，有的人当机立断，有的人犹豫不决；在自制力上，有的人善于克制自己的冲动，有的人经常鲁莽行事；在坚持性上，有的人百折不挠，有的遇到困难就打退堂鼓。

三、性格理论

不同的性格理论从不同角度描述人的性格，逐渐形成了性格理论的两大范式，即类型理论和特质理论。

(一) 类型理论

类型理论是 20 世纪 30—40 年代产生于德国的一种性格理论范式，主要用来描述一类人与另一类人的心理差异。

1. 对立类型理论

对立类型理论认为，任何一种性格特征都存在对立的两极，从而可以把性格区分为彼此对立的两种类型。

美国心理学家佛兰克·法利提出了 T 型性格理论。法利认为，T 型性格是一种好冒险、爱刺激的性格特征，依据冒险行为的指向，将人分为 T^+ 和 T^- 型两种性格类型。当冒险行为朝向健康、积极、创造性的建设性方向发展时，就是 T^+ 型性格，有这种性格的人喜爱漂流、赛车等运动项目；当冒险行为具有破坏性质时，就是 T^- 型性格，这种人有酗酒、吸毒、暴力犯罪等反社会行为。在 T^+ 型性格中，又可依据活动的特点进一步分为体格 T^+ 型和智力 T^+ 型，极限运动员代表了体格 T^+ 型，通过身体运动来追求新奇、不断刷新纪录，而科学家或思想家则代表了智力 T^+ 型，冒险精神主要表现在科技的探新上。

福利曼和罗斯曼提出了 A-B 型性格理论。他们将人的性格划分为 A 型和 B 型，A 型性格的主要特点是性情急躁，成就高，上进心强，有苦干精神，做事认真负责，富有竞争意识，外向，动作敏捷，社会适应性差；B 型性格的主要特点是举止稳当，对工作和生活的满足感强，喜欢慢步调的生活节奏。在需要审慎思考和耐心的工作中，B 型性格的人往往比 A 型性格的人适应好。A 型性格不利于身体健康，美国 20 世纪 60 年代进行的一次调查表明，在 257 位患有冠心病的男性病人中，A 型性格的人数是 B 型性格人数的两倍多。

瑞士心理学家荣格提出了内-外向性格类型学说。荣格认为，每个人都有一种广泛的生命力，称作力必多，力必多指向外部环境，就是外向性格；力必多指向机体自身，就是内向性格。外向性格的特点是注意外部世界，情感表露在外，热情奔放，当机立断，独立自主，善于交往，行动快捷，有时轻率；内向性格的特点是自我剖析，做事谨慎，深思熟虑，交往面窄，有时适应困难。荣格认为，人的心理活动有思维、感情、感觉和直觉四种基本功能，结合两种心理倾向可以把人分成八种性格类型：外向思维型，尊重客观规律和伦理法则；外向感情型，感情用事，容易凭借主观臆测来衡量外界事物；外向感觉型，凭借感觉来估量生活的价值，遇事不假思索，善于应付现实；外向直觉型，以主观态度探求各种现象，只憧憬未来，容易悲观失望；内向思维型，以主观观念决定自己的思想，感情冷淡，好独断，偏执；内向感情型，情绪稳定，不露声色；内向感觉型，不能深入到事物的内部，在自己与事物之间常插入自己的感觉；内向直觉型，不关心现实，脱离实际，好幻想。

2. 多元类型理论

多元类型理论认为，性格具有多种多样不同的特征，不同的人，占据优势地位的性格特征不同,应该根据个人的优势特征把人划分为多种性格类型。

英国心理学家培因和法国心理学家李波根据占据优势地位的心理机能把人的性格区分为三种类型:理智型,理智机能占优势,以理智来衡量周围事物和支配行为;情绪型,情绪机能占优势,容易感情用事;意志型,意志机能占优势,行为具有明确的目的性和较强的自制力。

德国心理学家斯普兰格按人类社会文化生活的形式,以及人们对这些生活形式的态度和价值标准,将性格分成六种类型:经济型,凡事以经济价值为主要出发点,如企业家;理论型,理论能力强而实际生活能力弱,表现出探究世界的兴趣,如哲学家、科学家等;审美型,把发现事物的美当作人生价值,对现实生活不够关心,富于想象力,如艺术家;宗教型,以宗教信仰作为存在的最高价值,如宗教家;权力型,热衷于追求权力、支配他人,如政治家;社会型,以献身社会、服务社会为自我价值的最高体现,如社会活动家。

(二) 特质理论

特质理论起源于 20 世纪 40 年代的美国,主要代表人物是美国心理学家奥尔波特和卡特尔。特质理论认为,特质是决定个体行为的基本特性,是人格的组成元素,也是测评人格所常用的单位。

1. 奥尔波特的人格特质理论

奥尔波特把人格特质分为两类:一类是共同特质,指在某种社会文化形态下,大多数人或一个群体所共有的特质,在研究人格的文化差异时,可以比较不同文化中的共同特质;另一类是个人特质,指在个人身上所具有的特质。个人特质依其在生活中的作用又可分为三类:首要特质,这是一个人最典型、最概括的特质,影响一个人各方面的行为,如多愁善感可以说是林黛玉的首要特质,机智圆滑可以说是王熙凤的首要特质;中心特质,这是构成个体独特性的重要特征,每个人身上有 5~10 个;次要特质,这是个体的一些不太重要的特质,只有在特殊情况下才会表现出来,如一个人在外面很粗鲁,而在母亲面前很顺从,顺从就是他的次要特质。

2. 卡特尔的人格特质理论

卡特尔对人格特质进行了因素分析,提出了基于人格特质的一个理论模型。该模型分为四层,即个别特质和共同特质,表面特质和根源特质,体质特质和环境特质,动力特质、能力特质和气质特质(见图 10-4)。

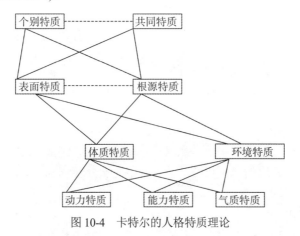

图 10-4 卡特尔的人格特质理论

表面特质是从外部行为直接观察到的特质,人与人之间可能存在一些相似甚至相同的表面行为,但是行为的原因未必相同,如同样干家务,有人为了让母亲休息,有人为了得到零花钱;根源特质是指那些相互联系并以相同原因为基础的行为特质,例如,考试和体育比赛时双腿发抖,共同的原因在于焦虑,在这里焦虑就是根源特质。表面特质和根源特质既可能是个别特质,也可能是共同特质,这是人格层次中最重要的一层。

根源特质又都可以区分为体质特质和环境特质两大类。体质特质由先天的生物因素所决定,如兴奋性、情绪稳定性;而环境特质则由后天的环境因素决定,如焦虑、有恒性等。卡特尔提出了多元抽象变异分析,来确定各种特质受遗传与环境影响的程度。

模型的最下层是动力特质、能力特质和气质特质,它们同时受到遗传与环境的影响。动力特质具有动力性,使人趋向某一目标,包括生理驱力、态度和情操;能力特质表现在知觉和运动方面,包括流体智力和晶体智力;气质特质决定个体情绪反应的速度与强度。

3. 现代特质理论

近年来,一些研究者在人格的理论建模上形成了比较一致的共识,提出了几种有代表性的现代人格理论,高德伯格称之为人格心理学中的"一场静悄悄的革命"。

艾森克提出了人格的三因素模型,这三个因素是:外倾性,表现为内外倾的差异;神经质,表现为情绪稳定性的差异;精神质,表现为孤独、冷酷、敌视、怪异等偏于负面的人格特征。

塔佩斯等运用词汇学的方法对卡特尔的特质变量进行了再分析,发现了五个相对稳定的因素,以后许多学者进一步验证了五种特质的模型,形成了著名的大五模型。这五个因素是:开放性,包括想象、审美、情感丰富、创造、智能等;责任心,包括公正、条理、成就、自律、谨慎等;外倾性,包括热情、社交、果断、活跃、冒险、乐观等;宜人性,包括信任、直率、利他、依从、谦虚、移情;神经质或情绪稳定性,包括焦虑、敌对、压抑、冲动、脆弱等。

特里根等提出了七因素模型。这七个因素是正情绪性、负情绪性、正效性、负效性、可靠性、宜人性和因袭性。与大五模型相比较,七因素模型增加了正效性和负效性两种因素。

现代人格理论在临床心理、健康心理、发展心理、职业心理、管理心理和工业心理等方面都显示了广泛的应用价值,如外倾性、神经质、随和性等均与心理健康有关,外倾性和开放性是职业心理与工业心理的两个重要因素,责任心与人事选拔有密切关系。

四、性格的测量

性格具有社会意义,是个性心理特征的核心,了解一个人,最重要的是了解其性格。一般使用测验法来对人的性格进行客观地分析,性格测验可以分为自陈和投射两种方式。

(一)自陈量表

自陈量表就是设计一些有代表性的题目,让被试回答,通过被试的回答,分析、判断其性格特点。目前,自陈量表的运用日益广泛,能够为公司招聘员工、政府机关选拔公务员等提供建议。

自陈量表的题目形式主要有是非式、折中是非式、二择一式、文字量表式和数字量表式。自陈量表的特点是:测量工具一般为调查表;题目数量多;在同一个测验中往往包含几个量表，可同时测量几个特质；测验通常采用纸画形式，因而可以团体施测。

1. 明尼苏达多相人格测验(MMPI)

MMPI 是美国明尼苏达大学教授郝兹威与莫金利于 20 世纪 40 年代初期采用经验法编制的。MMPI 共有 566 个自我报告形式的题目，其中 16 个为重复题目(主要用于检验被试反应的一致性，了解作答是否认真一致)，实际只测 550 个题目。题目内容的范围很广，包括生理状况、精神状态，以及对家庭、婚姻、宗教、政治、法律、社会等问题的态度。MMPI 的临床量表有 10 个，均以所采用的效标组命名：疑病、抑郁、癔病、精神病态、男性化-女性化、妄想狂、精神衰弱、精神分裂、轻躁狂和社会内向。其中男性化-女性化量表与社会内向量表只能说明人格的趋向，与疾病无关。从这 10 个量表可得到 10 个分数，即代表 10 种人格特质。MMPI 还设置了 4 个量表去识别被试是否作假：说谎分数量表、诈病分数量表、校正分数量表和疑问分数量表。

MMPI 是目前应用最广泛的人格测验，它的各个量表都是采用经验法编制的，较为客观。另外，MMPI 在编制时采用正常与异常两组人为样本，因此也可用于正常人的人格评定。MMPI 的缺点在于信度较低，施测时间较长，测验结果不易解释。

2. 16 种人格因素测验(16PF)

16PF 是美国心理学家卡特尔编制的，认为人格有 16 种各自独立的根源特质：乐群性、聪慧性、稳定性、持续性、兴奋性、有恒性、敢为性、敏感性、怀疑性、幻想性、世故性、忧虑性、实验性、独立性、自主性、紧张性。经研究，这些因素普遍地存在于年龄及文化背景不同的人群之中。这些因素的不同组合构成了一个人不同于其他人的独特人格。16PF 不但能明确描绘 16 种基本人格特征，还能根据测验结果推算许多种可以描述人格类型的次元因素：适应与焦虑性、内向与外向、感情用事与安详机警性、怯懦与果断性。

16PF 英文原版共有 A、B、C 三个复本，每本各有 187 题。每种人格因素由 10~13 个测题组成的量表来测量。16 种因素的测题按序轮流排列，以便计分，并保持被试作答时的兴趣。为防止被试勉强作答不合作，每一测题都备有三个可能的答案，使被试有折中的选择。为了克服动机效应，尽量采用"中性"测题，避免含有一般社会所公认的"对"或"错"的题目。被选用的问题中有许多表面上似乎与某种人格因素有关，但实际上却与另外一种人格因素相关，因此，被试不易猜测每一测题的用意，从而据实作答。

3. 爱德华个性偏好量表(EPPS)

EPPS 是美国心理学家爱德华以默瑞提出的人类 15 种需求为理论基础编制的。全量表包括 225 个题目(其中有 15 个重复题目，用以检查反应的一致性)，每题包括两个第一人称的陈述句，要求被试按自己的偏好选择其一。

全量表包括 15 个分量表，分别测量成就、顺从、秩序、表现、自主、亲和、省察、求助、支配、谦逊、慈善、变异、坚毅、性爱、攻击等 15 种需求，施测后每人得到 15 个分数。根据个人所得分数绘制剖析图，即可对个人的心理倾向有概括的了解。

EPPS 的主要特点是采用强迫选择法来控制社会赞许性。所谓社会赞许性，是指题目内容受社会舆论赞许和反对的程度。所谓强迫选择法，就是要求被试在两个(或多个)具有相同的社会称许性而又测不同特质的题目之间做出选择。

4. 艾森克人格问卷(EPQ)

EPQ 是英国心理学家艾森克编制的，他搜集了大量有关人格方面的特征，并通过因素分析归纳出三个维度，从而提出决定人格的三个基本因素：内外向、情绪性和心理变态倾向。人们在这三方面的不同倾向和不同表现程度，便构成了不同的人格特征。

EPQ 问卷包括 90 个条目，让被试根据自己的情况回答"是"与"否"。然后，按 E、N、P、L 四个量表记分。E、N、P 分别代表艾森克人格结构的三个维度，L 是效度量表。E：内外向，分数高表示外向，分数低表示内向；N：情绪性，两极是情绪稳定和神经过敏；P：心理变态倾向(又称精神质)，并非指精神病，它在所有人身上都存在，只是程度不同，如果某人在此维度上的分数明显较高，则易发展成行为异常；L：测量被试的掩饰、假托或自身隐蔽的程度，L 与其他量表的功能有联系，但它本身也代表一种稳定的人格功能。

(二) 投射测验

投射是指个人把自己的思想、态度、愿望、情绪、性格等个性特征，不自觉地反映于外界事物的一种心理现象。投射测验是向受测者提供一些意义比较含糊的刺激情境，让他自由表现，通过分析受测者的表现来推断他的人格特点。在这里，刺激情境就像一块屏幕，受测者把他的人格特点投射到上面。

投射法的基本假设是：个体对外界刺激的反应有其心理原因，并且是可以预测的；这些反应既受当前刺激情境的影响，也受个体当时的心理状况及整个人格特点的制约；人格结构的大部分处于潜意识中，当个体面对一种刺激情境时，可以通过自己的行为反应把隐藏在潜意识中的欲望、动机等"泄露"出来。

投射测验的特点是：测验材料没有明确结构和固定意义，其结构和意义完全由受测者自己决定，受测者可做多种反应；受测者不知道测验的目的；可同时测量几个人格维度，并对结果做整体分析。

根据受测者的反应方式，可将投射测验分为五类：联想法，受测者报告某种刺激所引起的联想，如文字联想测验和罗夏克墨迹测验；构造法，受测者根据图画，编造一套含有过去、现在、将来等发展过程的故事，如主题统觉测验；完成法，提供一些不完整的句子、故事或辩论等材料，让受测者自由补充完整，如语句完成测验；选排法，受测者根据某一准则来选择项目，或做各种排列，可用图画、照片等作为测验材料；表露法，受测者利用某种媒介(如绘画、游戏、心理剧等)自由表露自己的心理状态，如画人测验。下面主要介绍罗夏克墨迹测验和主题统觉测验。

1. 罗夏克墨迹测验(RIT)

罗夏克墨迹测验由 10 张卡片构成，每张卡片上印刷着左右对称的墨迹，有黑白的，也有彩色的。施测时，每次出示一张，同时对受测者说："给你看的图片上印刷着偶然形成的墨迹图像。请你将看图所联想到的东西，不论什么，都自由地、原封不动地说出来。回答无所谓正确不正确，请你想到什么就说什么。"允许受测者转动图片从不同角度去看，然后让受测者按照自己所想象的内容做自由描述，没有时间限制。

主试要逐字逐句详细地记下受测者的话，并记下每张卡片从出现到第一次反应所需的时间、各反应之间较长停顿的时间、每张卡片反应所需的总时间、受测者的情绪表现、附带的动作及其他重要行为等。展示结束后，主试再将各卡片逐一交予受测者，并询问受测者是根据墨迹的哪一部分做出反应的，引起反应的因素是什么，对回答也要做详细记录。受测者在此期间可能进一步对其先前的反应加以补充或澄清。

RIT 主要应用于精神医学的临床诊断，由于不受语言文字的限制，因此还广泛用于人格发展和跨文化研究。该测验的主要缺点是计分困难，未受过专门训练的人不易掌握，而且对结果的解释带有主观性，测验本身的效度与测验者解释分数的效度难以分清。

2. 主题统觉测验(TAT)

主题统觉测验由默瑞与莫根于 1938 年在美国哈佛大学创制，其理论基础是默瑞的需要——压力理论。全套测验包括 30 张内容模糊的黑白图片，另加一张空白卡片。图片内容多为人物，兼有部分景物。就刺激情境来说，主题统觉测验比墨迹测验要有意义。不过，主题统觉测验对受测者的反应不加限制，任其自由想象编造故事，因此也属于投射测验。

TAT 的基本假定是，个人面对图画情境所编造的故事与其生活经验有密切关系。受测者在编造故事时，常常是不自觉地把隐藏在内心的冲突和欲望等穿插在故事的情节中，借故事中人物的行为宣泄出来，也就是把个人的心路历程投射在故事之中。主试对受测者编造的故事进行分析，就可以了解受测者的心理需求。

投射测验最大的好处是可以对人格做综合、完整的探讨，能对受测者的内心生活做深层探索，并做出动态解释。由于测验本身不显示任何目的，受测者很难有意防范而做虚假反应，因此测验的结果一般比较真实。它的缺点在于评分缺乏客观标准，难以量化；缺少充分的常模资料，测验结果不易解释；信度和效度不易建立；原理复杂深奥，非经专门训练不易使用；与其他测验相比，受测者更易受实施情境的影响。

除自陈量表和投射测验以外，性格的鉴定方法还有很多，比如笔迹鉴定法、排行鉴定法、居室设计法、办公桌鉴定法、衣着鉴定法、站立姿态鉴定法等，均具有一定的参考价值。

五、良好性格的培养

具有良好性格的人，能接纳现实，而非一味歪曲现实、愤世嫉俗；能客观地评价和接受自己、他人与社会，而非排斥自己、拒绝别人、攻击社会；有较广阔的视野，既热爱自己周围的事物，又有自己的追求与梦想；情绪和思想表达自然，不造作；独立自主，有独处的需要而不回避他人；能发展与他人的深厚友谊；能分辨目的与手段，对善与恶的区分态度较明朗；有适度的幽默感和创造性。良好的性格取决于良好的自我教育和自我培养。

(一) 准确评价自我

一个人，首先要了解自己，认识自己的性格有哪些长处和短处。在了解自我的基础上，对自己做出客观的评价和符合实际的自我设计、自我选择，从而在生活、学习和工作上扬长避短。

要了解自我，可从以下方面着手：①分析自己性格中的首要特征、中心特征和次要特征，尽量用准确、清晰、有条理的语言表达出来，比如是活泼的还是安静的，是勤奋的还是懒惰的；②借助人格测验，如卡特尔 16PF 人格测验量表，了解自己的人格特质；③利用他人评价来修正自我评价。在此基础上，将自我性格的优势和劣势分类列出，并注明哪些性格特征需要保持或强化，哪些性格特征需要改造或更新。

(二) 最大限度地发展和发挥自己的性格优势

一个人成功与否,取决于他是否具有显著的优点,是否把自己的优点发挥到了极致,所以,在准确了解自我的基础上,选择自己最重要和最显著的性格优势,然后利用自己独特的优势,采取最适合自己的方法去生活、学习和工作,就一定能够取得自己应该取得的成就。

例如,如果发现自己最大的性格优势是聪慧,那么遇到困难时,就要多思考,力求寻找最佳的行为策略,并且在思考中使自己越来越聪慧;如果发现自己最大的优势是乐群,那么遇到困难时,就要寻求志同道合的朋友或同事,大家合作取得成功,并且在寻找朋友的过程中,使自己的乐群性得到更好的发展;如果发现自己最大的优势是有恒性,那么无论遇到什么样的困难,都要坚持下去,寻找各种有效途径去尝试、去探索,最后终将取得成功,并且在行动的坚持中,也更好地锻炼了自己的恒心。

为了做到最大限度地发展和利用自己的优势,就必须做到:①客观、理智地面对现实,对生活环境中的一切,多欣赏,少抱怨,有不如意之处,设法改善;②不要使自己的生活僵化,给自己在思想与行动上留一点空间,偶尔放松一下身心,有助于潜力的发挥;③与人坦率相处,使别人看见自己的长处与缺点,也与别人分享自己的快乐;④设定积极可行的目标,然后全力以赴追求完善,但不能期望未来的结果一定不会失败。

(三) 理性对待自己的性格劣势

人无完人,也就是说,没有缺点的人是不存在的。一个人应该理性地对待自己的性格劣势,有些缺点虽然对自己有不利影响,但是如果它的不利影响完全可以借助自己优势的发挥而得以弥补,那么这种缺点就是可以容忍和接受的。一个人如果将自己的大部分甚至全部精力用来改正缺点,那么他也会一事无成,而且,从另一个角度来说,追求完美本身也是一种性格缺陷。

如果有些缺点严重地妨碍自己正常的生活、学习和工作,就一定要采取措施改正它,做到:①保持心境开朗,有意识调控自己的情绪,建立积极正常的情绪生活;②加强意志锻炼,自觉、主动地控制自己,培养自己经受挫折的耐受力,在挫折面前既不盲目冲动,也不消极低沉;③自我激励,以模范人物或成功者为榜样,不断地鞭策自己。

知识链接

知识链接 10-1

说外语有助于延缓痴呆吗

一项研究发现,说两种语言有助于延缓痴呆症的发生,而且只要说外语就可以达到这种效果,不论说几种外语,也不论是否能读写外语。这项研究发表在《神经学》杂志上。

研究人员对 648 名被诊断出患有不同程度痴呆症的印度人进行语言能力调查。他们的平均年龄为 66 岁,分别患有阿兹海默氏症、血管性痴呆等痴呆相关疾病。结果发现,那些会说两种语言的人比只会说母语的人出现痴呆症的年龄平均晚 4 年半。

这种差异在取样人群中的文盲群体内依然明显,而且不受教育水平、性别、职业、生活环境等因素影响。

"我们的研究首次在说两种语言的文盲中有所发现。"报告撰写者、印度尼扎姆医学研究所学者苏瓦尔纳阿拉迪说。

研究人员分析,说一种以上语言可能有助于处理决策功能和注意力功能的大脑部位的发育,因而有助于预防和延缓痴呆症的发生。与说两种语言相比,这项研究没有发现说两种以上语言对延缓痴呆症有特别"功效"。

知识链接 10-2

从标点符号可窥探你的性格吗

工作和学习中,我们经常用到标点符号,细心的人会发现,每个人都会有自己格外心仪的某种标点符号。美国哥伦比亚大学的心理学家经过多年观察和分析发现,标点符号能反映一个人的性格。

喜欢用句号的人做事果断、干净利落。这种人通常比较刻板、老套,给人一种无趣的感觉。另外,他们是"技术控",喜欢最新的高科技产品。

不少人在学生时代被老师批评写文章"一逗到底",其实从心理学的角度来说,喜欢用逗号未必是一件坏事情,因为他们都是和平主义者,还乐于助人,和任何人都能打成一片。他们喜欢把所有事都说清楚、讲明白,对"少即是多"的理论不买账,他们认为消息应该是多多益善的。

喜欢用问号的人在做事的时候都会问自己"这样做好不好",这些人做事瞻前顾后,想得太多;喜欢用省略号的人则缺乏决断力,反复无常,他们很容易走神,喜欢随大流,他们经常会忘记把钥匙放在哪里,也会花 10 分钟去找已经戴在鼻梁上的眼镜;喜欢用引号的人缺乏原创性,总爱引用名人名言,他们没有什么主见,总是喜欢叽叽喳喳但又做不了决定。

一些人喜欢在每句话的结尾都用惊叹号,这种人一般是易喜易怒的人,他们不太会自我反省,总认为自己的观点很重要。他们性格张扬,一般对各种聚会很感兴趣。

还有一些人喜欢用冒号,这些人凡事井然有序,做事喜欢列清单,总会被人委派去组织公共活动或担任某种职务;那些爱炫耀、自命不凡的人则习惯用破折号,他们喜欢纠正别人的错误,这种人在工作中表现出色,通常会得到老板的赏识。

(资料来源:作者搜集整理)

心理测试

气质类型自测

下面 60 道题,可以帮助你大致确定自己的气质类型,请根据自己的情况在很符合、比较符合、介于符合与不符合之间、比较不符、完全不符合 5 个答案中选择一个适合自己的。很符合为 2 分,比较符合为 1 分,介于符合与不符合之间为 0 分,比较不符合为-1 分,完全不符合为-2 分。

1. 做事力求稳妥,一般不做无把握的事。
2. 遇到可气的事就怒不可遏,把心里话全说出来才痛快。
3. 宁可一个人干事,不愿很多人在一起。

4. 能很快适应一个新环境。
5. 厌恶那些强烈的刺激，如尖叫、噪音、危险镜头。
6. 和人争吵时总是先发制人，喜欢挑衅。
7. 喜欢安静的环境。
8. 善于和人交往。
9. 羡慕那种善于克制自己感情的人。
10. 生活有规律，很少违反作息制度。
11. 在多数情况下，情绪是乐观的。
12. 碰到陌生人觉得很拘束。
13. 遇到令人气愤的事，能很好地克制自我。
14. 做事总是有旺盛的精力。
15. 遇到问题总是举棋不定，优柔寡断。
16. 在人群中从不觉得过分拘束。
17. 情绪高昂时，觉得干什么都有趣；情绪低落时，又觉得什么都没意思。
18. 当注意力集中于某一事物时，别的事很难使自己分心。
19. 理解问题总比别人快。
20. 碰到危险情境，常有一种极度恐怖感。
21. 对学习、工作、事业怀有很高的热情。
22. 能够长时间做枯燥、单调的工作。
23. 符合兴趣的事情，干起来劲头十足，否则就不想干。
24. 一点小事就能引起情绪波动。
25. 讨厌做那种需要耐心、细致的工作。
26. 与人交往时不卑不亢。
27. 喜欢参加热烈的活动。
28. 爱看感情细腻、描写人物内心活动的文学作品。
29. 工作、学习时间长了，常感到厌倦。
30. 不喜欢长时间谈论一个问题，愿意实际动手干。
31. 宁愿侃侃而谈，不愿切切私语。
32. 别人总是说我闷闷不乐。
33. 理解问题常比别人慢些。
34. 疲倦时只要短暂的休息就能精神抖擞，重新投入工作。
35. 心里有话宁愿自己想，不愿说出来。
36. 认准一个目标就希望尽快实现，不达目的，誓不罢休。
37. 学习、工作一段时间后，常比别人更疲倦。
38. 做事有些莽撞，常常不考虑后果。
39. 老师讲授新知识时，总希望他讲得慢些，多重复几遍。
40. 能够很快地忘记那些不愉快的事情。
41. 做作业或完成一件工作总比别人花的时间多。
42. 喜欢运动量大的剧烈体育运动或参加各种文艺活动。
43. 不能很快地把注意力从一件事转移到另一件事上去。

44. 接受一个任务后，就希望能把它迅速解决。
45. 认为墨守成规比冒风险强些。
46. 能够同时注意几件事物。
47. 当我烦闷的时候，别人很难使我高兴起来。
48. 爱看情节起伏跌宕、激动人心的小说。
49. 对工作抱认真严谨、始终一贯的态度。
50. 和周围人的关系总相处不好。
51. 喜欢复习学过的知识，喜欢重复做能熟练做的工作。
52. 希望做变化大、花样多的工作。
53. 小时候会背的诗歌，我似乎比别人记得清楚。
54. 别人说我"出语伤人"，可我并不觉得这样。
55. 在体育活动中，常因反应慢而落后。
56. 反应敏捷、头脑机智。
57. 喜欢有条理而不甚麻烦的工作。
58. 兴奋的事情常使我失眠。
59. 老师讲新概念，常常听不懂，但是弄懂了以后很难忘记。
60. 假如工作枯燥无味，马上就会情绪低落。

胆汁质型得分：2、6、9、14、17、21、27、31、36、38、42、48、50、54、58 的得分之和。

多血质型得分：4、8、11、16、19、23、25、29、34、40、44、46、52、56、60 的得分之和。

黏液质型得分：1、7、10、13、18、22、26、30、33、39、43、45、49、55、57 的得分之和。

抑郁质型得分：3、5、12、15、20、24、28、32、35、37、41、47、51、53、59 的得分之和。

确定气质类型的标准：

1. 如果某类气质得分明显高出其他三种，均高出 4 分以上，则可定为该类气质。如果该类气质得分超过 20 分，则为典型；如果该类得分在 10~20 分，则为一般型。

2. 两种气质类型得分接近，其差异低于 3 分，而且又明显高于其他两种，高出 4 分以上，则可定为这两种气质的混合型。

3. 三种气质得分均高于第四种，而且接近，则为三种气质的混合型，如多血—胆汁—黏液质混合型或黏液—多血—抑郁质混合型。

（资料来源：作者归纳整理）

复习思考题

1. 什么是能力？分析能力与知识技能的关系。
2. 什么是一般能力和特殊能力？什么是流体能力和晶体能力？
3. 结合实际，分析影响能力形成与发展的因素。
4. 什么是智商？

5. 简述韦克斯勒智力量表的特点。
6. 结合一种能力结构理论，分析自己的能力特点。
7. 什么是气质？
8. 简述各种气质类型的特点。
9. 简述气质的高级神经活动类型说和 EAS 理论。
10. 简述气质的意义。
11. 什么是性格？分析性格和气质的关系。
12. 简述性格特征。
13. 比较性格的类型理论和特质理论。
14. 什么是自陈量表？
15. 什么是投射测验？简述投射测验的基本假设和特点。
16. 如何培养良好的性格？

第十一章

青少年的心理发展

案例导入

远离校园暴力

1999年4月20日,18岁的埃里克·哈里斯和17岁的戴伦·克勒伯德身穿黑色雨衣,携带一把步枪、一把半自动手枪、两把猎枪和30多颗自制炸弹,走进位于科罗拉多州利特尔顿市的科伦拜恩高中。随后,他一边大声狂笑和叫骂,一边向同学扫射,杀死了12名同学和1名老师,然后开枪自杀。"利特尔顿惨案"并非单一事件,但校园暴力也并不像人们通常认为的那么普遍。校园暴力并不是美国特有的现象。2004年6月,日本某小学一名11岁的女生用刀杀死了12岁的同学,因为之前两人在网上聊天时曾发生过争吵。这一事件仅是近年来类似案件中的一件。世界卫生组织调查发现,美国青少年参与暴力事件的可能性并不比其他4个工业化国家(爱尔兰、以色列、葡萄牙和瑞典)高。在这5个国家的青少年中,40%的人在过去几年曾偶尔参与打架,约11%的人曾携带过武器,还有约15%的人曾在打架中受伤(Smith-Khuri et al., 2004)。为什么有些青少年会参与这类破坏性行为?原因之一是青少年的大脑,尤其是前额叶,尚未发育成熟,该脑区对做出判断和抑制冲动至关重要。青少年暴力与校园中存在帮派有紧密联系。对很多青少年来说,帮派能够满足他们一些未得到满足的需要,如同一性需要、交往需要和权利与控制感的需要。对于一些缺乏积极家庭关系的青少年来说,帮派就成了他们的替代家庭。帮派会促使青少年产生一种"我们对抗他们"的感觉,针对外人的暴力可以加强帮派内部的忠诚和支持。青少年暴力和反社会行为根源于童年期的经历。那些在小学时攻击性较强的儿童,尤其是男孩,进入青少年期后往往会出现暴力反社会行为。如果家庭氛围是拒绝性或强制性的,或者是过分放纵、混乱,成长于这类家庭的儿童通常会表现出攻击性行为,而他们挑起的来自他人的敌意又会增加他们的攻击性。

心理学家指出了一些潜在的预警信号。可能参与暴力事件的青少年通常具有以下特点:不听父母和老师的话,忽视他人的感受和权利,虐待他人,依靠暴力或威胁来解决问题,认为生活对他们不公平。他们通常在校表现不好,经常旷课或逃学,成绩落后,或休学、辍学,被人欺负，喝酒、使用毒品，过早开始性行为，加入不良帮派，打架、偷窃或破坏他人财物。

面对校园暴力，我们应该怎样去引导处于青少年期的施暴者？怎样去疗愈那些同样处于青少年期的受害者？要想做到这些，我们必须了解青少年的心理发展特点。

本章提示

从出生到死亡，人的心理终生都在发展变化之中，而青少年时期是个体从未成年人到成年人的过渡时期。本章首先论述了心理发展的基本问题，包括心理发展的动力、阶段和一般特点，还介绍了国外比较有影响力的心理发展理论。在论述了心理发展的基本概貌的基础上，重点介绍了青春期身心发展的特点以及青少年独有的心理矛盾，并且针对这些矛盾心理提出了相对有效的教育措施。

青少年是指十一二岁～十七八岁的个体，包括初中阶段和高中阶段的学生，也可以称作中学生。青少年期是人的心理发展过程中非常重要的一个时期，在个体的一生中具有承上启下的作用，这一时期上承童年期，是对个体出生以来一直到童年期发展结果的总结，下启成年期，为个体成年以后的发展奠定基础。

第一节 心理发展概述

广义的心理发展包括心理的种系发展和个体发展。种系发展研究生物族群的心理从低水平到高水平的发展，包含动物心理到人类心理的演变过程，以及古人心理到现代人心理的演变过程。狭义的心理发展仅指心理的个体发展，研究一个人类个体从受精卵开始到出生、成熟、衰老、死亡整个生命全程的心理发展。

人类个体在出生时是一个无知无识、软弱无能的小动物，后来逐渐成为一个合格的社会成员，其间，他的心理经历了一个曲折复杂的变化过程。发展是一种变化，但并非所有的变化都可称为发展，例如，疾病、酗酒会引起个体行为的某些变化，但这种变化是暂时的和消极的，故不能称为发展。所谓心理发展，主要是指随着年龄增长，个体心理所发生的积极的、持久的、有规律的变化。

一、心理发展的动力

辩证唯物主义认为，任何事物的发展都是由于事物内部矛盾的对立统一引起的，内因是发展的根据，外因是发展的条件。心理发展也不例外，我国心理学家朱智贤认为，心理发展的动力是个体新的需要和现有水平的矛盾斗争。

在实践活动中，社会、学校、家庭不断向个体提出一定的要求，这种要求如果被个体所接受，就会转变为个体的需要，而这种需要在个体的现有心理水平上是不可能得到满足的，个体为了满足自己的这一需要，必须通过不懈的、反复的努力，以提高自己的心理水平，最后使新的需要得以满足。当新的需要满足以后，外界环境又会提出更高的要求，使主体产生更新的需要，主体必须再一次通过努力提高水平，在这样的过程中，个体的心理得到不断的发展。

个体新的需要和现有水平之间的矛盾是个体心理发展的内因，内因是发展的根据，但是只有内因，事物也不能得到发展，心理的发展是内因和外因交互起作用的结果。我国心理学家林崇德认为，个体的心理发展主要是由适合其心理内因的教育条件所决定的。教师对学生提出过高或过低的要求都不利于学生的心理发展。过高的要求，由于不可能达到，学生可望而不可及，会导致畏难情绪，也就不可能付出努力去追求，心理也就得不到发展；过低的要求，学生在现有水平上就能达到，也没有必要提高自己的心理水平，同样不能导致个体的心理发展。所以，要促成学生的心理发展，教师需对学生提出适当的要求，所谓适当的要求，就是能够达到，但是必须付出较大努力才能达到的要求。

二、心理发展的阶段

根据国内外研究资料，结合我国实际，可以把个体的心理发展从出生到死亡划分为不同的年龄阶段。

(1) 乳儿期(0~1岁)。在人的一生中，乳儿期是发展最快的时期。在大约一年的时间里，乳儿身心各个方面都有了极为显著的发展。机体上，乳儿从吃奶过渡到断奶，逐步学会吃普通食物；动作上，乳儿从躺卧、完全没有随意动作过渡到学会用手操纵物体和直立行走等随意动作；语言上，乳儿从完全不能说话过渡到能掌握一些简单的词来跟他人进行初步的言语交流。

(2) 婴儿期(又称先学前期，1~3岁)。婴儿期是在乳儿期的基础上发展起来的。在这个时期内，儿童的随意动作有了更大的发展，从而扩大了他的生活范围；言语得到了迅速的发展，词汇增多，而且逐渐掌握了母语的基本语法规则；在动作和语言发展的基础上，儿童形成和发展了直观动作思维，出现了最初步的游戏活动。有的学者将乳儿期和婴儿期合称为婴儿期(0~3岁)。

(3) 幼儿期(又称学前期，3~六七岁)。3岁以后，儿童进入幼儿园，生活条件和教育条件都发生了很大的变化，在新的条件下，儿童初步产生了参加社会实践的愿望，但是由于能力有限，知识经验缺乏，还不能真正从事独立的活动，这就构成了幼儿心理上的主要矛盾，而游戏活动正是解决这一矛盾的主要方式。在游戏活动中，儿童心理的主要矛盾逐步得到解决，开始形成和发展了具体形象思维，从而推动儿童的心理不断地向前发展。

(4) 童年期(又称学龄初期，六七岁~十一二岁)。儿童从六七岁进入学校，开始以学习作为主导活动，有意识地参加集体活动，并逐步掌握书面语言，抽象逻辑思维开始出现。

(5) 少年期(又称学龄中期，十一二岁~十四五岁)。这是初中教育阶段，是从儿童向青年过渡的时期，也称作过渡期。初中生的主要心理特点是半幼稚半成熟，既有独立性又有依赖性，出现了经验型的抽象逻辑思维。

(6) 青年初期(又称学龄晚期，十四五岁~十七八岁)。这是高中教育阶段，是儿童期的结束，也是青年期的开端。高中生的主要心理特点是形成了理论型的抽象逻辑思维，初步形成了世界观和人生观。

(7) 成年早期(18~35岁)，这一时期又可以细分为青年中期(18~25岁)和青年晚期(25~35岁)。成年早期个体的主要心理特点是以辩证逻辑思维为主，智力发展进入全盛时期，创造性思维逐渐达到高峰，情感趋于成熟，性格特点基本定型。

(8) 成年中期(35~60岁)。这是人生发展最为鼎盛的时期，也是人最富有生产力的时期。中年人是社会的中坚和家庭的核心，是物质财富和精神财富的主要创造者。

(9) 成年晚期(又称老年期，60岁以后)。由于生理上的退行性变化以及退休后社会生活条件的变化，老年人在心理上会发生种种变化，例如，认知活动有所减退，但并非全部减退；

容易产生消极的情感体验,但生活满意度一般较高;个性有所变化,但持续稳定多于变化,等等。总之,老年期是一个在退行性变化的总趋势下仍然保持诸多优势的时期,是衰退与获得性发展并行的时期。

三、心理发展的一般特点

考察不同历史时期和不同年龄阶段的个体的心理特点,会发现在人的一生中,心理发展表现出以下几个特点。

(一) 顺序性

个体的心理发展总是具有一定的顺序,这种顺序不可逆转,也不可超越。例如,儿童动作的发展呈现从上到下(先发展头部,再发展躯体、下肢)、从大到小(先发展大骨骼、大肌肉,再发展小骨骼、小肌肉)、从中心到边缘(先发展躯体,再发展四肢)的顺序;个体思维的发展顺序是从直观动作思维到具体形象思维,再到抽象逻辑思维、辩证逻辑思维。

(二) 连续性与阶段性

个体的心理发展既有连续性又有阶段性,是一个从量变到质变的复杂过程。起初,心理的发展是渐进的、量变的,量变积累到一定程度就会发生质变,旧质变为新质,心理水平就由一个阶段进入另一个阶段。在新的阶段上,再开始新的量变与质变。

在心理发展的不同年龄阶段所形成和表现出来的一般的(具有普遍性)、典型的(具有代表性)、本质的(具有决定性作用)特征称为个体心理年龄特征。

(三) 稳定性与可变性

一般来说,个体心理发展的顺序、变化速度和主要年龄特征是大体稳定和共同的,使得心理发展表现出稳定性。心理发展之所以具有稳定性,主要原因在于个体的心理发展实际上就是个体在掌握知识经验和行为规范的活动中,其心理机能得到改造和提高的过程。首先,个体掌握知识经验和行为规范是有一定顺序的,例如先学整数,才能学小数分数,先要识字,才能阅读;其次,个体从掌握知识经验和行为规范,到提高心理机能也需要有一个过程。这样,心理发展就必然具有了稳定性。

另外,在一定的社会生活条件和教育条件下,个体心理发展的某些年龄特征可以在一定范围或程度上发生或多或少的变化,这就是心理发展的可变性。心理发展之所以具有可变性,主要原因在于个体的心理发展要受社会和教育条件的制约。例如,在某些教学改革实验中,有的实验者按照儿童的学习规律重新编排了教材,改善了教学方法,使儿童能更快地掌握知识和发展能力,从而使得在一定时间内,儿童的心理有了较快的发展速度。

个体心理发展的稳定性和可变性是相对的,根据各种条件的不同,个体心理年龄特征在一定范围或程度内可以发生某些变化,但这些变化是有限制的。

(四) 系统性

人的心理是一个整体,各种心理现象之间相互联系、相互制约,所以,个体的心理发展绝非个别心理成分的孤立改变,而是整个心理面貌的全面改观,这就是心理发展的系统性。

例如，儿童感知的发展会导致其记忆的发展，而记忆的发展反过来又会使感知更加精确；感知为思维提供具体直观的材料，而思维的发展又会完善感知，使人的感知更加全面和概括；感知、记忆、思维的发展导致了整个认知过程的发展，认知的发展又会影响情感和意志的发展。

(五) 个体差异性

虽然每个人的心理发展都要遵循相同的顺序，表现出共同的年龄特征，但是个体的心理发展还要受个人遗传素质、环境、教育条件，以及个体的主观状况的影响，由于这些因素的不同，处于同一年龄阶段的个体可能会表现出不同的特点，这就是心理发展的个体差异性。例如，同样是初中生，有的语言能力强，有的数学能力强；有的爱动，有的爱静；有的乐于助人，有的只关心自己，等等。

四、国外关于心理发展的部分理论

1882 年，德国心理学家普莱尔(William Thierry Preyer，1841—1897)出版了《儿童心理》一书，标志着儿童心理学作为科学诞生了，在其后的一百余年里，儿童心理学及发展心理学得到了长足的发展，不同的研究者通过不同的研究，提出了不同的关于心理发展的理论，这些理论各有侧重点，对于全面了解个体的心理发展均具有重要的借鉴意义。

(一) 弗洛伊德的性心理说

弗洛伊德是奥地利精神分析学家，是精神分析学派的创始人，弗洛伊德的中心思想是情欲说，认为人生具有追求快乐的本能，但社会规范不允许个人任意获得的满足，某些情欲会受到压抑而进入无意识。弗洛伊德认为，存在于无意识中的性本能是个体心理活动和心理发展的基本动力。

弗洛伊德根据儿童性欲的发展，提出了儿童心理发展的五个阶段，即口唇期(0～1 岁)，儿童从吃奶、咬手指等吮吸活动中得到快感；肛门期(1～3 岁)，儿童通过大小便体验到快乐；生殖器期(3～6 岁)，儿童会产生恋父或恋母情结；潜伏期(6～12 岁)，性欲倾向受到压抑，快感来源主要是对外部世界的兴趣；生殖期(12～18 岁)，兴趣逐渐转向同龄异性，试图摆脱父母的束缚，寻找异性朋友。

精神分析学派提倡本能决定论，轻视意识的作用，当然是错误的，但是，它提出了"无意识"的概念，拓宽了心理学的研究领域，对心理学的贡献是巨大的。

(二) 埃里克森的同一性渐成说

埃里克森(Erik H. Erikson，1902—1994)是美国心理学家，他的思想深受弗洛伊德的影响，但又不同于弗洛伊德的泛性论，所以被称为"新弗洛伊德主义"。埃里克森认为，现代人的一切心理变态，如焦虑、寂寞、孤僻等都是人的本能需要和社会要求不相适应以致失调的结果，如果提供良好的教育措施和预防治疗，这些心理变态就可以防止和消除。

在心理发展上，埃里克森认为，自我与外部环境的交互作用支配着个体的发展。在不同的年龄阶段，个体有不同的发展任务，各阶段之间的心理发展水平存在着间断性，而发展就是对这些间断性加以沟通和整合。

埃里克森将个体毕生的心理发展划分为八个相互联系的阶段(详见表11-1)。

表11-1 埃里克森的心理社会发展阶段

年龄	阶段	关键事件	危机	积极对策
0~1岁	婴儿期	喂养	信任对不信任	婴儿发展出一种信念，即周围环境是可以信任的，可以满足自己基本的生理和社会需要
1~3岁	儿童早期	如厕训练	自主对羞愧、疑虑	儿童习得哪些是自己可以控制的，发展出一种自由意志的意识，如果不能较好地控制自己，儿童会相应地发展出后悔和羞愧感
3~6岁	学前期	独立	主动对内疚	儿童习得做出行为，去探索，去想象，以及会对行为体验到内疚
6~12岁	学龄期	入学	勤奋对自卑	儿童学习参照一种标准或他人来以良好或正确的方式做事
12~18岁	青年期	同伴关系	同一性对角色混乱	青少年在与他人的关系中以及在与自己内心的想法和欲望的互动中发展出自我意识
18~25岁	成年早期	爱情关系	亲密对孤独	人们发展出给予和接受爱的能力，开始对关系做出长期的承诺
25~50岁	成年中期	养育子女	繁殖对停滞	人们发展出指导下一代发展的兴趣
50岁以后	成年后期	反省和接受生活	自我整合对绝望	人们尝试总结自己的一生

1. 婴儿期(0~1岁)

本阶段的发展任务是获得信任感，避免不信任感。

新生儿刚刚离开母体，不可能独立生存。此时，他需要成人的悉心照顾，来满足他的各种需要。如果他的需要得到了合理的满足，他就会对周围环境产生基本的信任感，否则会产生不信任感。

所以，父母不要以为此时的孩子不懂事，可以不管不问，作为家长，一定要对孩子热情关怀，悉心照料，使其有规律的生活。

2. 儿童早期(1~3岁)

本阶段的发展任务是获得自主感，避免羞愧或疑虑感。

经过一年的成长，儿童在生理和心理上都有了一定的进步，此时虽然继续保留着高度依赖性，但同时又开始努力表现自主意志，试探自己的能力，希望自己独立做某件事，例如自己吃饭、自己系鞋带、自己扣扣子等。

如果父母允许、鼓励并且教导儿童去做儿童力所能及的事情，如对儿童进行如厕训练，儿童就能获得自主感，养成自立的、主动的性格；如果父母过于溺爱或者急躁粗暴，不给儿童体验自身能力的机会，那么，儿童就会变得害羞、怯懦，甚至对周围世界感到疑虑重重，无所适从。

所以，对于这个阶段的儿童，父母要放手让他自主活动，不要干预过多，让他在自主活动中认识自己的力量，同时也要避免发生危险。

3. 学前期(3～6岁)

本阶段的发展任务是获得主动感，克服内疚感。

此时，儿童的身心有了更大发展，独立性大大增加，开始主动探究周围环境，但是在探究环境的过程中，又会因干扰他人的正常生活或工作而受到阻止甚至惩罚，所以儿童经常面临的问题是因主动探究的热情得到发展而获得主动感，还是因经常受到压抑而产生内疚感？

实际上，本阶段的儿童在日常生活中会经常产生内疚感，而游戏是克服内疚感的主要途径，所以，埃里克森也把本阶段称为游戏期，认为幼儿的游戏具有自我治疗和自我教育的作用。

4. 学龄期(6～12岁)

本阶段的发展任务是获得勤奋感，避免自卑感。

这时，儿童进入小学，如果他通过勤奋刻苦的学习取得了学业上的成功，就会获得勤奋感，进而养成乐观、进取的性格；如果他付出了努力，却屡遭失败，就会产生自卑感，进而形成冷漠、孤僻的性格。

所以，对于小学生，父母和教师需要帮助他们学会学习，使他们在学业上取得成功，防止学业失败。

5. 青年期(12～18岁)

本阶段的发展任务是建立同一感，避免同一感混乱。

这个阶段，个体的自我分解为理想自我和现实自我，所谓建立同一感，就是使理想自我和现实自我相统一，为了达到这个目标，个体一方面要改变现实自我，使现实自我趋近于理想自我；另一方面要改变理想自我，使自己的理想越来越贴近现实。

同一感的建立与先前各阶段中建立起来的信任感、自主感、主动感、勤奋感有直接关系，如果先前各阶段发展比较顺利，那么同一感的建立就相对容易，否则，可能出现同一感混乱。同一感混乱是指个体的内部心理和外部行为之间不相一致，典型表现是自己掌控不了自己的生活，结果往往是退学或离家出走，整夜在外逗留或孤独地陷入古怪而令人难以接近的心境之中。

对于中学生来说，建立同一感并不是一件轻松的事。他们可能感到理想自我和现实自我差距太大，不能同一，甚至有的学生尚未形成成熟的理想自我，所以强求中学生建立同一感有时并不现实。埃里克森针对本阶段的个体发展，提出了"合法延缓期"的概念，认为如果本阶段结束时，个体不能建立同一感，那么可以通过接受高等教育、服兵役等形式延缓理想自我与现实自我的整合，等大学毕业或复员以后再建立同一感也是可以的，接受高等教育或服兵役的这段时间就称为合法延缓期。

6. 成年早期(18～25岁)

本阶段的发展任务是获得亲密感，避免孤独感。

此时的青年男女已经建立了同一感，具备了独立的能力，他们希望寻找一个异性，彼此相互信任，共同生儿育女和享受文化娱乐生活，以便最充分、最满意地进入社会，从而获得亲密感。

如果一个青年人没有建立起同一感，他就无法获得与他人共享的同一性，从而出现自我专注的情形，过于关注自己的言行，其结果是导致孤独感。

7. 成年中期(25~50岁)

本阶段的发展任务是获得繁殖感，避免停滞感。

这时的个体开始组建家庭，不仅要建立两个人之间的亲密感，而且开始培育下一代，这就是埃里克森所说的繁殖感。但是，这里的繁殖感是一个广义的概念，它不仅指生儿育女，而且也指通过工作生产物质的或精神的产品，为全社会的新一代提供更美好的生活，当然主要是指前者。

与繁殖感相反的是停滞感，处在停滞感的个体或者倒退到"假亲密"状态，为了满足自己的私欲而关心下一代，或者完全沉溺于自身，对下一代的成长不管不问。

8. 成年后期(50岁以后)

本阶段的发展任务是获得自我整合，即完善感，避免失望或厌恶感。

这是人生的最后阶段，老年人面临着人生的终结，会总结自己的一生，如果他认为自己活的有价值、有贡献，就会产生完善感；如果他认为自己活的没有价值、没有贡献，而且他没有机会再去寻求新的生活，就会产生失望或厌恶感。

（三）皮亚杰的认知发展说

皮亚杰(Jean Piaget，1896—1980)是瑞士心理学家，他认为儿童的认知发展就是认知结构的建构与转换。根据运算水平，皮亚杰把儿童的认知发展区分为四个阶段。

1. 感知运动阶段(0~2岁)

这时儿童的认知建立在感官印刻的经验之上，主要心智活动是感官与环境的直接作用。儿童认知活动的特点是从被动反应到主动反应，从不见即无物到物体长存，发现达到目的的新手段。

2. 前运算阶段(2~7岁)

这时儿童用语言和表象来代表他所经验的事物，认知活动是身体的运动和知觉。儿童认知活动的特点是从记忆过去经验到想象未来，万物有灵论，认知不可逆。

3. 具体运算阶段(7~12岁)

这时儿童能够借助具体经验或具体事物的表象做合乎逻辑的思考，认知特点是，思考有弹性，可以逆转矫正；对同一问题，可以接受不同的观点；虽然能了解原则和规则，但不能灵活运用。

4. 形式运算阶段(12~15岁)

这时儿童开始具备成人的抽象思维，不再受具体经验或现实世界的限制，代之以抽象的普遍的认知。认知特点是能将可能性转化为假设，并予以论证；能以句子代表命题，发现命题间的关系；能对多个因素进行个别分析，而后综合起来解决问题。

(四) 达维多夫的主导活动说

达维多夫(Vasilyevich Davydov，1930—1998)是俄罗斯著名的儿童心理学家和教育心理学家，他认为，心理起源于活动，所谓心理发展，就是个体和环境相互作用的外部活动逐步内化为心理的内部活动的过程，在不同的年龄阶段，个体具有不同的主导活动，主导活动在个体心理发展上具有决定意义。

达维多夫认为，儿童的心理发展是按两类主导活动交替进行的。第一类主导活动发展儿童的需要，包括乳儿期、幼儿期和少年期；第二类主导活动发展儿童的认知，包括婴儿期、少年期和青年初期。他认为，心理发展的过程就是以需要发展为主的时期和以认知发展为主的时期不断交替的过程。

达维多夫还提出了儿童心理发展的危机年龄是3岁、7岁和十一二岁。危机年龄是一种转变的年龄，虽然在时间上比较短暂，但变化是急剧的，儿童处在危机时期的表现是容易发生否定现象(如学习兴趣下降、反抗父母等)，如果危机时期能够平稳度过，就会对个体的心理发展产生积极影响。个体度过危机年龄后，其心理发展就进入下一个阶段。

第二节　青春期的身心发展

青春期即初中阶段(十一二岁～十四五岁)，是生殖系统发育成熟的时期，也是个体身体发育的第二个高峰期。在这个时期，个体的身体外形和机能都发生着急剧的变化，这种生理变化又为心理变化奠定了基础。

一、生理特征

(一) 骨骼肌肉发展快，身高体重陡增

青春期个体的身高平均每年增长7～10厘米，体重平均每年增加5～6千克，身高和体重的增加，意味着肌肉的发达和骨骼的增长、增粗。

这个时期，四肢比躯干长得快，所以个体显得大手大脚，具备了从事剧烈活动的能力，喜欢幅度大的活动，而在精细活动中显得笨手笨脚。同时，骨骼中的钙质少、胶质多，肌肉中的水分多，身体易于变形和疲劳。因此，家长和教师要注意端正他们坐立行走的姿势，还要指导其加强胸腹肌锻炼，使之适应骨骼和肌肉的变化。

(二) 心脏负担加重

青春期个体的心脏大小增加很少，但由于身高、体重的增加，使血液循环的路线延长，所以心脏的负担比以前加重，容易出现头痛、贫血、疲劳等现象。教师在安排他们的学习、劳动和体育锻炼时，时间不宜过长，运动量不宜过大。

(三) 性机能开始成熟

生殖系统发育是青春期个体的显著特征，性成熟表现为第二性征的出现，男孩喉结突出，肌肉发达，声音变粗；女孩乳房突出，肩部圆润，脂肪丰满。

第二性征的出现会导致个体心理的变化，使其开始关注两性的区别与联系，并且会由生理上的急剧变化而造成心理上的不适。例如，女孩会因不习惯乳房的隆起而束胸，男孩会因遗精而担忧、苦闷。因此，家长与教师要了解性成熟给个体带来的心理变化，对其进行必要的性知识教育。

(四) 中枢神经系统兴奋性过强

小学中高年级以后，个体中枢神经系统的兴奋和抑制的强度大体相当，但是，随着青春期的到来，个体中枢神经系统的兴奋机能再一次活跃起来，抑制机能处于相对弱势。

一般情况下，神经系统和外界刺激的关系是，强刺激引起强反应，弱刺激引起弱反应。但是，由于青春期个体的兴奋机能占据相对优势，弱刺激也能引起他们的强反应，家长或教师在言行上的轻微指责，也可能导致其强烈应对，争吵甚至离家出走。

二、认知发展

(一) 注意

青春期个体能够有意识地调控自己的注意，使自己的精力指向和集中在必须注意的事物上，不为不相干刺激所左右，有意注意获得了发展。当然，有意注意的发展并不否定无意注意的作用。其实，在课堂上，学生的学习只有经过有意注意→无意注意→有意注意→有意后注意的转换，教学效果才是最好的。

青春期个体注意的发展也体现在注意品质的改善上。首先，注意的稳定性不断增长，能够长时间把自己的精力集中在课堂内容上，所以上课时不必像小学生一样频繁地转换教学形式了。其次，注意的范围扩大，在读书时，能够一目十行，迅速找到重点，在观察教具时，既能看到整体又能抓住细节。第三，注意分配和转移的能力得到提高，从注意分配上看，初中生能够一边听讲一边做笔记；从注意转移上看，初中生一般都比小学生的转移能力强，上课以后，多数学生能够自觉和迅速地把注意转移到课堂上来。

(二) 感知觉

胎儿就有了感觉，10岁左右，儿童的各种感觉就已经相当成熟了。到了初中阶段，个体的感觉又有了进步。在视觉上，能够精确区别各种颜色和色度；在听觉上，能够准确辨别音阶，所以有很多少年表现出了特殊的美术或音乐才能。

青春期个体知觉的目的性有了显著的提高，能够自觉地根据要求去长时间观察事物，力图有所发现，以便证明或推翻某个观点。同时，他们的知觉也变得更加精确和概括，既能细致入微，也能整体把握。

在空间知觉上，青春期个体能够掌握各种地理空间的相互关系，形成关于世界、地球、宇宙的空间表象，但是对于太复杂的空间关系(如立体几何)或者太大的空间距离(例如光年)的理解还有一定难度。

在时间知觉上，青春期个体能够初步理解世纪、年代等概念，但是不太精确，有时会把一段较长的时间知觉为较短的时间，会把遥远的过去和现在的时间间隔缩短。例如，有的个体会认为大约在几百年前，人们生活在氏族社会。

(三) 记忆

青春期个体记忆的目的性有了明显的发展。初一的学生还经常表现出无意识记，对有兴趣的材料记得比较好，而对那些无兴趣的、抽象的材料记得比较差。在教学的影响下，初中生逐步意识到自己的记忆要服从于学习目的，所以，有意识记获得了发展。最初，识记的目的常常是由教师提出来的，记什么以及如何记都需要教师的提示，后来学生逐渐学会了用适合自己的方法记忆那些应该记住的材料。很多研究和实践证明，优等生记忆的重要特点之一就是找到了最适合自己的记忆方法，并且能够根据不同的教材给自己提出不同的识记任务，从而牢固地掌握教材内容。

青春期个体意义识记的能力也有了显著的进步。初一的学生的机械识记还起着很大的作用，这是因为他在一定程度上还保留着小学生的特点。小学教材简明扼要，学生只需逐字逐句地记熟就可以了，所以，机械识记占有重要地位。但是，初中教材抽象性增加，学生必须借助已有的知识进行理解，才能真正掌握，所以，意义识记获得了发展。对于初中教师来说，既要把教材讲透，也要启发学生的独立思考，才能保证学生的学习效果。

总之，对于青春期个体来说，一方面要发展有意识记和意义识记，另一方面也不能忽视无意识记和机械识记。

(四) 思维

儿童进入初中以后，在学习上对他提出了更高的要求，他必须掌握各种科学知识，并且学会自觉地运用所学知识来进行合乎逻辑的推断，从而掌握事物的内在规律。在这种情况下，初中生的思维发生了急剧的变化，表现出下列特点。

1. 抽象逻辑思维占主要地位，具体形象思维仍起作用

由于初中生已经掌握了不少的知识经验，书面语言和内部语言也有了相当程度的发展，所以抽象逻辑思维开始占据相对优势，但这种抽象逻辑思维在很大程度上还属于经验型的，即思维活动在很多情况下，还需要具体的、直观的感性经验的支持，只有到高中阶段，高中生的抽象逻辑思维才能逐步摆脱经验的限制，成为理论型。

2. 思维的独立性和批判性有显著发展，但容易产生片面性和表面性

初中生初步掌握了系统的科学知识，所以在思维中开始表现出一定的独立性和批判性，常常不满足于教师或课本中关于事物现象的解释，要自己追根究底，经常要求独立地、批判地对待一切。特别是在现代社会，初中生心理活动的空间扩大，不愿意直接接受课本上现成的答案，而希望接受为周围多数人支持或被事实证明了的东西。这种独立思考的品质是极其可贵的，教师应给予爱护和培养。但同时，初中生的知识经验毕竟有限，所以考虑问题容易出现片面性和表面性，固执己见，这也需要教师引导他从问题的各个方面去分析和论证。

3. 判断推理能力不断发展

抽象思维体系由概念、判断、推理组成，判断和推理的能力往往代表一个人的思维发展水平，初中生的判断推理能力比小学生有了质的飞跃。有人曾经做过实验，要求8～16岁的学生回答这样的问题：石头为什么会沉入水中？水为什么会在管子中流？风车为什么会转？自行车为什么能走？研究者把学生的回答区分为三种类型：现象型(单纯叙述有关现象)、机

械型(答案中含有动作和运动的概念)、逻辑型(用重量、比重等概念进行感性或理性的解释),其中,做现象型解释的人随年龄增长而减少,10岁以后,做逻辑型解释的人逐渐增多。这说明,初中生的判断推理能力在逐步提高。

4. 创造性思维发展进入关键时期

5岁半到6岁的儿童在创造性思维测验中就能表现出一定的水平,但创造性思维发展的关键期则在青少年期。

创造性思维的一般过程是先通过发散思维产生众多的观念,然后通过聚合思维从众多观念中选择一个最佳观念。研究证明,低年级中学生的聚合思维优于发散思维,到高年级则是发散思维优于聚合思维,并且两者的差距随年级升高而增大,这表明青少年的思维变得越来越有独创性,青少年发散思维在特征上的发展顺序是流畅性、变通性、独特性。

三、情感

青春期个体的神经系统有高度的兴奋性,又受到内分泌的影响,导致情绪、情感有着独特的特点。

(一) 情绪体验强烈

青春期个体高兴时会欢呼雀跃,不满时则义愤填膺。他可能因为一件小事而狂喜,突然信心十足、勇气倍增,也可能因为一件小事而悲痛,变得毫无信心、悲观绝望,有时表现得很温柔,富有同情心,有时又很冷漠,暴躁残忍。这都说明青春期个体的情绪体验是强烈的。美国心理学家霍尔说过:"少年是无须麻醉剂而自然陶醉的时期。"

(二) 情绪紧张

青春期个体由于身心之间的矛盾,情绪十分紧张,特别是女生,当她情绪不振时,经常表现出易怒、不安和自卑,这可能与她的月经周期有关。很多心理学家认为,12~14岁是情绪发展最困难的时期,这一时期的学生不善于自我控制,很有可能由于过分暴躁地为自己辩护而对教师家长表现得不礼貌,甚至出现违纪现象。

(三) 情绪、体验的延续性

青春期个体形成了比较稳定的集体观和自我观,凡是涉及这些观念的情感体验往往会延续一段较长的时期。例如,他在一次考试中没有考好,如果他认为考试成绩是自己的事,与班集体的荣誉无关,那么这种因成绩差而引起的消极情绪不会持续太长时间;如果他认为自己的成绩给全班抹了黑,那么消极情绪就会持续一段比较长的时间;如果他认为这次没有考好是因为运气不好,消极情绪也不会持续太长时间;如果他认为没考好的原因是自己能力不够强,那就会产生自卑感,而且由自卑感引起的消极情绪也会持续一段较长的时间。

(四) 情绪表现的文饰与内隐

小学生的面部表情往往是他内心的显示器,有什么样的情绪体验,在表情上就会表现出来,不善于掩饰自己的内心体验。到了初中,学生的外部表情和他的内心世界就不能总是保持一致了。例如,初中生内心厌恶某件事,可是由于某种原因,可能表现得毫不在意甚至表现出喜欢的样子；而对于自己羡慕或者内心愿意接近的人，由于自尊的原因，在行为上反而会表现出庄重甚至冷漠的态度。这种情况一方面说明初中生能够调控自己的情绪表现，另一方面也为教师和家长深入了解他们的内心世界带来了一定的困难。因此，教师和家长应该深入了解他们，多和他们进行情感交流，帮助他们消除戒备心理，使其敞开闭锁的心扉。

四、自我意识

自我意识是个体对自己的认知、体验和调控。青春期个体由于身体的发育、知识的增多、能力的提高，自我意识也有了新的发展。

(一) 产生成人感

由于身体外形的变化，青春期个体意识到自己在向成人过渡，具有一种成人感，往往以成人自居。这种成人感会推动少年学生自觉模仿成人，努力掌握成人的社会准则和要求。但是，青春期个体毕竟不是成人，对是非善恶的判断标准也不完善，所以，他在模仿成人时，往往既模仿成人的优点，也模仿成人的缺点。

(二) 自我评价能力提高

自我评价是个体对自身内外特点的价值判断，自我评价能力是青少年自我意识发展的主要标志。青春期个体对自己的相貌、言行等外部表现能够做出准确的评价，能够客观地分析自己的相貌美丑，言行举止是否得体；也能对自己的能力、性格等内心品质做出相对合理的判断，能够明确说明自己擅长做什么，不擅长做什么，找准自己能力的优势和劣势，客观分析自己性格的长处和短处。

但是，总体来说，青春期个体评价别人的能力优于自我评价的能力，而且在多数情况下，他对自己的评价偏高，同时，他的自我评价也不够稳定，顺利时，会过分夸大自己的能力，遇到挫折时，又会低估自己。

(三) 强烈的自尊心

人人都有自尊心，青春期个体的自尊心更加强烈和敏感。青春期个体喜欢在集体活动中表现自己的才能和成就，以获得集体成员的信任和尊重。同时，成人感的出现，引起了个体与成人之间关系的变化，他要求在平等的基础上建立新的人际关系，不愿意无条件地接受成人的支配，对不符合事实的批评强烈不满。而自我评价能力的提高，也使得青春期个体愿意自觉维护自己的荣誉和尊严。

(四) 出现逆反心理

青春期个体具有独立意识，要求自己享有与成人一样的独立权利，如果父母或者教师仍然像对待小学生那样时时处处地关照和约束他，他就会表现出反抗，即逆反心理的出现。青春期个体的逆反具有弥散性，会由反感一个人而发展为反感一类人，也会因为仅仅对一个人的某一方面有反感而发展到全盘否定这个人。受气质特点的影响，青春期个体的逆反会有不同的外部表现，一般来说，胆汁质和多血质的个体往往表现为态度强硬、举止粗暴，而黏液质和抑郁质的个体往往表现为漠不关心、冷淡。

五、性意识

青春期个体性机能开始成熟,出现了第二性征,促使其性意识的萌醒。性意识是个体对性的理解、体验和态度,性意识的出现会引起个体心理和行为的显著变化,而这种变化对他的学习以及未来的生活、事业都具有重要意义。

初中以前的男孩和女孩主要从身体外形或者服装上对性别做出区分,他们一块游戏,两小无猜,不带有性的心理色彩。进入初中以后,由于第二性征的出现,他们开始对性感到关心和好奇。我国学者根据我国青少年性意识发展的情况,把性意识的发展过程区分为三个阶段。

(一) 疏远异性的厌恶期(十一二～十四五岁)

进入青春期的男女学生,由于生理发育急剧变化,对性知识开始有了朦胧的了解,但自我体验又很淡漠,因而由此产生羞怯和不安,男女生之间在心理上产生隔阂,关系开始疏远,甚至会为一点小事闹别扭、搞对立,相互攻击,这些都说明青春期个体对性的问题处于一种似懂非懂的状态。

(二) 接近异性的好感期(十四五岁～十七八岁)

随着身体的发育,特别是社会生活范围的扩大,生活经验的增多,以及自我意识的发展,性意识也得到了进一步的发展。男女学生对两性关系有了更深的理解,由过去的相互疏远而转化为彼此接近,他们常常以欣赏的心情注意对方的言谈举止,以善意、友好的态度对待对方的淘气与娇气,乐意评论对方,愿意与异性一起学习、游戏或活动,觉得比和同性在一起过得更加快乐,但这时的好感仅限于男女之间的向往与爱慕。

(三) 依恋异性的恋爱期(十七八岁以后)

十七八岁以后,随着生理和心理的不断成熟,性意识的发展进入了新的阶段,男女之间有了更加深刻的理解。由开始对全部异性有好感,逐渐发展到对某一类异性有好感,进而对某一个异性有好感,从而进入初恋。个体在这个时期不仅乐于观察异性,与他(或她)交往,同时也注意显示自己以吸引对方。

性意识发展的这三个阶段是相对独立、相互联系的。第一阶段是性意识的萌动,第二阶段是过渡,第三阶段是性意识的成熟阶段。高中生是性意识发展的关键期,这时,他们热心于对性知识的探求,出现了对异性的爱慕,也容易表现出性困惑和性焦虑。

第三节 青少年的心理矛盾与教育

青少年处于一个半幼稚半成熟的时期。一方面,他感到了自己力量的增长,希望摆脱父母的保护,独立地走向社会;另一方面,他在客观上并不成熟,需要保护和指导。这样,他的主观愿望和客观水平之间就构成了一对矛盾,这一矛盾的解决构成了青少年心理发展的基本主题。由于青少年的主观愿望和客观水平之间是矛盾的,所以,他的心理也表现出了各种矛盾,具体来说,青少年的心理矛盾主要体现在五个方面。

一、独立性与依赖性

青少年随着身体的急剧发育和能力的迅速增长，他们认为自己已经是大人了，这种成人感使他们时时处处想表现自己的成熟，他们觉得自己应当像大人一样独立自主，与大人平起平坐了。他们喜欢和成人交朋友、谈问题。他们与成人的关系正处在从"听话"阶段向"平等"阶段过渡的中间环节。

青少年自以为自己是大人了，所以不屑于和小孩为伍，认为这有失他大人的身份，他还常常摆出一副大人的架势来教训小孩。青少年不仅自己认为自己是大人，也要求别人把他当大人看待。有些家长和教师不了解这一点，总认为他还是一个小孩，百般照顾，他们就认为这是小看他们了，经常和大人"顶牛"。他们希望自己能够像大人一样，独立地从事工作，认为这是十分荣耀的事情。这是青少年的独立性。

尽管青少年主观上认为自己是大人了，意识到了自己的力量，产生了对自己的信心，具有独立的愿望，但是在客观上，他毕竟还没有成熟，并不确切地知道自己力量的程度，他的信心也带有相当的盲目性。他的知识有限，经验不足，独立生活和工作的能力还很差，需要家长和教师的教育与指导，否则，他的心理将会受到创伤。这是青少年的依赖性。

因为青少年在心理上既有独立性，又有依赖性，所以，教师对他的独立性不尊重，束手束脚，不让他独立地生活和工作是不对的；而放任不管，任其自流也是错误的。问题不在于管不管，而在于如何管，教师要研究管的艺术。管的具体方法是多种多样的，教师可以在实践中找出最佳的方法。总的原则是，在活动之前，尊重他们的意见，引导他们，向他们提出严格的要求，帮助他们制订活动计划，然后放手让他们独立地去干。

二、自觉性与幼稚性

青少年意识到自己力量的增长，有着强烈的成人感。他们喜欢从各方面表现出成人的样子，在成人面前不甘示弱。他们能够自觉地严格要求自己，向成人看齐，模仿成人的一切，包括衣着、动作，甚至抽烟等。当青少年崇拜某个人时，会自觉地向这个人学习。这是他们的自觉性。

青少年的自觉性往往和幼稚性联系在一起，因为他们毕竟还没有成熟，所以，在自我锻炼的过程中，往往不切实际或走向极端，盲目地从事一些冒险的活动。例如，为了培养自己成为坚强勇敢的人，"自找苦吃"来锻炼自己，冬天故意少穿衣服，以示坚强不怕冷；故意在马路上挡住开过来的汽车，以示勇敢不怕死；白天劳累了一天，晚上还要熬夜，以示刻苦不怕累，实在困了打盹，就"头悬梁，锥刺股"……这些行为都表现了他们的幼稚性。

针对青少年的这一矛盾特点，教师和家长应该爱护他们的自觉性，同时又要小心翼翼地帮助他们克服幼稚性。既要满腔热情地肯定其自觉性，又要耐心细致地指出其幼稚性的危害。不能由于他们的幼稚性就全盘否定了他们的自觉性，也不能因为他们的自觉性就忽视了他们的幼稚性。

三、活动需要与能力水平

青少年的身体发育接近成人，体质增强，神经过程兴奋相对于抑制占优势，因此，他们有旺盛的精力，这些精力需要通过某种渠道发泄出来，所以青少年有着强烈的活动需要。但是，他们对自己的能力估计又往往超出自己的实际水平，理想目标脱离现实，例如幻想一夜之间成为电影明星或体坛明星,学习成绩一下子由全班倒数第一转而名列前茅,或者成为武林高手、探险家等。这样,强烈的活动需要与实际能力水平不相适应,很容易使他们在活动起初热情很高,但行为盲目,最终根本不能实现预期目标,从而产生挫折感,导致心理的不平衡。教师应该帮助他们正确评价自己的能力,学会调节自己的期望值,确定合适的活动目标,并创造条件,使其满足自己的活动需要,同时在满足活动需要的过程中,促进其各种能力的顺利发展。

四、旺盛的求知欲与较低的识别能力

求知欲是一种渴求知识的心理状态,是学生的学习动机之一。青少年富于好奇心,有强烈的求知欲,自然界和人类社会的各个方面对他们都具有很大的吸引力。他们近乎贪婪地汲取新知识、探索新事物,不但对所学科目比较重视,而且对国内外政治经济事件、文化社会生活都产生了浓厚的兴趣。他们喜欢阅读文学作品,积极参加科技小组,采集生物标本,组织文学社团,参加文体活动等,都是其强烈求知欲的具体表现。这种求知欲会推动青少年获得知识,发展能力。但是,由于青少年学生的心理发展还不成熟,社会阅历较浅,对于复杂的社会现象的识别能力较低,因而他们往往会不加分析地去阅读各种图书报刊,很容易受格调低下的书籍的消极影响;盲目地崇拜某人,崇拜一个道德高尚的人能使他们积极上进,但是崇拜一个品格低劣的人则可能导致他们品德不良;有时,他们还可能为了寻求刺激或者猎奇,而干出一些不计后果的冒险举动。因此,家长和教师既要爱护青少年的求知欲,激发他们勇于探索、勇于创新的精神,又要提高他们的识别能力,使他们更好地辨别真善美和假恶丑,引导他们从事各种适当的认知活动。

五、性机能的接近成熟和性意识的初步觉醒

青少年学生非常突出的生理特点是性发育和性成熟,这必然会给他们的心理带来极大的影响。由于性的发育,青少年学生逐渐产生了性意识,他们对性知识产生兴趣,感到好奇、不安或者害羞,严重的甚至出现自卑感。例如,有的女生对月经来潮产生不洁感,表现出严重的烦躁和焦虑;有的男生为遗精而感到恐惧,曾经有一位因遗精而卧轨自杀的男青年在遗书里写道:"我得了不治之症,只好一死了之。"这说明,青少年学生尽管在生理上已接近性成熟,但在心理上,性意识才刚刚觉醒。如果教师和家长不加以正确引导,由于青少年精力旺盛,感情易冲动,常常可能置道德和法律于不顾,出现两性错误行为。学校应该是性教育的重要基地,教师上好生理卫生课,让学生通过正常的途径了解人体知识,对学生进行性生理、性心理和性道德教育,使其形成男女平等、尊重异性的观念。另外,还要特别重视学生强烈的上进心。

知识链接

知识链接 11-1

心理学家皮亚杰

1896 年 8 月 9 日,皮亚杰(见图 11-1)出生于瑞士纳沙泰尔。

1907年，皮亚杰出版了他第一本自然科学论著——一份关于患白化病的麻雀的简短记录。当时，皮亚杰年仅11岁。在20岁之前，他还发表了很多关于软体动物的论文。他的工作能力使人们确信他必定会成为科学家，所以他高中尚未毕业就得到了日内瓦博物馆馆长的职位。

1915年，皮亚杰从纳沙泰尔大学得到本科学位。3年后，他又从这所大学获得自然科学的博士学位。

1918年，皮亚杰离开纳沙泰尔，去寻求心理学方面的训练。他在巴黎的索邦大学停留下来，从事心理测验方面的工作。不久，他意识到儿童的思维比他们的智商得分更具启发意义。皮亚杰发明了"临床法"来评估儿童的思维。

图11-1　皮亚杰像

1921年，皮亚杰任瑞士日内瓦大学让·雅克·卢梭学院实验室主任。

1923年，皮亚杰和沙特耐结婚。他们有3个孩子：杰奎琳、露西安娜和劳伦。孩子们在婴儿时期的心智发展给皮亚杰提供了独一无二的观察机会，并为他的发展理论提供了证据。

1955年，皮亚杰在日内瓦创立国际发生认识论中心并任主任，直至去世。

1980年9月16日，皮亚杰去世，时年84岁。

在皮亚杰的职业生涯中，他出版了50余部著作，发表了500余篇论文，是最多产的心理学家之一。

知识链接11-2

生命的节期

20世纪70年代，莱因森提出了这样的理论：从出生到死亡，每一个个体不断获得社会和情感世界方面的变化，人的生命存在由不断地与他人发展关系而组成。莱因森认为，在探讨心理发展时，必须考虑人们的生活结构，包括个体对亲戚关系、婚姻、家庭和工作类型的选择。

莱因森提出了人生发展的四个阶段，每一阶段都包含持续数年的过渡期。第一个阶段是成年期前(从胎儿到18岁)，这一阶段的主要任务是改变对父母的依赖而开始自我信任和自律。在过渡期(18～22岁)，青年人为成为一个成年人做好准备，开始为未来培育梦想。第二个阶段是成年早期(22～40岁)，个体进入一个精力充沛和争强好胜的时期，勇于寻求梦想，这是一个必须做出会引起生理和心理压力的困难决定的时期。中年过渡期(40～45岁)紧随其后，这是一个与父母和其他长辈分开的重要时期，个体能够充分认识到自己是一个什么样的人，对别人有什么贡献。第三个阶段是中年期(45～65岁)，人们开始较少关注自己的目标和心愿，注意力转移到其他人身上，例如年老的父母和年幼的儿童。第四个阶段是成年后期(65岁到死亡)，在这一时期，个体了解并且接受了自身的实力和极限，个体不得不面对与日俱增的健康问题和对生活的反应而导致满足感或绝望感，并且由于死亡的临近，个体开始分离与他人维持的联结。

心理测试

看一看表 11-2 中的形容词，想一想 "我是怎样的一个人"，然后在两个形容词中选择一个合适的数字，并在上面打√。注意：数字表示接近的程度，越靠近左边，就越接近左边形容词的描述；数字越靠近右边，就越接近右边形容词的描述。

表 11-2　Wallace 自我概念量表(WSCS)

序号	形容词1	得分							形容词2
1	热心的	7	6	5	4	3	2	1	冷漠的
2	被动的	1	2	3	4	5	6	7	主动的
3	苛刻的	1	2	3	4	5	6	7	易通融的
4	主动参与的	7	6	5	4	3	2	1	消极回避的
5	无精打采的	1	2	3	4	5	6	7	精力充沛的
6	有力的	7	6	5	4	3	2	1	无力的
7	消极的	1	2	3	4	5	6	7	积极的
8	勤奋的	7	6	5	4	3	2	1	懒惰的
9	讨人厌的	1	2	3	4	5	6	7	有吸引力的
10	敏锐的	7	6	5	4	3	2	1	迟钝的
11	不愉快的	1	2	3	4	5	6	7	愉快的
12	无用的	1	2	3	4	5	6	7	有用的
13	开心的	7	6	5	4	3	2	1	伤心的
14	悲观的	1	2	3	4	5	6	7	乐观的
15	丑的	1	2	3	4	5	6	7	美的

计分方式：WSCS 包括 15 个双极形容词，内容涉及个体对 "我是怎样的一个人" 的知觉。这是对自我总体性的测量。WSCS 采用 7 点量表形式，对每个项目，被试根据自己的实际情况在 1 和 7 之间选择一个正确的数字，所选择的数字即为该项目的得分。但其中 6 个项目即 1、4、6、8、10、13 须反向计分。WSCS 为单维量表，没有分量表，把所有 15 个项目的得分加起来即为总量表分。WSCS 的得分范围为 15～105，分数越高，表示个体对自己各方面的自我知觉越好。

复习思考题

1. 心理发展的动力是什么？
2. 简要说明人的一生心理发展的各个阶段。
3. 简述心理发展的一般特点。
4. 比较本章所介绍的心理发展理论，试分析各理论的优缺点。
5. 简述青春期个体思维发展的特点。
6. 青春期个体为什么容易出现逆反心理？
7. 简要分析青少年的心理矛盾，并说明相应的教育措施。

参考文献

[1] 彭聃龄. 普通心理学[M]. 4版. 北京. 北京师范大学出版社，2012.
[2] 陈淑平. 大学生心理素质教育教程[M]. 济南：山东人民出版社，2020.
[3] 理查德. 格里格. 心理学与生活[M]. 北京：人民邮电出版社，2014.
[4] 郭念锋. 心理咨询师国家职业资格培训教程[M]. 北京：民族出版社，2015.
[5] 张承芬，宋广文. 心理学导论[M]. 北京：人民教育出版社，2001.
[6] 查尔斯·莫里斯，阿尔泊特·梅斯托. 心理学导论[M]. 张继明，等译. 北京：北京大学出版社，2007.
[7] 兰继军. 心理学概论[M]. 徐州：中国矿业大学出版社，2010.
[8] 李传银. 普通心理学[M]. 北京：科学出版社，2011.
[9] 朱智贤. 心理学大词典[M]. 北京：北京师范大学出版社，1989.
[10] 林崇德. 发展心理学[M]. 北京：人民教育出版社，2009.
[11] 莫雷. 教育心理学[M]. 广州：广东高等教育出版社，2002.
[12] 陈琦，刘儒德. 当代教育心理学[M]. 北京：北京师范大学出版社，1998.
[13] 皮特里. 动机心理学[M]. 郭本禹，译. 西安：陕西师范大学出版社，2005.
[14] 弗兰肯. 人格动机[M]. 郭本禹，译. 西安：陕西师范大学出版社，2005.
[15] 潘菽. 教育心理学[M]. 北京：人民教育出版社，2001.
[16] 张春兴. 教育心理学(三化取向的理论与实践)[M]. 杭州：浙江教育出版社，1998.
[17] 施良方. 学习论[M]. 北京：人民教育出版社，2005.
[18] 戴尔·申克. 学习理论：教育的视角[M]. 南京：江苏教育出版社，2003.
[19] 张大钧. 教育心理学[M]. 北京：人民教育出版社，1999.
[20] 陈琦，刘儒德. 教育心理学[M]. 2版. 北京：高等教育出版社，2011.
[21] 邱鸿钟. 大学生心理卫生[M]. 广州：广东高教出版社，2000.
[22] 于颖，赵燕波. 人民日报[N]. 2005-09-22.
[23] 邱鸿钟，梁瑞琼，唐慧敏. 心理调适[M]. 广州：广东教育出版社，2001.
[24] 黄小玲. 建设具有中国特色的校园心理卫生环境[J]. 思想教育探索，1999，3.
[25] 孔燕，江立成，等. 大学生心理健康教育[M]. 合肥：安徽人民出版社，2001.
[26] 周涛，王晓秋. 大学生心理健康教育探索[J]. 长沙民政职业技术学院学报，2004(1).
[27] 汪新建. 认知—行为治疗范式[M]. 兰州：兰州大学出版社，2001.
[28] Gerald. Corey. 心理咨询与心理治疗[M]. 石林，译. 北京：中国轻工业出版社，2000.
[29] 乐国安. 咨询心理学[M]. 天津：南开大学出版社，2002.
[30] 郑日昌. 心理辅导的新进展[J]. 心理科学，2000(5)：599-602.
[31] 林孟平. 中国的心理辅导与治疗迈向专业化之路[J]. 心理学报，1999(9)：83-89.
[32] 刘宣文. 心理咨询技术与应用[M]. 宁波：宁波出版社，2006.
[33] 樊富珉. 从香港与日本的经验看中国心理辅导的专业化道路[J]. 社会心理学研究，1999(4)：37-42.
[34] 高玉祥，王仁欣，等. 人际交往心理学[M]. 北京：中国社会科学出版社，1990.

[35] 袁俊昌. 社会心理学纲要[M]. 海口：海南出版社，1990.

[36] 俞国良. 社会心理学[M]. 北京：北京师范大学出版社，2010.

[37] 沙莲香. 社会心理学[M]. 北京：中国人民大学出版社，2011.

[38] 李美华. 心理学与生活[M]. 长沙：湖南师范大学出版社. 2017(1).

[39] 理查德·格里格(Richard J Gerrig)，津巴多(Philip G Zimbardo). 心理学与生活[M]. 王垒，等译. 北京：人民邮电出版社，2016.

[40] Ceci S J，Loftus E F，Leschtman M. The possible role of source misattributions in the creation of false beliefs among preschoolers. International Journal of Clinical & Experimental Hypnosis. 1994，42：304-320.